Eva Prawitt

# »Und was, wenn ich mitkomme?«

Zu zweit unterwegs auf dem Jakobsweg

EVA PRAWITT

# »Und was, wenn ich mitkomme?«

Zu zweit unterwegs auf dem Jakobsweg

**Brendow.**
VERLAG + MEDIEN

Für Doris und für alle,
die mit uns auf dem Weg sind.

Bibliografische Information der Deutschen Nationalbibliothek
Die Deutsche Nationalbibliothek verzeichnet diese Publikation in der
Deutschen Nationalbibliografie; detaillierte bibliografische Daten
sind im Internet über http://dnb.d-nb.de abrufbar.

2. Auflage 2010
ISBN 978-3-86506-301-4
© 2010 by Joh. Brendow & Sohn Verlag GmbH, Moers
Einbandgestaltung: Brendow Verlag, Moers
Titelfoto: mauritius images
Satz: Satzstudio Hans Winkens, Wegberg
Druck und Bindung: CPI – Clausen & Bosse, Leck
Printed in Germany

www.brendow-verlag.de

# INHALT

# PROLOG

Sie ist unglücklich, aber sie weiß, dass es nicht an der Nasenneben-
höhlenvereiterung liegt, mit der sie sich seit Wochen herum-
schlägt. Sie hat das Gefühl, nicht mehr atmen zu können. Das
Ringen um Luft hat sie ermüdet, wie nach langer, harter Arbeit.
Doch sie kommt nicht zur Ruhe. Jeden Abend grübelt sie sich
mühsam in den Schlaf.

Mitternacht ist längst vorüber. Durchs Schlafzimmerfenster
flirren Sternenfunken wie zersprungenes Glas, gedämpft durch
das Licht einer entfernten Straßenlaterne. Die Nachbarhäuser
liegen schweigend und dunkel da, genauso wie ihr Mann im Bett
neben ihr. Er hat einen Arm von sich gestreckt, als wolle er nach
etwas greifen, aber sein Gesicht ist wunschlos entspannt. Falten
blättern sich um seine geschlossenen Augen, seine Stirn ist wuls-
tig wie bei einem Säugling, an den Wangen faltet sich seine
Haut, als sei sie eine Nummer zu groß für ihn. Sie weiß, dass sich

beim Aufwachen seine Gesichtszüge straffen werden. Aber jetzt schläft er. Und das würde sie auch gerne tun. Sie will schlafen und so bald nicht mehr aufwachen.

Sie kann sich nicht erinnern, wann sie nicht dieses Bedürfnis verspürt hätte. Sie weiß nicht mehr, wann sie das letzte Mal morgens mit Freude und Energie aus dem Bett und in den Tag gesprungen wäre.

Mein Gott, was ist bloß los mit ihr?

Ihr Mann neben ihr atmet leise und gleichmäßig.

»Ich hab die Nase voll«, flüstert sie in seine Richtung, aber er regt sich nicht. »Und zwar gestrichen«, fügt sie etwas lauter hinzu, was zur Folge hat, dass er sein Gesicht von ihr wegdreht, ohne zu erwachen.

Sie setzt sich im Bett auf und starrt aus dem Fenster. »Schon mal was von Psychosomatik gehört?«, fragt sie sich selbst und nickt. Sie hat die Nase voll, und zwar nicht nur im wörtlichen, sondern auch im übertragenen Sinn. Sie ist voll von zurückgehaltenen Gedanken. Sie hat Vitamine in sich hineingestopft und Antibiotika, hat ihre Nebenhöhlen mit Salzwasser gespült und hing alle naselang bei Ärzten herum, ohne dass ihre Kraft zurückgekehrt wäre und ohne dass sich das Geringste geändert hätte.

Etwas zu ändern ist schwer.

Dabei ist doch in den letzten Jahren alles so anders geworden: Die Kinder sind aus dem Haus, sie selbst hat ein paar Fortbildungen hinter sich gebracht, das Haus ist leer und öde und viel zu groß. Sie hat das Gefühl, bloß noch zu putzen, dabei war sie niemals gerne Hausfrau. »Aber du kochst gut«, hat ihre Schwiegermutter sie gelobt. Aber gut und gerne sind zwei völlig unterschiedliche Paar Schuhe. Bis jetzt hat sie das noch niemandem begreiflich machen können. Auch nicht, dass sie nicht gerne Klamotten einkauft oder sich zum Kaffeetrinken trifft. Sie hat keine Lust auf Gymnastikgruppen und Jogging. Sie ist es leid, ein ewig offenes Ohr für die Wehwehchen ihrer Familie und anderer Nahestehender zu haben, und sie findet es eine Zumutung, ständig zur Verfügung stehen zu sollen. Sie mag es nicht, überrascht oder beobachtet zu werden. Intimität und Privatsphäre sind ihre Höhlen, in die niemand unaufgefordert eindringen darf. Sie meidet Menschenansammlungen und hasst Feste, auf denen nicht getanzt und gesungen wird, auf denen es nur ums Essen und Trinken und den Smalltalk geht. Sie möchte nicht verbessert werden wie ein Schulmädchen oder gemaßregelt, wenn sie mal aus dem Rahmen fällt. Sie möchte aus dem Rahmen fallen und impulsiv sein. Sie sieht nicht ein, warum sie Sachen wissen soll, die sie nicht betreffen und die sie auch nichts angehen, und warum sie – selbst bei vertrauten Menschen – nicht ins Unreine reden darf, warum sie festgelegt wird auf Aussagen, die schon Jahre zurückliegen, und auf Verhalten, das sie, unbemerkt von allen anderen, schon längst abgelegt und gegen ein anderes ausgetauscht hat. Sie kann nicht verstehen, dass niemand diese Veränderungen bemerkt, geschweige denn danach fragt.

Sie kann nicht mitreden über Fernsehsendungen, und es interessiert sie auch nicht. Fußball ist ihr zuwider, selbst während der Weltmeisterschaften. Sie will nicht einsehen, warum sie Emotionen investieren soll in etwas, wovon sie keine Ahnung hat und auch keine Ahnung haben will. Sie würde niemals in einen Verein eintreten. Sie mag kein Fleisch und deswegen auch keine Grillpartys. Sie weiß nicht, warum sie auf Schokolade verzichten soll eines Schönheitsideals wegen, das Werbung, Mode und Zeitgeist ihr vorschreiben wollen. Als ihre Großmutter noch eine junge Frau war, galt es als schick, mollig zu sein. Manchmal denkt sie, in der falschen Zeit zu leben. Aber sie orientiert sich ungern an der Vergangenheit und möchte lieber eigene Erfahrungen sammeln. Sie liebt es, neue Gedanken zu denken, und bemerkt gleichzeitig den Schrecken der anderen, wenn sie sie ausspricht. Sie verabscheut die Worte »man« und »muss« und versteht nicht, warum sie eigene Gedanken und die der anderen nicht infrage stellen darf. Sie hasst Selbstverständlichkeiten und fremdauferlegte Verpflichtungen. Sie findet es schrecklich, Erwartungen entsprechen zu müssen, die sie nicht selbst an sich hat. Sie hält große Stücke auf Freiwilligkeit und Selbstbestimmung. Sie spürt Abwehr und schweigt, weil sie Ablehnung ahnt.

Aber darin täuscht sie sich vielleicht. Sie traut sich nicht, es auszuprobieren. Beziehungen findet sie anstrengend.

»Midlife-Krise«, murmelt sie, ohne dass es ihren Mann zu stören scheint. Er bewegt sich nicht einmal. Es ist, als wäre sie gar nicht da. Es könnte genauso gut eine Schaufensterpuppe neben ihm im Bett liegen. Oder abends neben ihm auf dem Sofa sitzen, mit einem Buch auf den Knien, während er im Internet surft, seine Fotos sortiert, Musik hört oder sich eine DVD ansieht. Immer öfter verstreichen die Abende, ohne dass einer vom anderen etwas erfahren hat. Sie sind lange verheiratet. Trotzdem ist er ihr oft fremd. Und sie hat keine Ahnung, was er noch über sie weiß.

»Quatsch«, denkt sie. Sie will es nicht hinnehmen, alles mit einer Midlife-Krise zu erklären. Abnutzung wäre vielleicht der bessere Begriff und Erneuerung das Ziel.

Sie weiß, dass es ihrer Genesung nicht dienen wird. Hinter ihrer Stirn trommeln winzige Hämmerchen. Trotzdem schlägt sie die Bettdecke zurück und stellt die Beine auf den Boden. Sie liebt es, den weichen Kork unter ihren bloßen Füßen zu spüren, das Holz der Treppenstufen, die kühlen Steinfliesen im Flur. In der Küche riecht es nach Abwasch und Abendbrot. Die Möbel im Wohnzimmer sind vertraute Schatten. Sie öffnet die Terrassentür und tritt hinaus auf den nachtfeuchten Rasen. Ihr Nachthemd bauscht sich wie Federn. Sie würde gerne fliegen – oder zumindest irgendwie abheben, ein bisschen die Bodenhaftung aufgeben und etwas völlig Neues erleben. Sie ist nicht mehr jung, aber sie fühlt sich auch noch nicht alt.

Vom Garten aus blickt sie zu dem dunklen Schlafzimmerfenster hinauf. Dort oben träumt ihr Mann. Bei dem Gedanken an ihn weitet sich ihr Herz. Aber gleichzeitig zieht es sich auch zusammen. Wann sind sie sich das letzte Mal begegnet, ohne eine Rolle zu spielen? Wann haben sie sich ihre Seele gezeigt und nicht nur das Bild, das sie voneinander schon seit Jahren kennen?

Sie sind schon lange zusammen: Vor zwei Jahren haben sie ihre silberne Hochzeit gefeiert …

Am Himmel zerschmelzen die Sterne, und über dem Kirschbaum zeigt sich ein erster Lichtstreifen. Im Gartenteich spiegeln sich hellgeränderte Wolken. So hat sie dieses Stück Erde noch nie gesehen. Warum eigentlich nicht?

»Weil ich um diese Uhrzeit noch niemals draußen war«, erklärt sie sich selbst. Was also muss sich ändern? Die Zeit, um den Raum neu zu erleben? Dann vielleicht aber auch der Raum, um die Zeit neu zu fühlen? Oder der Rahmen – was vielleicht bedeutet, etwas auszuprobieren, das sie vorher noch nie gemacht hat, wie zum Beispiel, den Morgen im Garten zu begrüßen.

Sie dreht sich einmal um sich selbst, legt den Kopf in den Nacken und atmet tief die frische Morgenluft ein. Sie taucht ihre Zehen in den Gartenteich und schüttelt die eisigen Tropfen auf die Wiese. Vorsichtig, als wäre dies eine völlig neue Erfahrung, setzt sie einen Fuß vor den anderen. Unter ihren Sohlen knicken die Grashalme. Und plötzlich, während sie sich zum Haus zurücktastet, weiß sie, was sie tun wird.

*

»Hast du dir schon mal überlegt, dass neue Bilder selten in alte Rahmen passen?«, fragt sie.

Zwei Wochen sind vergangen. Die Kopfschmerzen sind verschwunden, und die Nasennebenhöhlen sind einigermaßen frei, aber sie fühlt sich immer noch verschnupft. Trotzdem ist sie heute Morgen relativ gut aus dem Bett gekommen. Jetzt sitzt sie mit ihrem Mann beim Frühstück. Über ihre Kaffeetassen hinweg schauen sie sich ins Gesicht.

»Nun?«, hakt sie nach. Doch er weiß nicht, was er antworten soll.

Sie stellt ihre Tasse ab und nimmt den Faden wieder auf: »Ich habe lange nachgedacht und gründlich recherchiert. Für ein freiwilliges soziales Jahr bin ich zu alt. Ich finde es auch unfair, einen Platz zu besetzen, der eigentlich jungen Leuten zusteht. Außerdem ist ein Jahr für mich sowieso zu lang … ich würde zu viel aufgeben müssen, was ich mir in den letzten Jahren mühsam aufgebaut habe … meine Arbeit … ich würde mich bloß selber bestrafen …«

»Was willst du eigentlich?«, fährt er dazwischen.

Wie kann sie es ihm bloß verständlich machen? Aber vielleicht muss sie das gar nicht. Vielleicht genügt es, ihm ihre Gedanken mitzuteilen, egal, was er daraus macht.

»Ich will leben, was ich bin«, sagt sie.

»Tust du das nicht?«

»Ich glaube nicht.«

Er dreht seine Kaffeetasse in den Händen ohne zu trinken. Der Kaffee wird kalt werden. Heute ist es egal. Sie forscht in seinen Augen, die sie ernst anblicken. Irgendwie wirkt er verunsichert.

»Was bist du denn?«, fragt er schließlich.

Endlich ist sie raus, diese Frage, auf die sie so lange gewartet hat. Sie könnte ihm jetzt Romane erzählen, endlich ihre Gedanken vor ihm ausbreiten. Aber sie haben keine Zeit dafür, er muss zur Arbeit. Und außerdem: Zeigt sich die Wahrheit nicht viel mehr im Handeln als im Reden? Sie hat so oft geredet, erklärt, erläutert und beleuchtet, ohne dass sich deswegen irgendetwas geändert hätte. Sie ist müde darüber geworden, und das will sie jetzt nicht mehr.

»Wir werden sehen«, sagt sie.

»Und deshalb musst du unbedingt weg?«

»Ja, ich will den Rahmen wechseln. Ich kann nicht ein neues Bild von mir zeigen im alten Umfeld. Das habe ich versucht, aber es hat mir keiner geglaubt. Am schlimmsten ist, dass ich mir mittlerweile selber nicht mehr vertraue. Ich habe den Eindruck, in meinem eigenen Leben nicht mehr vorzukommen. Das will ich ändern.«

»Und wie stellst du dir das vor?«

»Ich will mich wieder spüren und Zutrauen zu mir finden. Ich will wissen, wo meine Möglichkeiten und wo meine Grenzen sind und was ich wirklich zum Leben brauche. Und ich will unerreichbar sein …«

»Und wie willst du das alles unter einen Hut bringen?«

»Indem ich wandern gehe«, sagt sie.

»Wie stellst du dir das vor? Wo willst du schlafen, und was soll das kosten?«, sprudelt er seine Vorbehalte heraus.

»Keine Sorge, ich werde unsere Haushaltskasse nicht mehr belasten als sonst auch«, entgegnet sie.

»Und wie soll das funktionieren?«

»Spanien«, sagt sie, »Jakobsweg.«

Auf diese Möglichkeit ist sie im Internet gestoßen. Vorher hat sie nicht einmal gewusst, dass es so etwas gibt, Wege, die sich spinnennetzartig durch Europa ziehen und nur ein Ziel haben: Santiago de Compostela in Spanien, das Grab des Apostels Jakobus. Doch sie wird nicht wegen dieses Heiligen unterwegs sein. Ihr Ziel ist es, ihr eigenes Leben einzuholen oder es hinter sich herkommen zu lassen. Sie will die Gelegenheit haben, alles, was sie bewegt, in Ruhe und ohne Ablenkung zu Ende zu denken, und − anders als die meisten Jakobspilger − Gott nicht suchen, denn den hat sie längst gefunden, sondern in neuen Herausforderungen erleben, was es mit seinen Versprechungen auf sich hat.

Er ist skeptisch. Womöglich will er aber auch nur ihren Entschluss ins Wanken bringen. »Ist das nicht gefährlich?«

»Ich glaube nicht. Vielleicht ist es ein Abenteuer«, gibt sie zu, »aber kein echtes Wagnis. Die Wege sind mit gelben Pfeilen ausgeschildert oder mit blauen Kacheln mit Jakobsmuschel drauf. Ich habe gelesen, dass die Bevölkerung aufmerksam und hilfsbereit ist. Es gibt Herbergen in Abständen, die sich bewältigen lassen, wo man für bloß ein paar Euro übernachten kann. Und in jedem Ort kann man Wasser und Vorräte kaufen. Außerdem ist Spanien nicht die Wüste und schon gar nicht ein ferner, fremder Planet. Tausende gehen jedes Jahr diesen Weg, die meisten den sogenannten Camino Francés.«

Sie merkt, wie sie anfängt zu dozieren. Es kann sein, dass er ungeduldig werden wird. Aber sie kann es nicht lassen und redet sich in Rage: »Der Camino Francés führt von Saint-Jean-Pied-de-Port dicht hinter der französischen Grenze über die Pyrenäen nach Roncesvalles und weiter über Pamplona, Logrono, Burgos und Leon bis nach Santiago. Es gibt aber noch eine Menge anderer Jakobsrouten, über die ich nur wenig Informationen gefunden habe, den Camino Primitivo zum Beispiel, der über Oviedo verläuft, oder den Küstenweg über Ribadeo. Ich habe auch was über den Camino Ingles entdeckt, der von Ferrol bis Santiago führt. Der englische Weg verdankt seinen Namen den Pilgern, die von England über die Biskaya nach Ferrol schipperten und sich von dort weiter nach Santiago aufmachten. Aber der ist für mich zu kurz, nur etwa 120 km, die man schon in sechs Tagen schaffen kann.«

»Wie lange willst du denn wegbleiben?«, schnaubt er.

»Zwei Monate.«

Er fährt zusammen und starrt sie aus großen Augen an.

»So lange?«

Beruflich war er oft ohne sie unterwegs gewesen, zugegebenermaßen niemals zwei Monate an einem Stück, aber manchmal wochenlang. Sie hat es hingenommen, ohne mit der Wimper zu zucken, obwohl sie es niemals so gewollt hat. Sie hat ihn immer vermisst.

»Ja, so lange«, bestätigt sie.

Behutsam stellt er seine Tasse auf den Tisch, steht auf und wendet sich der Tür zu. Es ist spät und er muss zur Arbeit. Doch anstatt zu gehen, dreht er sich plötzlich, einem spontanen Einfall folgend, zu ihr um.

»Was hältst du davon, wenn ich mitkomme?«

So hat sie sich das nicht vorgestellt. Sie wollte dieses Erleben für sich allein haben. Aber jetzt fühlt sie sich überrumpelt.

»Ich kann dir nicht verbieten, durch Spanien zu laufen wann und wie lange du willst«, presst sie hervor. Doch klein beigeben will sie auch nicht. »Ich kann mir bloß nicht vorstellen, dass du so lange Urlaub bekommst.«

»Wir werden sehen«, sagt jetzt er und geht.

*

Noch am selben Abend steht es fest: Sie werden zusammen weg sein. Er hat sofort mit seinem Chef gesprochen und die Zustimmung erhalten, den diesjährigen Urlaub aufzusparen, um dafür nächstes Frühjahr zwei Monate frei zu bekommen. Ob sie so lange auf ihn warten wird? Warum nicht. Sie hat ein Leben lang geübt, Abstriche zu machen. Jetzt kann sie nicht plötzlich damit aufhören.

Es stehen ihnen Monate ohne Erholungsphasen bevor. Die wenige freie Zeit ist vollgestopft mit Planen und Organisieren. Sie kaufen sich Ruck- und Schlafsäcke, Wanderstöcke, Sonnenhüte und knallrote Regencapes. Sie lassen sich von der Fränkischen St.-Jakobus-Gesellschaft in Würzburg Pilgerausweise ausstellen, die sie dazu berechtigen, in allen Pilgerherbergen kostengünstig zu übernachten. Sie unternehmen lange Samstags-Wanderungen und laufen sich Fersen und Schuhe weich. Sie reiben sich abends die Füße mit Hirschtalg ein.

Jeder von ihnen legt sich drei Unterhosen, drei Paar Socken, zwei leichte Wanderhosen, Fleecejacke und Anorak zurecht, dazu ein paar T-Shirts, eine winzige Reiseapotheke, Ohropax, Waschzeug, das in eine Zipperplastiktüte aus dem Drogeriemarkt passt, zwei zu Handtüchern umfunktionierte Microfaser-Bodenwischtücher und Sonnencreme, was zusammen knapp neun Kilo ergibt. Sie probieren aus, wie sich das Gewicht auf dem Rücken anfühlt. Sie beschaffen sich Literatur über den Jakobsweg, über das Wandern im Allgemeinen und über Spanien im Besonderen. Sie forschen im Internet nach Pilgerberichten und erfahren, wie überlaufen der Camino Francés ist. Sie sind sich einig, dass sie keine Lust auf Gänsemärsche haben und auch nicht auf überfüllte Herbergen. Sie blättern in Landkarten und Atlanten und probieren in ihrer Fantasie unterschiedliche Routen bei Google Earth aus.

Die Landschaft Nordspaniens stellt sich auf den Computerbildern herb und schön und verlockend dar, eine Vision aus Bergen und Meer, Geschichte und Natur, aus Kraft und Traum. Sie entscheiden sich für den Küstenweg, der von Irun und San Sebastian über Bilbao, Santander und Gijón bis nach Ribadeo führt und von dort weiter über den Nordweg nach Mondoñedo bis Santiago. Sie erschrecken über die Länge der Strecke: 840 Kilometer. Sie fürchtet sich vor den Höhenunterschieden, die auch direkt am Meer auf schweißtreibende Rackerei schließen lassen. Er wird seinen Fotoapparat vermissen. Aber sie haben beschlossen, auf jedwede Technik zu verzichten.

Auch das Handy wird zu Hause bleiben, obwohl dieser Entschluss Ängste in der Familie auslöst. Was ist, wenn jemand krank wird oder sonst irgendwie ihre Hilfe benötigt?

»Dafür gibt es Ärzte oder andere Fachleute«, hält sie ihren Lieben entgegen, die daraufhin schwerere Geschütze auffahren: »Und was, wenn einer von uns stirbt?«

Ihre Antwort könnte als herzlos aufgenommen werden. Sie sagt es trotzdem: »Lasst uns alles, was gesagt und bereinigt werden soll, jetzt sagen und bereinigen, sodass wir in Frieden Abschied voneinander nehmen können.«

Das ganze Unternehmen hat auch den Sinn, sich von Erwartungen zu lösen. Das wird sie jetzt durchziehen – mit allen Konsequenzen. Und er wird es mit ihr teilen – oder auch nicht. Sie behalten sich vor, sich jederzeit auf dem Weg zu trennen. Wie oft hatte sie sich das in der Vergangenheit ausgemalt, einfach zu gehen, um zu spüren, wie es ist, ohne ihn zu leben. Aber dann hat sie es doch niemals umgesetzt. Diesmal will sie sich diese Option offenhalten, und sie werden es beide aushalten müssen. Sie sind fest entschlossen.

Jeder von ihnen kauft sich ein Outdoor-Handbuch, in dem sie Streckenbeschreibungen und allerhand Tipps für ihren Weg finden, und ein kleines schwarzes Tagebuch. Sie buchen Flüge zu Spottpreisen. Allmählich stellt sich Vorfreude ein.

Es ist lange her, dass sie aktiv am selben Strang gezogen haben. Doch die Anspannung macht sie unvorsichtig.

Silvester sind sie bei guten Freunden eingeladen, bei Doris und ihrem Mann. Natürlich kommt an diesem Abend auch ihr Vorhaben, den spanischen Küstenweg zu erwandern, zur Sprache. »Da hätte ich auch Lust drauf«, schwärmt Doris. Und in einer spontanen freundschaftlichen Anwandlung bietet sie an, dass Doris mitkommen könne. Doris ist nicht der Mensch, der sich lange bitten lässt. Schon einen Tag später hat sie herausgefunden, dass im Flieger noch Platz ist. Kurzerhand verlegt sie zweieinhalb Wochen Urlaub in die geplante Reisezeit, bucht ihren Flug und kreuzt abenteuerlustig und bereit zu allem mit ihrem Gepäck einen Abend vor Reisebeginn bei ihren Freunden auf. Nun gut, gehen sie eben zu dritt. Und warum auch nicht? Hauptsache, es geht endlich los. Es ist wie eine Flucht, aber auch wie ein Angriff. Vielleicht ist es gut, nicht nur zu zweit zu sein.

Am Abend vor ihrer Reise ertränkt sie ihre inneren Widersprüche, ihre Vorbehalte und ihre Aufregung zusammen mit ihrer Freundin in Grand Marnier. Ihr Mann hat Whiskey gewählt, was sein gutes Recht ist. Alle drei sind sehr aufgekratzt. Gegen elf Uhr erhebt sie sich.

»Es wird Zeit«, sagt sie, »gute Nacht, Doris.«

»Gute Nacht, Eva, gute Nacht, Pit«, antwortet ihre Freundin.

# 1. TEIL

## Freude und Frust, Schönheit und Schmerz:

## Irun bis Santiago de Compostela

> *Über längere Strecken musst du deinen Rhythmus finden und ihn beibehalten. Du solltest keine übertriebenen Sprints hinlegen, die bereust du hinterher immer.*

ANDREA DE CARLO
aus: *Wenn der Wind dreht*

### 1. TAG KASSEL – HONDARRIBIA

Hinter uns liegt eine kurze Nacht. Um drei Uhr müssen wir schon aus unseren Betten. Ein Freund, der dienstlich nach Heilbronn fährt, macht für uns einen Umweg und bringt uns zum Frankfurter Flughafen. Wie im Traum fliegt mir hinter den Autofenstern die Skyline von Frankfurt entgegen. Irgendwo dort hinten wartet unser Flugzeug. Ich kann es nicht fassen: Vor mir liegen zwei völlig unberührte Monate.

Beim Start unserer Maschine überkommt mich ein solches Hochgefühl, dass ich am liebsten schreien möchte. Ich drücke aber nur Pits Arm. Pit strahlt. Er kann kaum den Blick losreißen von dem Morgenlicht, das die tief unter uns liegenden Pyrenäen mit ihren schneebedeckten Berggipfeln überpudert. Auch Doris ist ganz versunken.

Um zwanzig nach elf erreichen wir Bilbao. Der Flughafen liegt außerhalb der Stadt, doch auf dem ganzen mickrigen Flughafengelände gibt es weit und breit keine Touristen-Information. Pit, der sich sonst – ganz Mann – niemals diese Blöße gibt, fragt kurzerhand den nächstbesten Passanten nach der Bushaltestelle. Dort treffen wir auf den ersten Pilger, der allerdings den Camino Francés gehen will.

Die Fahrt vom Flughafen bis zum Busbahnhof in Bilbao entpuppt sich als Mini-Stadtrundfahrt. Überall stehen Bäume und Büsche in saftigem Grün. Hier ist der Frühling schon vier Wochen voraus.

Wir kaufen Wasser in einem *mercado* (Supermarkt), und dann geht es weiter mit dem Bus nach Irun. Die richtige Bushaltebucht zu finden ist nicht einfach, da unsere Sprachkenntnisse längst nicht ausreichen und wir die spanischen Anzeigetafeln nicht lesen können. Monate vor unserer Reise hatte ich mir vorgenommen, ein bisschen Spanisch zu lernen. Aber leider ist es bei dem guten Vorsatz geblieben. Trotzdem sitzen wir schließlich nach einigem Hin- und Herlaufen und Herumfragen mit Händen und Füßen im richtigen Bus.

Die Fahrt dauert eineinhalb Stunden. Pit klebt am Fenster. Eine sehr abwechslungsreiche Landschaft zieht draußen vorbei: Allgäu mit gelegentlichem Meerblick – verrückt.

*Das werden wir alles erlaufen*, notiert Pit in sein kleines schwarzes Tagebuch. Und: *Ich freue mich, dass bisher alles so gut geklappt hat.*

Doris schläft ein bisschen.

Kurz vor halb vier erreichen wir Irun. Nach einer kleinen Pinkelpause im Bahnhof brechen wir zu Fuß nach Hondarribia auf. Dies ist nun unsere erste Wanderung, auch wenn sie nur knapp zwei Kilometer lang ist. Wir sind ganz euphorisch, endlich auf dem Weg zu sein, das Gewicht des Rucksacks auf dem Rücken, die Wanderschuhe an den Füßen, die Stöcke fest in der Hand. Und los geht's!

Der Weg durch Hondarribia allerdings zieht sich, denn wir haben Mühe, die Jugendherberge zu finden. Obendrein stellt sich heraus, dass wir für unsere erste Nacht auf spanischem Boden weit mehr bezahlen müssen, als es in unserem Wanderführer steht. Wir berappen statt der angekündigten 3 Euro pro Person ganze 19 Euro. Aber das ist uns egal. Stolz lassen wir uns unseren ersten Stempel in unseren Pilgerausweis drücken. Außerdem haben wir ein Zimmer für uns drei allein mit eigenem Bad. Und Frühstück gibt es auch noch, was für spanische Verhältnisse keine Selbstverständlichkeit ist. Außerdem ist der Blick aus unserem Fenster berauschend. Als wir die Gardine zurückziehen, bleibt uns die Spucke weg. Vor uns liegt malerisch der Hafen von Hondarribia, links das Meer und in dunstiger Ferne die Küste von Frankreich. Wir jubeln synchron und haben den Eindruck, etwas Schöneres kann uns nicht passieren. Es dauert eine Weile, bis wir uns losreißen und anfangen, uns einzurichten. Viel auszupacken gibt es nicht. Der Schlafsack wird auf der Matratze ausgerollt, die Zippertüte mit den Waschutensilien ins Bad verfrachtet, ein T-Shirt als Nachthemdersatz über die Bettstange gehängt. Zu meinem Schreck finde ich meine Handtücher nicht. Hoffentlich habe ich die nicht zu Hause vergessen! Aber sie sind bloß in die unteren Rucksackregionen gerutscht. Morgen werde ich umpacken.

So, und jetzt haben wir Hunger! Außerdem wollen wir ein bisschen die Altstadt erkunden. Die Häuser in Hondarribia weisen eine eigenwillige Architektur auf, eine Mischung aus Wildwest- und Almromantik, alles sehr bunt und fröhlich, aber ausgestorben wie nach einer Epidemie. Die Bars und Restaurants sind eine Enttäuschung: Entweder werden völlig überteuerte Gerichte angeboten, oder aber es gibt frühestens ab acht Uhr etwas auf den Teller. Schließlich treibt der Hunger uns in einen *mercado*. Ausgerüstet mit Weißbrot, Käse, Tomaten und reichlich Wasser suchen wir uns einen sonnigen Picknickplatz und finden eine abgelegene Wiese am Rand der alten Stadtmauer. Höchste Zeit, denn zumindest ich werde allmählich kribbelig und ungeduldig. Aber nach dem Essen ist es besser. Wir sind alle kaputt – nach der kurzen Nacht und dem langen Tag. Kurz nach neun kriechen wir in unsere Schlafsäcke. Das Abenteuer hat begonnen.

Der Tag weckt uns mit einem traumhaften Sonnenaufgang: Der Himmel über Frankreich brennt in sämtlichen Rot- und Orangetönen. Es ist Viertel nach sieben, und Doris föhnt sich schon die Haare. Ich freue mich wie selten auf diesen Tag und komme hervorragend aus dem Bett. Bevor wir den Frühstücksraum suchen, packen wir unsere Siebensachen. Ich hänge meine Wanderschuhe außen an den Rucksack und laufe in Trekkingsandalen. 14 Tage vor unserem Abflug habe ich mir den kleinen Zeh geprellt, und jetzt ist er dick und blau wie eine schrumpelige Pflaume und will sich einfach nicht neben den anderen Zehen in den Wanderschuh zwängen lassen. Das fängt ja gut an! Ich nehme es gelassen und humple fröhlich hinter Doris und Pit durch die Jugendherberge. Keine Menschenseele zu sehen. Pit öffnet jede Tür und ruft: »Hola!« Endlich winkt uns eine Frau von undefinierbarem Alter in einen Saal und verfrachtet uns an einen der Tische. Eine andere Frau breitet lächelnd eine weiße Papiertischdecke darauf aus, verteilt vor uns Tassen, Messer, einen Teller mit portionierter Butter und Pfirsichmarmelade, einen Korb mit getoastetem Weißbrot. Fertig. Wir essen von der Papierdecke, die bald aussieht, als hätte sich ein ganzer Kindergarten darauf ausgetobt. Die Frauen schütten uns Kaffee mit viel Milch in die Tassen. Dann gesellen sie sich zu anderen Frauen an den Nebentisch und schnattern in ihrem maschinengewehrschnellen Spanisch drauflos. Uns kommt es vor, als hätten wir noch nie so fürstlich und originell gefrühstückt.

Und dann endlich beginnt unsere erste, richtig ernst zu nehmende Wanderung. Heute geht es bis auf 570 Meter den Jaizkibel hinauf. Kleine gelbe Pfeile und die Jakobsmuschel auf blauem Kacheluntergrund weisen uns den Weg, der ziemlich steil bergauf führt. Einmal müssen wir eine Wiese hinaufklettern, die so steil ist wie eine Hühnerleiter und so rutschig wie Glatteis. Sie scheint gar nicht aufzuhören. Aber endlich oben angelangt, bietet sich uns ein toller Ausblick auf den kleinen Ort Hondarribia, auf die französische Küste in der Ferne, auf Irun. An der kleinen

Eremita Guadalupe rasten wir auf einem asphaltierten Parkplatz unter blattlosen Platanen. Die Eremita ist nicht mehr als eine gedrungene, lang gezogene Kapelle aus dicken gelben Sandsteinmauern. Wir kehren ihr den Rücken zu und lassen uns auf Bänken nieder an einem Mäuerchen, hinter dem sich die Landschaft üppig grün und blau bis zum Horizont ausweitet wie ein Gemälde. Die Sonne brennt, aber es gibt weit und breit keinen Schatten. Wir vertilgen dosenweise gesalzene Erdnüsse und spülen mit reichlich Wasser nach. Wir schwitzen und müssen unseren Mineralhaushalt ausgleichen. Unsere Wassersäcke füllen wir an einem Brunnen auf, aus dem es herrlich kühl herausprudelt. T-Shirt, Arme und Gesicht bekommen auch gleich was ab, und erfrischt geht es weiter.

Oben auf dem Grat verschlägt es uns die Sprache. Vor lauter Begeisterung über die Wahnsinns-Aussicht bleiben wir alle paar Meter stehen, brechen in Ah- und Oh-Rufe aus und kriegen uns fast nicht mehr ein. Rechts, tief unter uns, breitet sich das Meer in seinen schönsten Blautönen aus; links erheben sich die Pyrenäen mit Schneezipfelmützen auf ihren Gipfeln; vor uns wachsen bizarre Felsen aus dem satten grünen Rasen und den Grat entlang bauen sich alle paar Hundert Meter trutzige moos- und farnbewachsene Wachtürme aus dem 19. Jahrhundert auf und blicken herrisch ins Tal hinab.

Hier könnten wir tausend Fotos schießen. Aber keiner von uns hat eine Kamera dabei – erstens, weil wir keine Lust haben, sie ständig vor möglichen Dieben zu beschützen oder uns darum zu kümmern, wo wir den Akku aufladen und die Bilder von der Speicherkarte auf CD ziehen lassen können. Zweitens wollte Pit, der leidenschaftliche und perfektionistische Fotograf, die Landschaft und das Schöne des Weges diesmal nicht mit einem Fotoapparat vor den Augen und bloß noch mit seinem »Objektivblick« wahrnehmen, sondern in ihrer ganzen prachtvollen Gesamtheit. Und drittens: Auf diesem Weg geht es um weit mehr als um Momentaufnahmen. Und was immer das ist: Wir wollen uns alle frei und offen dafür halten.

So können wir nun ohne jedes touristische Fotografiergehabe

einfach dastehen und genießen, was uns aber nicht davon abhält, bei jedem spektakulären Ausblick laut »Foto« zu rufen. Doris wirft sich vor einem mindestens fünf Meter hohen Monolithen in Positur, und Pit und ich drücken an imaginären Kameras den Auslöser. Wir haben mächtig Spaß dabei und fühlen uns glücklich und berauscht.

Der Weg bleibt kräftezehrend. Immer wieder geht es bergauf. Bergab ist es kaum leichter. Wir sind ziemlich k.o., aber immer noch fröhlich. Nach etwa 16 km erreichen wir auf Meeresniveauhöhe Pasaia. Wir finden, dass diese Strecke bei dem Höhenprofil für eine erste Wanderung ausreicht, suchen uns ein hübsches Café mit Blick auf die kleine Hafenbucht und bestellen unseren ersten *café con leche* (Milchkaffee). Wir legen die Beine auf freie Stühle, entspannen uns und lassen uns Zeit bis in den späten Nachmittag hinein, was ein Fehler ist. Denn in ganz Pasaia gibt es, entgegen der Empfehlung aus unserem Wanderführer, keine Übernachtungsmöglichkeit. Bedauernd schüttelt die freundliche Spanierin in der Touristen-Information den Kopf. »*No albergue, no hostal*« (keine Herberge, keine Pension). Es bleibt uns nichts anderes übrig: Wir müssen weiter.

Mit einer kleinen Fähre setzen wir vom Stadtteil Pasaia Donibane über die Bucht zum Stadtteil Pasaia San Pedro über, wandern über uraltes Kopfsteinpflaster, erklimmen 60 hohe Stufen und klettern hinter einem verwunschenen Friedhof einen steilen, mit Brennnesseln überwucherten Pfad hinauf. Keiner hat uns gesagt, dass es noch einmal so beschwerlich werden würde. Aber im Wanderführer steht, dass gleich hinter dem Leuchtturm ein faszinierender und überraschend einsamer Küstenabschnitt beginnt. Und diesmal hat er recht. Auf schmalen Wegen mit zum Teil altem Pflasterbelag wandern wir dicht an einer bizarren Steilküste entlang.

Der Nachmittag neigt sich dem Abend zu, doch der Weg zieht sich endlos. Wir versuchen, gelassen zu bleiben, was mir zunehmend schwerer fällt. Denn allmählich verlassen mich meine Kräfte, und die beiden anderen werden auch immer stiller. Da, plötzlich – ich bin beinahe am Ende – ein Schild: *Bienvenidos* –

Herzlich willkommen. Ich nehme die Einladung ernst und spreche eine junge Frau an, die uns entgegenkommt. In ihrem langen Rock, ihrer langärmelige Bluse und ihrem dicken, weichen Zopf sieht sie aus, als entstamme sie einer vergangenen Zeit. »*Buscamos una habitacion para una noche*« (Wir suchen ein Zimmer für eine Nacht), radebreche ich. Und siehe da, sie versteht mich, nickt fröhlich und führt uns zu einem Mann, der ein bisschen Englisch spricht. Er ist genau wie die junge Frau so gekleidet, als sei er dem vorigen Jahrhundert entsprungen. Er ist unglaublich freundlich und lädt uns sofort ein. Ja – es gibt Betten für uns, eine frische Dusche und Abendbrot. Nein – dies ist keine Herberge, sondern eine christliche Lebensgemeinschaft, die schlicht Gottes Gebot der Gastfreundschaft gehorcht und uns herzlich in ihrer Mitte aufnimmt. Wir sind überwältigt, und vor lauter Erschöpfung und Erleichterung kommen mir die Tränen. Dank dieser lieben Leute sind wir für heute am Ziel.

Wir reden viel und fragen viel und lassen uns viel erzählen. Vor dem Essen hält die kleine Gemeinschaft aus ungefähr einem Dutzend Erwachsener und beinahe ebenso vielen Kindern ihre kleine Andacht auf der Dachterrasse des Gemeinschaftshauses. Sie singen und begleiten sich dabei selber auf Fidel, Gitarre und Trommel. Sie tanzen im Kreis, und trotz unserer schweren Beine reihen Doris und ich uns ein und machen mit. Nach dem Abendessen sitzen wir noch lange zusammen und reden. Für die Nacht räumt eines der Ehepaare ihr Schlafzimmer für Pit und mich. Es ist der einzige Raum einer winzigen, etwas abseits stehenden Hütte, in dem sie auf einer wackeligen Kleiderstange, in schmalen Regalen und winzigen Kommödchen ihre gesamte private Habe aufbewahren. Für Doris steht ein Bett in der Kammer einer jungen Frau zur Verfügung. Wir sind tief beeindruckt, wie diese Menschen konsequent das leben, was sie für sich als richtig erkannt haben. Wir fühlen uns reich beschenkt.

Unsere Gastgeber lassen uns schlafen, obwohl ihr Tag schon um sechs Uhr begonnen hat. Wir sprengen ihren Tages-Zeitplan, aber niemand drängt uns, und so können wir in Ruhe frühstücken. Gegen halb zehn brechen wir auf. Und welch ein Wunder, meine Füße passen bequem in meine Wanderschuhe. Der geprellte Zeh hat über Nacht zu der gleichen Form zurückgefunden wie sein Gegenstück am anderen Fuß. Die Farbe der Haut um den Nagel herum schwankt zwar immer noch zwischen grün, gelb und blau, aber es tut nichts mehr weh. Ob sich wohl alle Schwierigkeiten, die sich uns auf dem Camino entgegenstellen werden, so schnell lösen lassen? Ich will es mal hoffen …

In der Nacht hat es ziemlich stark geregnet. Das Wasser ist unter der Tür hindurch in unser Zimmer gelaufen, und wir überlegen, wie es sich hier wohl überwintern lässt. Keine angenehme Vorstellung. Am Morgen regnet es immer noch, und wir müssen unsere Regencapes über uns und unsere Rucksäcke ziehen. Erst als wir eine Stunde später San Sebastian erreichen, klart der Himmel auf.

San Sebastian gilt als eine der schönsten Städte Europas. Mit ihren wunderschönen Jugendstilhäusern liegt sie eingebettet zwischen Bergen und Meer. Ihre drei Kilometer lange Concha-Bucht ähnelt in perfekter Weise einer Muschel, ein schöner Auftakt für unseren Jakobsweg, dessen Symbol ja auch eine Muschel ist.

An der Strandpromenade lassen wir uns auf einer Bank nieder und knabbern Kekse und Obst, das wir in dem Bio-Laden gekauft haben, den unsere Gastgeber in San Sebastian betreiben. Es dauert nur Minuten, da werden wir von einem alten Spanier angesprochen. Vertrauensselig legt er seine Hand auf Pits Schulter und redet auf ihn ein – natürlich auf Spanisch. Er stellt Fragen, die Pit irgendwie mit Händen und Füßen beantwortet. Ich bin erstaunt, wie gut Pit ihm ohne jegliche Spanischkenntnis folgen kann, bis ich bemerke, dass die beiden sich auf ein Zwischending von Spanisch, Englisch und Gebärdensprache geeinigt haben.

Plötzlich lachen alle los, nur ich nicht, denn ich habe kein Wort verstanden und muss mir den Witz erst erklären lassen. Der alte Mann hatte nach der vierten Person, dem zweiten Mann in unserer Runde, gefragt, worauf Pit ihm erklärte, dass es diese Person nicht gibt. Aha, Pit ist also allein unterwegs mit zwei Frauen. Dass er sich da mal bloß nicht übernimmt. Breites Grinsen auf dem Gesicht des Spaniers, Augenzwinkern bei Pit. Doris und ich lächeln nachsichtig: Männer … Und ich denke: Als ob Pit nicht schon mit mir allein genug zu tun hat. Aber davon kann der alte Spanier ja nichts wissen. Wortreicher Abschied, Schulterklopfen, *Buen Camino …*

Mit einer Standseilbahn fahren wir auf den Berg Igeldo und kehren hoch über der Stadt in ein Café ein. Von der Caféterrasse aus genießen wir den herrlichen Ausblick über Stadt und Bucht. Heute haben wir es sehr gemütlich angehen lassen. Wir sind richtig in Urlaubslaune und sehen nicht ein, warum und von wem wir uns hetzen lassen sollten. »Wir sind doch nicht auf der Flucht«, meint Doris und hält mit geschlossenen Augen ihr Gesicht in die Sonne. Wir entschließen uns, nicht wieder hinunter in die Stadt zu fahren, um von dort, wie es sich für richtige Jakobspilger gehören würde, unseren Weg fortzusetzen, sondern den Aufstieg zur Höhe Gudamendi zu sparen und gleich von hier aus weiterzuwandern.

Unsere gerade trocken gewordenen Regencapes können wir aber noch nicht zurück in den Rucksack packen. Sonne und Regen wechseln sich ab und lassen die Welt zwischen Licht und Schatten glänzen. Die Landschaft blättert sich vor uns auf wie ein Bilderbuch: Ständig werden wir von neuen Ausblicken überrascht. Wir finden es sehr romantisch, aber auch anstrengend. Zum Ende der heutigen Etappe geht es ziemlich steil, steinig und glitschig bergab. Jeder Schritt muss überlegt sein. Wir sind froh, dass wir gestern noch den Küstenweg von Pasaia bis San Sebastian gelaufen sind. Bei dem Regen heute wäre der nur schwer zu bewältigen gewesen. Außerdem wären wir dann sicher nicht auf unsere tolle Unterkunft gestoßen. Für heute will ich mir als Erkenntnis des Tages festhalten: Nichts ist wirklich zu bedauern, denn morgen könnte es noch besser kommen. Und genauso erleben wir es auch.

In der Herberge San Martin in Orio werden wir herzlich von Rosa empfangen. Nachdem wir von ihr unseren zweiten Stempel in unseren Pilgerausweis bekommen haben, dürfen wir uns unsere Betten aussuchen. Der Schlafraum ist in kleine Nischen unterteilt, in denen jeweils zwei Stockbetten stehen. Wir können uns richtig ausbreiten, denn außer uns übernachtet hier nur noch ein Ehepaar aus Québec, Kanada, Rachel und Jean-Paul. Beim gemeinsamen Abendessen in dem gemütlichen kleinen Holzhaus, das sich an die sonnenbeschienene Terrasse anschließt, erfahren wir, dass die beiden ziemlich wandererprobt sind und dass sie, seit sie in Rente sind, schon in aller Herren Länder herumgetourt sind. Den Jakobsweg gehen sie gemütlich an, denn Jean-Pauls Herz schwächelt, weswegen er letztes Jahr einen Stent gelegt bekommen hat. Rosa hat für uns ein leckeres Menü vorbereitet: Salat und eine Nudelgemüsepfanne, dazu reichlich Weißbrot und Wein. Wir lachen viel über unsere babylonische Sprachverwirrung: Spanisch, Englisch, Deutsch, Französisch – von jedem etwas. Vor dem Essen haben wir unsere große Wäsche erledigt. Jetzt flattern Handtücher, Socken und Unterhosen fröhlich im Abendwind. Hoffentlich wird bis morgen alles trocken.

Es dämmert noch, da kriechen wir schon in unsere Schlafsäcke: Ohropax in die Ohren, Augen zu. Und hinter meinen geschlossenen Lidern ziehen die Bilder des Tages vorbei, zwei davon, die ich mir wie ein Foto im Gedächtnis behalten will: In dem kleinen Ort Igeldo auf einer blau gestrichenen Hausmauer in gelb die Kilometerzahl 795, daneben zwei Stühle zum Ausruhen unter einem durchsichtigen Plexiglasdach und Wasser in Plastikflaschen – alles gratis für müde Pilger. Mein zweites fiktives Foto: Pferde anstatt Kühe auf den Weiden, viele von ihnen mit Glocken um den Hals, was ich sehr befremdlich finde. Beim Einschlafen denke ich an unsere drei erwachsenen Kinder, an unsere Tochter wegen der vielen Callas, die hier wie Unkraut aus jeder Mauerritze sprießen – es sind ihre Lieblingsblumen – und an unsere Söhne: denen hätte das Wandern hier genauso viel Freude gemacht wie uns.

## 4. TAG ORIO – ZUMAIA

Zur Vorbereitung dieser Reise haben wir sowohl im Internet als auch in Büchern in den Erlebnisberichten anderer Pilger geschmökert. Beinahe ausnahmslos alle erzählten davon, wie schwierig dieser Weg durchzustehen sei und dass sie sich ständig fragten, warum sie diese beschwerliche Reise überhaupt auf sich genommen hätten. Wer freiwillig mehrere Hundert Kilometer an einem Stück durch die Pampa läuft, der muss wohl nicht ganz bei sich sein. Mich würde mal interessieren, warum die das dann überhaupt tun? Warum wandert einer, der sowieso nicht gerne auf den Beinen ist, quer durch Spanien?

Klar, anstrengend waren unsere ersten paar Kilometer auch, aber das Schöne hat das Schwere bei Weitem aufgewogen. In der kurzen Zeit, die wir jetzt unterwegs sind, haben wir so viel Tolles und Beeindruckendes gesehen und erlebt, dass wir uns kaum vorstellen können, was jetzt noch kommen kann. Aber vielleicht stimmt es trotzdem, dass sich nur der auf den Weg macht, der nicht ganz bei sich ist – vielleicht, weil ihm der Camino helfen soll, wieder zu sich zu kommen. Ich selbst hätte auch nichts dagegen, mal wieder ganz bei mir zu sein, ohne Ablenkung, ohne Alltagsanforderungen, ohne Fremdbestimmung und ohne Erwartungen, die ich weder erfüllen will noch kann. Bin mal gespannt, was übrig bleibt, wenn das alles wegfällt, vielleicht bloß noch ich selbst. Mal sehen …

Jedenfalls bin ich sehr erleichtert, an diesem Morgen in Spanien aufzuwachen. Gegen neun Uhr starten wir. Rosa, unsere *hospitalera*, warnt uns beim Abschied vor dem orkanartigen Wind, den der Wetterbericht vorhergesagt hat. Aber noch merken wir nichts davon. Noch strahlt die Sonne hell und heiß am Himmel. Ein gutes Stück müssen wir auf der Nationalstraße 634 wandern, bis es steil bergauf an einem Campingplatz vorbei auf eine Anhöhe geht. Unter uns liegen das Meer und die kleine Stadt Zarautz. Der Abstieg ist die Hölle. Ein Weg, der nicht mehr ist als ein glitschiger, dornenüberwucherter Pfad, führt in die Tiefe an einen karibisch weißen Sandstrand. Ich bin dankbar für meine Stöcke, mit denen ich jeden Schritt absichere, und für Pits Hände, die sich mir hilfreich entgegenstrecken. Doch weder Stöcke noch Hände können verhindern, dass, unten angekommen, mein linkes Knie nur noch Wackelpudding ist.

Vor einigen Jahren bin ich wegen meiner lädierten Kreuzbänder am rechten Knie operiert worden. Und ich habe mich gefragt, wie dieses Knie den Weg überstehen würde. Aber das operierte macht nicht einen einzigen Mucks. Stattdessen spielt das andere verrückt. Na ja, vielleicht beruhigt es sich ja wieder. Jedenfalls ist es eine Wohltat für Füße und Gelenke, aus den Wanderschuhen herauszukommen und barfuss über den weichen, kühlen Sand zu laufen.

Pit und Doris machen einen kleinen Schlenker durch die Straßen von Zarautz, während ich durchs Wasser platsche und Meer, Sand, Sonne und Luft genieße. Auf einer Promenade an einer berauschend schönen Steilküste entlang geht es schließlich weiter nach Geteria. Doris macht daraus Geriatrie, und wir amüsieren uns köstlich über ihren Buchstabenverdreher. Darüber vergesse ich meine Knie, und schmerzfrei kann ich *café con leche* am Hafen von Geteria genießen. Überhaupt lachen wir viel und sind so ausgelassen wie junge Hunde. Es ist toll, Rachel und Jean-Paul zu treffen, die in einem kleinen Straßenrestaurant ihr Mittagessen einnehmen. Wir winken uns fröhlich zu und gehen dann weiter über die Berge Richtung Zumaia, das heute unser Etappenziel ist.

Leider geraten wir in einen heftigen Sturm – genauso, wie Rosa es uns am Morgen vorausgesagt hat. Von jetzt auf gleich gießt der Himmel wahre Sturzbäche über uns aus. Der Wind aus dem Landesinneren treibt die Wellen zurück ins Meer und beutelt Bäume und Sträucher, bis sie sich schräg legen wie Matrosen auf Landurlaub. Aber unsere Stimmung bleibt trotzdem sonnig. Gut gelaunt wehren wir uns gegen das Unwetter und kramen unsere Regencapes heraus. Sie überzuziehen ist ein echtes Kunststück, weil der Sturm uns die dünnen Plastikdinger ständig aus der Hand reißt oder darunterfährt oder sie völlig unkontrolliert hochhebt. Am Ende bleiben wir aber Sieger, und geschützt unter unseren wehenden Umhängen geht es unverdrossen weiter.

Nach Zumaia hinein müssen wir eine steile Betonpiste hinunter. Mein Knie meldet sich wieder. Jeder Schritt ist eine Qual, und ich brauche ewig lange, bis ich unten bin – und das bei diesem Wetter! Zu allem Überfluss liegt unsere Herberge wieder ziemlich weit oben auf einem Berg. Wir müssen am Ende unserer Tour noch einmal etwa 150 m hochsteigen. Es hat zwar endlich aufgehört zu regnen, aber begeistert bin ich von dem serpentinenartigen Aufstieg trotzdem nicht. Schließlich muss ich da morgen früh wieder runter.

»Heute denken wir noch nicht an morgen«, tröstet mich Doris. Recht hat sie, denn was wir vorfinden, lohnt alle Mühe.

Die Herberge ist fantastisch, ganz aus Natursteinen gemauert, innen im Gemeinschaftsraum eine rot gestrichene Wand, eine sehr moderne Küche, kleine Fensterchen, die in dem dicken, alten Gemäuer wie Schießscharten wirken. Wir bekommen ein winziges, blau gestrichenes Zimmer mit zwei Stockbetten zugewiesen. Die Toilette ist zwar bloß mit einer Schwingtür ähnlich den Saloontüren im Wilden Westen ausgestattet. Aber was macht das schon, wo wir ohnehin unter uns sind. Denken wir jedenfalls.

Wir sitzen bereits hinter dem Haus in Sonne und Wind auf Steinbänken an Steintischen, spielen 10 000, ein nicht sonderlich anspruchsvolles Würfelspiel, und genießen mal wieder die tolle Aussicht. So, wie es hier aussieht, stelle ich mir die Highlands in Irland vor: grüne Weite auf hohen Steilküsten, Meer wie gebürsteter Stahl, der Himmel ein gespanntes Laken … Da tauchen plötzlich die Kanadier auf. Ob die sich jetzt noch in unser Zimmerchen quetschen müssen? Nein, sie bekommen eine Unterkunft im Haus nebenan. Wir atmen erleichtert auf, erstens, weil Jean-Paul ein richtig lauter Schnarcher ist, zweitens, weil es nur vier Schlafgelegenheiten gibt und für eine fünfte Person eine

Matratze auf den Boden gelegt werden müsste, und drittens: Schlafen ist eine ziemlich intime Angelegenheit. Kein schöner Gedanke, dass Fremde jeden Schnaufer oder – noch schlimmer – ein entspanntes Lüftchen von einem mitbekommen könnten. So nett wir unsere beiden Mitwanderer auch finden, wir sind heilfroh, in dieser Nacht unter uns zu bleiben.

Um das Haus weht ein eisiger Wind. Es ist lausig kalt hier oben, und bis zum Abendessen dauert es noch mindestens eine Stunde. Wir können uns aber nicht losreißen von der Schönheit der Gegend und beschließen, draußen zu bleiben. Doris hat eine Idee, wie sie der Kälte begegnen könnte: Sie holt ihren Schlafsack und krabbelt hinein. So sitzt sie hübsch eingekuschelt auf der kalten Steinbank. Ein originelles Fotomotiv. Pit ruft auch gleich: »Foooooto.« Mehr ist ohne Apparat nicht drin. Gespielt wird jetzt nicht mehr, denn Rachel und Jean-Paul gesellen sich zu uns. Es wird noch ein richtig lustiger Abend.

## 5. TAG  ZUMAIA – DEBA

Wächst die Liebe mit dem Glück oder findet die Liebe im Glück bloß leichter ihren Ausdruck? Vor unserer Reise hat mir meine Ehe so gut wie gar keinen Spaß mehr gemacht. Jeder von uns beiden wurschtelte vor sich hin und lebte seinen Alltag für sich, und es wurde immer schwerer, einen Weg zueinander zu finden. Nach fast 28 Ehejahren ist das bestimmt keine Ausnahme. Viele meinten, wir könnten stolz darauf sein, es überhaupt so lange miteinander ausgehalten zu haben. Aber die übliche Scheidungsrate ist für mich kein Maßstab. Eigentlich wollte ich mit Pit zusammenleben, bis dass der Tod uns scheidet. Er ist der Mann, mit dem ich alt werden wollte. Und gerade fange ich an, mir genau das wieder zu wünschen. Das Schöne und das Glück, das ich hier erlebe, berühren mich so tief, dass ich auch meine Beziehung in einem ganz neuen Licht sehe. Plötzlich freue ich mich wieder an meinem Mann. Er ist so fröhlich, so aufmerksam und zugewandt. War er das zu Hause auch, und ich habe es bloß nicht bemerkt?

Da sind gar keine Schutzreaktionen mehr. Auch das macht die Liebe leichter!

Pit ist so ausgelassen wie lange nicht mehr. Beim Frühstück fällt ihm ein herrlicher Blödsinn ein: Doris, Pit und ich sitzen zusammen mit Rachel und Jean-Paul an dem langen Tisch in unserer Herberge. Hier drinnen ist es wegen der kleinen Fenster und der dicken Mauern frostig wie in einem Kühlschrank. Pit und ich legen unsere Thermokissen auf unsere Stühle, damit wenigstens der Hintern warm bleibt. »*What's that?*«, will Rachel wissen, die so einen silbern glitzernden Untersatz noch nie gesehen hat. Pit tut sehr wichtig und sagt in Englisch, dass dies eine besondere Erfindung der deutschen Raumfahrttechnik sei. Nun ist auch Jean-Pauls Interesse geweckt. Mit offenem Mund hört er zu, während Pit erklärt, dass solche Kissen in die Raumanzüge der Astronauten eingearbeitet werden. Jeder wisse schließlich, wie eisig es im Weltraum sei, und diese Erfindung sorge dafür, dass die Astronauten sich während ihrer Außenarbeiten nicht ihren Astronautenpopo unterkühlten. »*Really?*«, staunt Jean-Paul. Pit bestätigt tiefernst, während Doris und mir vor unterdrücktem Lachen die Tränen in die Augen steigen. Jean-Paul und Rachel kommen aus dem Staunen gar nicht heraus. Nein, was sind die Deutschen doch für einfallsreiche Erfinder! Grinsend zieht Pit mit dem Zeigefinger sein unteres Augenlid herunter. Und da schließlich merkt Rachel, dass er sie bloß auf den Arm genommen hat. »*Jean-Paul, it's a joke!*«, schreit sie, und dann prusten wir alle los.

Die Kanadier brechen vor uns auf. Wir lassen uns Zeit, denn heute haben wir bloß ca. 13 Kilometer vor uns. Das klingt nicht nach viel. Aber auf diesem Weg geht es nicht so sehr um die zurückgelegten Kilometer als vielmehr um die Höhen, die es zu überwinden gilt. Ständig müssen wir rauf und runter. Von wegen schöner, gemütlicher Küstenwanderweg, nein, hier wird richtig schweißtreibend gerackert.

Der Weg ist unglaublich schön. Es geht über saftig grüne Wiesen, und es kommt uns wieder einmal so vor, als erwanderten wir das Allgäu. Die große Überraschung dabei ist das Meer, das sich plötzlich hinter einer Wegbiegung zeigt. Es lässt sich gut laufen, obwohl ich nach zwei Stunden völlig nass geschwitzt bin. Der Wind kühlt uns herrlich ab, und ich bin froh, dass mein Knie Ruhe gibt. Heute Morgen habe ich es mit allen Elastikbinden, die meine kleine Reiseapotheke hergab, umwickelt, um ihm ein bisschen mehr Stabilität zu geben. Vielleicht hilft es ja!

In Itziar, einem winzigen, mittelalterlich anmutenden Ort, machen wir Pause in einer Bar. Wir bestellen *bocadillos* – dick mit Schinken, Käse und Tomaten oder Gurken belegte Baguettebrötchen – und *café con leche*, den wir hier in Spanien unheimlich lecker finden. Zu Hause trinke ich meinen Kaffee ausnahmslos tiefschwarz, ohne alles, schließlich will ich mir ja nicht den Geschmack verderben. Aber an den *café con leche* kann man sich gewöhnen, und allmählich ist er unvermeidlich geworden – keine Einkehr mehr ohne das köstliche und heiß begehrte Getränk. So also auch hier.

In der Bar wimmelt es von festlich gekleideten Spaniern, die sehr fröhlich und laut durcheinanderschwatzen. Eine Spanierin spricht ein bisschen deutsch, und wir kommen ins Gespräch. Der Kontakt mit den Einheimischen ist sehr nett. Sie geben uns das Gefühl, dass wir etwas Besonderes sind. Wir werden ausgequetscht wie reife Früchte, und im Gegenzug hören wir uns an, warum unser Gesprächspartner so gut deutsch spricht, was er alles von Deutschland kennt und weiß und wo in Deutschland er Verwandte wohnen hat. Alles irrsinnig interessant … und es macht auch irgendwie Spaß.

Wie die Flut der Schickgekleideten hereingeschwappt ist, so verebbt sie auch. Mit einem Schlag sitzen wir allein in der Bar. Da kehrt plötzlich unsere deutsch sprechende Spanierin zurück. Ob wir ein bisschen Zeit hätten, will sie wissen, und ob uns die Kirche interessieren würde. Ja, schon, aber die war vorhin, als wir sie besichtigen wollten, verriegelt und verrammelt, so wie die meisten Kirchen hier am Weg. Doch jetzt bietet sich uns eine Gelegenheit. Die Spanierin lädt uns ein, an einer privaten Messe teilzunehmen. Es wird eine Silberhochzeit gefeiert. Es gibt einen tollen Chor, der schon wer weiß wo öffentlich aufgetreten ist und wirklich gut singt. Also, ob wir wollen? Na, klar doch!

Wir schlingen die Reste unserer *bocadillos* hinunter, zahlen unsere Rechnung, schultern unsere Rucksäcke und stapfen, verschwitzt und lumpig wie wir sind, in die Kirche, wo die festliche Gesellschaft schon ihre Plätze eingenommen hat. Wir verteilen uns still in die Bänke und warten auf das, was kommt. Und das ist überwältigend. Als der Chor mit dem ersten Ave Maria beginnt, habe ich das Gefühl, plötzlich in den Himmel versetzt zu sein. Sie singen wie Engel, und vor lauter Ergriffenheit laufen mir die Tränen über das Gesicht. Niemand stört sich daran, und später erzählen Doris und Pit, dass es ihnen genauso ergangen ist. Am Ende der Messe sprechen sich alle gegenseitig den Segen Gottes zu. Auch wir werden mit einbezogen. Als mir völlig fremde Menschen die Hand reichen, kommt es mir vor, als würde Gott selbst mich berühren.

Ich lebe seit über 30 Jahren mit Gott. Das ist eine lange Zeit, in der eine Beziehung, auch eine Gottesbeziehung, sich abnutzen kann. Trotzdem bin ich immer noch überwältigt, wenn ich Gottes Gegenwart so zu spüren bekomme wie gerade an diesem Ort, der nur schwer auf einer Landkarte zu finden ist. Aber was kümmert Gott sich schon um Landkarten? Wenn er jemandem begegnen will, dann kann er das sicher tun, wo immer er will. Und mir kommt es so vor, als ob er mir gerade in diesem Dörfchen nahe sein wollte. Vielleicht haben mir aber auch die Schönheit der Musik und das Glück, das ich hier erlebe, ganz neu den Blick für Gott geöffnet? Ich habe oft gehört, dass leidende Menschen eher nach Gott fragen als glückliche und zufriedene. Aber mir scheint, dass Gott unabhängig von Glück oder Leid jederzeit nach seinen Menschen Ausschau hält. Jedenfalls könnte es ja sein, dass Gott mir zu Hause, oder wo ich mich sonst gerade aufhalte, genauso begegnen will wie hier in dieser Kirche? Nur, dass ich es nicht richtig mitbekomme, warum auch immer? Jedenfalls nehme ich mir fest vor, meine Augen und Ohren für ihn offen zu halten. So berührt werden wie eben möchte ich gerne öfter!

Doch auf diesem Weg liegen Freude und Frust nur wenige Schritte auseinander. Wir haben Itziar kaum hinter uns gelassen, da meldet sich mein Knie wieder. Über drei Kilometer geht es steil bergab nach Deba. Eben habe ich mich noch ganz in der Gegenwart Gottes aufgehoben gefühlt, aber jetzt könnte ich schon wieder fluchen wie ein alter Kutscher. Ich bin heilfroh, dass wir die letzte Treppe hinunter in den Ort nicht nehmen müssen. Hier gibt es nämlich einen Fahrstuhl, mitten auf der Straße, der die Höhe von einem etwa vierstöckigen Haus überwindet und uns hinunter in die Nähe der Foruen Plaza bringt. Hier genehmigen wir uns erst mal eine Cola, und Doris bestellt sich ihren ersten spanischen Rotwein.

Die Touristen-Information, wo wir unseren Schlüssel für die Herberge abholen können, öffnet erst um fünf. Bis dahin vertrödeln wir die Zeit am Strand in der Sonne.

In der Touri-Info herrscht reger Betrieb. An dem einzigen Schalter wartet bereits eine lange Schlange von Pilgern und wir befürchten, dass wir kein Bett in der Herberge mehr abbekommen. Die ist dann auch tatsächlich rappelvoll. Es gibt zwei dreistöckige Betten und ein zweistöckiges, insgesamt also acht Schlafmöglichkeiten, in einem Raum von maximal zwölf Quadratmetern. Hier werden wir also übernachten, zusammen mit unseren Kanadiern Rachel und Jean-Paul, mit Christian aus Aschaffenburg, mit dem sehr gesprächigen Hans, mit Ingo, der in Griechenland losgelaufen ist und bis zum Atlasgebirge will und für den der Jakobsweg bloß eine kleine Zwischenepisode ist, und mit Philipp aus Frankreich, der seine Isomatte auf dem Boden ausrollt. Wir sind ziemlich skeptisch, wie das gehen soll, zumal im Zimmer auch noch ein Gartentisch und zwei Plastikstühle stehen, es bloß einen winzigen Vorraum mit Wäscheleinen und Schleuder gibt und ein einziges Bad mit Klo und Dusche. Nach unserem gestrigen blauen Zimmerchen ist das hier ziemlich gewöhnungsbedürftig. Aber alles klappt hervorragend. Alle sind sehr diszipliniert, niemand drängelt vor der Badezimmertür und jeder hält seine Sachen zusammen. Ingo und Christian sitzen auf den Stufen vor dem Eingang und rauchen. Philipp wäscht Wäsche, Rachel und Jean-Paul sind irgendwohin verschwunden und Hans thront auf einem der weißen Plastikstühle und legt lautstark seine Pilgerphilosophie dar: Wer wandert, ist selbst schuld, schließlich gibt es ja noch Busse. Hier haben wir also unseren ersten richtigen Buspilger. Doris, Pit und ich können seine Meinung nicht teilen und gehen, anstatt zu diskutieren, lieber essen.

In der Stadt ist der Bär los. Die Bars sind rappelvoll und auf der Plaza toben Väter und Großväter mit ihren Kindern und Enkeln. Normales Leben in Spanien. Die Menschen kommen erst in der Abendkühle aus ihren Häusern. Es geht alles sehr laut und familiär zu. Und mittendrin sitzen wir, fühlen uns sauwohl und freuen uns schon auf morgen …

## 6. TAG  DEBA – MARKINA

Trotz vier starker Schnarcher, aber dank Ohropax, haben wir prima geschlafen. Ich fühle mich ausgeruht und voller Tatendrang. Trotzdem entscheide ich mich dafür, mit dem Bus zu fahren, um mein Knie zu schonen. Ingo hat die gleiche Idee, wenn auch aus anderen Gründen.

Nach einem fröhlichen Frühstück in einer kleinen Bäckerei machen Doris und Pit sich bei strahlendem Sonnenschein auf den Weg über die Berge. Christian hat sich ihnen angeschlossen. Es macht ihm einfach keinen Spaß, die Schönheiten des Weges allein zu genießen. Außerdem fühlt er sich schlapp und unmotiviert. In den ersten Tagen hat er sich wohl etwas übernommen. Jetzt ist er froh, sich bei uns anhängen zu können.

Christian macht einen angenehmen und unaufdringlichen Eindruck. Gestern Abend, als alle schon in ihren Schlafsäcken steckten, Licht aus und Tür zu, da hat er still auf seinem Bett im ersten Stock gesessen, eine Stirnlampe in seine karamellfarbenen, verstrubbelten Jungenhaare geklemmt, und Tagebuch geschrieben. Von meinem Bett aus habe ich ihm ein bisschen dabei zugesehen und mich gefragt, was einen so jungen Bengel auf den Jakobsweg treibt. Na ja, so jung ist er auch nicht mehr, immerhin 27 Jahre alt. Aber er könnte unser Sohn sein. Also, was macht er hier, anstatt zu studieren, zu arbeiten, eine Familie zu gründen oder sonstwie an seinem Leben zu bauen, so, wie andere Leute es in seinem Alter tun? Solche Geschichten finde ich total interessant. Aber Christian ist keiner, der unaufgefordert vor allen und jedem seine Motive darlegt. So neugierig ich auch bin, diese zurückhaltende Art finde ich sehr sympathisch. Pit und Doris finden das vermutlich auch — jedenfalls haben sie nichts dagegen, dass Christian heute mit ihnen wandert.

Während die drei zusammen aus Deba herausmarschieren, machen Ingo und ich uns auf den Weg zum Busbahnhof. Wir haben Zeit und vertreiben sie uns, indem wir uns unsere Lebensgeschichten erzählen. Spannend! Ingo hat sich irgendwo in Griechenland zwischen Ziegen und Eseln niedergelassen und lebt dort recht alternativ. Er ist wegen eines schweren Unfalls, den er vor Jahren hatte und der ihn beinahe das Leben gekostet hätte, Frührentner und hat deswegen Zeit, sich in aller Ruhe die Welt anzusehen. Er sieht auch genau so aus, wie ich mir einen Weltenbummler vorstelle: mager, mit spitzer Nase, langen Haaren und abgerissener Kleidung, ein bisschen wie mein Lieblingsschriftsteller T. C. Boyle. So einem möchte man nicht unbedingt im Dunkeln begegnen. Aber das sind natürlich Vorurteile. Erst beim näheren Hinsehen merkt man, wie einer wirklich ist. Ingo jedenfalls ist nett und aufgeschlossen und interessant. Es macht Spaß, sich mit ihm zu unterhalten, und wir entdecken viele Gemeinsamkeiten. Er schwärmt genauso von seinem Sohn wie ich von meinen Kindern.

Pünktlich zur Busabfahrtszeit stößt Hans zu uns. Er bezahlt beim Fahrer drei Tickets und lässt sich das Geld nicht von uns zurückgeben. Mit dem Bus zu fahren ist hier spottbillig. Trotzdem ist es nicht selbstverständlich, dass Hans uns einlädt.

Meinem Magen bekommt die Schaukelei auf den engen, gewundenen Straßen nicht besonders gut, und ich bin froh, eine Plastiktüte griffbereit zu haben. Auch Ingo geht es schlecht. Er hat wegen einer Allergie Tabletten geschluckt, die auf ihn wie eine Droge wirken. Beruhigend, dass er erst mal sitzt. Nur Hans ist mopsfidel und erzählt Geschichten. In Markina angekommen, trennen wir uns von ihm und machen uns zu zweit auf den Weg zu unserer Unterkunft.

Gestern haben wir telefonisch ein Zimmer in einem kleinen *hostal* gebucht, und das gilt es jetzt zu finden. Es soll irgendwo neben oder bei oder in der Nähe einer Feuerwehr liegen. Ingo und ich müssen viel herumfragen. Ingo versteht ein bisschen Spanisch, aber er ist mir keine große Hilfe. Ich muss aufpassen, dass er nicht mitten auf der Straße umfällt. Der Ärmste scheint im Moment sowieso vom Pech verfolgt zu sein. Er ist beklaut worden und hat jetzt nur noch 12 Euro in der Tasche. Wir überreden unsere Wirtin, ihm ein Zimmer für genau diesen Betrag zu überlassen. Er ist sehr erleichtert und lässt sich erst mal von mir ins Bett schicken.

Ich richte mich ein Stockwerk höher in unserem Dreibettzimmer ein. Der Blick aus dem Fenster ist wieder mal berauschend: vor mir erstrecken sich Wiesen und Berge und der blaue Himmel. Aber zum Herumsitzen bin ich nicht hergekommen. Ich mache mich auf den Weg, den Ort zu erkunden, und besichtige die Kirche San Miguel de Aretxinaga, die äußerlich unscheinbar, innen aber recht kurios ist. Das Gebäude ist um einen megalithischen Altar, der aus drei gigantischen Felsblöcken besteht, herumgebaut worden. Ich bin fasziniert und verarbeite meine Eindrücke in Ruhe auf einer Steinbank vor der Kirche. Neben mir plätschert ein kleiner Fluss, Spaziergänger kommen schwatzend vorüber, Vögel zwitschern. Es geht mir gut, und ich genieße das Alleinsein. Als ich genug davon habe, schlendere ich zur Marienkirche, die nur wenige Straßen weit entfernt liegt. Hier habe ich mich mit Doris und Pit verabredet, denn genau hier führt ihr Weg in den Ort hinein. Ich gehe ihnen ein Stück entgegen, kehre um, setze mich vor das überdachte Portal der Kirche und lutsche Karamellbonbons. Leiser Nieselregen geht nieder. Die ersten Wanderer kommen den Weg herunter. Pit und Doris sind nicht unter ihnen. Allmählich wird mir die Zeit lang. Mir tut nichts, aber auch gar nichts weh, und ich frage mich, was ich hier mache. Wollte ich nicht unterwegs sein? Stattdessen sitze ich hier und warte. Na, wird schon nicht mehr lange dauern.

Fast zwei Dutzend Wanderer haben sich auf riesigen Steinblöcken vor der Kirche niedergelassen und halten unter Schirmen ihr Picknick ab. Eine halbe Stunde später kommt ein Bus und lädt sie ein. Aha, auch Buspilger, aber doch anders als Hans. Diese hier sind wenigstens gelaufen und lassen sich jetzt nur zu ihrem sorgfältig vorgebuchten Hotel bringen, wo es warme Duschen und ein deftiges Abendbrotbuffet gibt. Na, sollen sie doch. Ich jedenfalls hätte große Lust, meinen Rucksack aus dem *hostal* zu holen und mich auf den Weg zum Kloster Cenarruza zu machen. Es liegt nur acht Kilometer entfernt und nimmt Pilger für eine Nacht auf. Noch ist es früh, und ich bin völlig unausgelastet, aber natürlich kann ich jetzt nicht einfach abhauen. Schließlich bin ich mit Doris und Pit verabredet. Und wenn man zusammen unterwegs ist, kann man nicht frei entscheiden und tun und lassen, was man will. Dabei bin ich wirklich froh, dass Pit mitgekommen ist, und Doris auch. Wir haben so viel Spaß miteinander, und das gemeinsame Erleben festigt unsere Beziehung. Also, manchmal ist Freisein erstrebenswert und toll, aber manchmal eben auch nicht. Jetzt gerade wäre es toll. Aber natürlich halte ich aus.

Ich denke schon, die Zeit geht nie mehr vorüber, da hupt plötzlich auf der gegenüberliegenden Straßenseite ein Auto, und jemand ruft meinen Namen. Es ist Pit, der mir aus dem heruntergelassenen Fenster zuwinkt. Mir bleibt fast das Herz stehen vor Schreck. Was ist passiert? Wo ist Doris, und warum sitzt Pit in einem Auto? In Sekundenbruchteilen malt mir meine Fantasie die schrecklichsten Bilder vor Augen. Aber es ist alles in Ordnung. Aufgekratzt erzählt Pit von ihrer Traumwanderung. Christian, Doris und er konnten von der Höhe aus die Feuerwehr ausmachen, neben der unser *hostal* liegt, und wanderten zielgerichtet und ohne Umweg über die Marienkirche darauf zu. Als sie mich im Zimmer nicht antrafen, wollte Pit zum vereinbarten Treffpunkt laufen, um mich dort aufzugabeln. Aber unsere freundliche Wirtin bot ihm an, ihn mit dem Auto zu fahren, damit er nach seiner Wanderung nicht noch zusätzliche Kilometer schrubben müsse. Total nett! Gleichzeitig frage ich mich aber auch, weshalb Pit und Doris und Christian nicht so gelaufen sind, wie wir es vereinbart hatten. Warum konnten sie unseren

Plan ändern, ich aber nicht, obwohl sie mir damit einen gehörigen Schrecken eingejagt haben, den ich nur mühsam überwinde? Ärger steigt in mir hoch, mehr auf mich als auf sie, weil ich wieder einmal meine Entscheidung von anderen abhängig gemacht habe. War das nun richtig oder nicht? Ich verschweige meine zwiespältigen Gedanken, während Pit von den berauschenden Aussichten schwärmt und überhaupt von diesem ganzen schönen Tag. Ich habe den Eindruck, zu kurz gekommen zu sein. Aber ich beschwere mich nicht und schweige. Gemeinsam fahren wir zurück zur Herberge.

Auch Rachel und Jean-Paul treffen ein, und nachdem die müden Wanderer geduscht haben und Socken und T-Shirts frisch gewaschen auf dem Wäscheständer hängen, machen wir uns alle gemeinsam auf den Weg zur nächsten Bar. In Ingos Kasse herrscht zwar gähnende Leere, aber wir laden ihn ein, und so ist auch er mit dabei. Zu siebt speisen wir bei laufenden Fernsehern und süffigem spanischen Wein.

Zurück in unserem Zimmer schieben Pit und ich unsere Betten zusammen. Arm in Arm schlafen wir ein. Auch wenn ich heute abtrünnig werden wollte, auch wenn ich mich um einen schönen Tag betrogen fühle und voller Neid bin auf die Freiheit, die Pit, Doris und Christian sich herausgenommen haben: Jetzt bin ich doch sehr froh, dass wir zusammen sind.

## 7. TAG   MARKINA – MENDATA

In der Nacht hat es geregnet, und es regnet immer noch, als wir aufbrechen. Wir verabschieden uns von Ingo, der nach Bilbao trampen will, um dort seinen Sohn zu treffen. Ohne dass er es sieht, legen wir ihm einen Fünf-Euro-Schein auf seinen Rucksack, damit er den Bus nehmen und vielleicht noch irgendwo einen Kaffee trinken kann. Rachel und Jean-Paul, die Frühaufsteher, sind längst fort. Christian schließt sich uns an.

Es regnet ununterbrochen und gleichmäßig stark, weshalb wir von Bolibar bis Munitibar schweigend und im Gänsemarsch auf der Landstraße laufen. Heute kommen wir aus unseren Regencapes nicht heraus. Wir sehen aus wie Gartenzwerge mit unseren Zipfelmützen und weit ausladenden Umhängen, die der Wind bauscht. Richtig eklig ist es, wenn sie wie ein Soufflé zusammenfallen und eisig und regentriefend gegen unsere Beine klatschen. Doris' Hose ist nass bis zu den Oberschenkeln. Pit und ich haben, um genau das zu vermeiden, unsere Wanderhosen auf Shortlänge kurz gezippt. Was man nicht anhat, das kann auch nicht nass werden. Wir mit unseren knallroten Umhängen nehmen Doris und Christian in ihren tarngrünen Capes in unsere Mitte. Pit geht voran, ich bilde das Schlusslicht. So können uns vorüberrauschende Autos leichter durch die dichte, graue Wetterwand erkennen.

Munitibar ist ein Ort mit höchstens drei verwinkelten Straßen. In einer finden wir eine Bar mit niedriger, holzverkleideter Decke und einem winzigen Gastraum, in dem die Tische sich so dicht aneinanderdrängen, dass man kaum weiß, wie man Platz für seinen Stuhl finden soll. Über der Theke hängen riesige Schinken, und aus der offenen Küche riecht es herrlich nach gebratenem Fleisch, nach Gemüse, frischem Kaffee und Süßem. Alles ist sehr urig und ganz und gar nicht touristisch. In so ein Nest verirrt sich bestimmt niemals ein Urlauber, und die Pilger wandern vermutlich einfach daran vorbei. Aber wir sind erleichtert, endlich ein trockenes Plätzchen gefunden zu haben, und nicht nur das, nein, hier treffen wir auch wieder auf unsere »Pilgerfamilie«. Rachel, Jean-Paul und Philipp, der in Deba seine Isomatte in unserer engen Klause ausgerollt hat, sitzen fröhlich und trocken bei *café con leche*. Es gibt ein lautes Hallo, und die drei rutschen sofort zusammen. Wir schälen uns aus unseren Regencapes und quetschen uns neben unsere Freunde. Doris stützt ihre Unterarme entspannt auf die blütenweiße Papiertischdecke. Die ist sofort aufgeweicht bis auf die Tischplatte – so nass sind ihre Ärmel! Macht aber nichts. Die Ärmel werden hochgekrempelt und das matschige Papier wird zur Seite geschoben.

Ob es mit einem Mittagessen klappt, ist nicht gewiss. Der Wirt erklärt uns, dass dies eine Gaststätte für die Arbeiter aus der

Umgebung ist. Sie kommen jeden Mittag hierher, und deshalb weiß seine Frau genau, wie viel sie kochen muss. Mit unangemeldeten Gästen rechnet hier niemand. Aber *café con leche* gibt es natürlich. Und dann treffen nach und nach die spanischen Kunden ein. Aus der Küche werden Glasschüsseln mit dampfender Bohnensuppe hereingebracht, Platten mit Bergen von Salat, Kartoffeln, Pommes und Fisch, außerdem kühler Rotwein und Zitronensprudel, was zusammengemischt wunderbar spritzig und erfrischend schmeckt. Und siehe da, es ist wohl reichlich vorhanden, denn auch auf unserem Tisch türmen sich die Herrlichkeiten. Zum Nachtisch gibt es Flan im Blechnapf, einen süßen, braunen Karamellpudding, für den ich diesen Regenweg glatt noch einmal laufen würde, und zum Abschluss *café solo*, so schwarz und stark wie italienischer Espresso. Wir langen alle kräftig zu, albern herum, lachen und schwatzen und sind uns einig: Das Leben ist ein Fest!

Leider hat es auch nach dem Essen nicht aufgehört zu regnen. Deshalb entschließen sich die Kanadier, die heutige Etappe mit dem Bus zu Ende zu bringen, während wir anderen unerschrocken den Weg unter unsere Wanderschuhe nehmen. Es geht durch einen Wald mit wahren Matschwegen. Manche von ihnen sind zu reißenden Bächen angeschwollen und so breit, dass sie sich nicht mehr ohne Weiteres überspringen lassen. Ständig müssen wir vom Weg abweichen und uns durchs Unterholz schlagen. Mit Regencape ist das gar nicht einfach. Wir verfangen uns damit in Gestrüpp und Dornen. Eine Ziege, die einsam und verlassen an einen Baum angekettet im Regen ausharrt, schaut uns ziemlich betroffen und blöde hinterher. Philipp ist innerhalb von Minuten durchgeweicht wie eine Katze in der Regentonne. Er trägt Jeans, die sich sofort voll Wasser saugen und schwer und dunkel vor Nässe an seinen Beinen kleben. Auch sein Schuhwerk ist nicht gerade optimal; er hat nur ein paar leichte Turnschuhe an, die bei jedem Schritt quatschen, und ständig muss er stehen bleiben, um seine aufgeweichten Socken hochzuziehen. Wenn das mal keine Blasen gibt …

Aber auch in unsere Schuhe dringt allmählich die Feuchtigkeit. Doris' Wanderstiefel quaken wie ein ganzes Froschorchester, sehr witzig! Pit ist der Einzige mit trockenen Füßen, aber auch der Einzige, der im Schlamm ausrutscht und sich auf den Hintern setzt. Nichts passiert, nicht mal seine Hose ist schmutzig geworden, denn geistesgegenwärtig hat er genau im richtigen Moment sein Regencape unter sich gezogen.

In Olabe-Zarrabenta verabschieden wir uns von Philipp, der heute noch bis Gernika marschieren will. Christian, Doris, Pit und ich dagegen biegen links ab Richtung Mendata, das hoch oben auf einem Berg liegt. Eineinhalb Kilometer geht es steil eine Straße durch einen tropfnassen Wald hinauf. Oben angekommen, hat der Regen sich endlich verzogen und der Himmel färbt sich allmählich blau. Unsere Herberge finden wir in einem Gebäude, in dem gleichzeitig das Fremdenverkehrsamt, ein Laden und eine Bar untergebracht sind. Zu unserem Schreck ist alles geöffnet außer der Herberge. Aber Pit und Christian treiben irgendwo die *hospitalera* auf, und freundlicherweise öffnet sie für uns ausnahmsweise einmal am Montag die Herbergstüren. Doris und ich haben nicht einen Moment daran gezweifelt, dass die Männer das schon irgendwie regeln werden. Gemütlich lehnen wir uns an das Geländer vor dem Haus und halten unsere Gesichter in die Sonne.

Die Herberge ist riesig: 36 Betten in vier geräumigen Zimmern. Die ganze Pracht für uns allein, was für ein Luxus! Wir breiten uns mächtig aus und verteilen unsere nassen Sachen auf sämtlichen Bettstangen. Und dann *the same procedure as every day*: duschen, Wäsche waschen, Füße pflegen. Es gibt zwei saubere Badezimmer mit einer Menge Duschen und Toiletten und eine Heizung, die wir sofort so hoch wie möglich aufdrehen, um unsere quatschnassen Schuhe darunterzuschieben oder kopfüber daraufzustellen. Bis morgen müssen sie trocken sein. Doris' Föhn wird heute als Sohlentrockner eingesetzt.

Nachdem wir unsere »Haushaltspflichten« abgearbeitet haben, machen wir es uns in unseren Schlafsäcken gemütlich. Jeder hängt seinen Gedanken nach, schreibt Tagebuch oder genießt einfach nur die Schlafsackwärme. Als wir anfangen, unsere restlichen Erdnussbestände aufzuknabbern, wird es höchste Zeit, sich endlich in der Bar nebenan um ein ordentliches Abendessen zu kümmern. Sich jetzt aus dem Schlafsack zu schälen ist eine echte Überwindung.

Den Hauptgang unseres heutigen Abendessens bilden zwei Flaschen Wein und für Pit und mich jeweils ein würzig duftender Zigarillo. Doris fallen fast die Augen aus dem Kopf. Wir kennen uns ein Vierteljahrhundert, aber rauchen hat sie uns noch nie gesehen. Was so ein Weg doch an den Tag bringt …

## 8. TAG   MENDATA – BERMEO – BILBAO

Um acht Uhr weckt uns strahlender Sonnenschein. Ohne Frühstück machen wir uns auf den Weg Richtung Gernika, das etwa fünf Kilometer entfernt liegt. Es geht zuerst durch einen lichten, sonnendurchfluteten Wald. Die Wege sind noch matschig vom gestrigen Regen, aber mittlerweile einigermaßen begehbar. Von einer Höhe abwärts führt ein steiler Pfad über eine pitschnasse Wiese. Da unsere Schuhe über Nacht einigermaßen trocken geworden sind und wir daran auch nichts ändern wollen, entscheiden wir uns dafür, auf der Landstraße weiterzugehen. Schweigend und in großem Abstand laufen wir an der Leitplanke entlang. Doris sieht von hinten wie ein Lumpensammler aus. Es sind längst nicht alle Sachen trocken geworden, weshalb wir T-Shirts, Handtücher und Socken mit Sicherheitsnadeln an unsere Rucksäcke gehängt haben. Bei Doris baumelt noch eine Hose bis in Kniekehlenhöhe. Die Sonne wird zu Ende bringen, was Föhn und Heizung nicht geschafft haben.

Vor uns öffnet sich zwischen den Bäumen der Blick auf Gernika. Schritt für Schritt kommt es uns entgegen und verändert sein Bild. Wer mit dem Auto fährt, kann so etwas nicht erleben. Ruckzuck ist er von A nach B gelangt. Aber was dazwischen liegt, ist nur für wenige Momente zu sehen. Die Seele hat keine Zeit die Eindrücke zu verarbeiten, geschweige denn, dass sie sie genießen kann. Wir aber saugen jede neue Aussicht auf wie Durstige. Apropos Durst: Es wird allmählich Zeit für *café con leche*.

In Gernika steuere ich zuerst die nächste Apotheke an und kaufe Gummibandagen für meine Knie und Calcium- und Magnesiumtabletten für unsere Knochen und Muskeln. Danach genehmigen wir uns ein ausführliches Frühstück.

Gernika ist am 26. April 1937, also vor fast 71 Jahren, von der deutschen Legion Condor beinahe vollständig vernichtet worden, vordergründig, um unter dem Oberbefehl von General Franco in den Spanischen Bürgerkrieg einzugreifen. In unserem Wanderführer steht aber auch, dass die Deutschen ihr neues Kriegsgerät und ihre moderne Taktik des Luftkrieges ausprobieren wollten, als Vorbereitung auf den Zweiten Weltkrieg. Kein Grund, besonders stolz auf unsere Nation zu sein. Pablo Picasso hat dieses entsetzliche Grauen in seinem berühmten Bild »Guernica« festgehalten. Anfang 2003 wurde in Gernika ein Friedensmuseum eröffnet, das die Geschichte der Bombardierung, die Menschenrechte und die baskischen Konflikte thematisiert. Wir hätten es gerne besichtigt. Aber für heute haben wir andere Pläne.

Vor der Reise haben Pit und ich in einem Merian-Heft über Nordspanien eine Abbildung der Einsiedelei San Juan de Gaztelugache bei Bermeo in der Nähe von Bilbao entdeckt: Eine kleine Kirche auf einem Felsen mitten im Meer, zu der mindestens 300 Stufen hinaufführen und die nur über eine gemauerte Brücke zu erreichen ist, die sich in riesigen Rundbögen über das Meer spannt und uns in ihrer Bauart an die Chinesische Mauer erinnert. Das Foto hat mich so fasziniert, dass ich mir vorgenommen habe: Sollte auch nur die geringste Chance bestehen, dann besuche ich diesen Ort. Und diese Chance ist jetzt da.

Am Bahnhof von Gernika trennen wir uns von Christian. Er steigt in den Zug nach Bilbao, um sich die Stadt anzuschauen und für uns vier ein Zimmer in der Jugendherberge zu reservieren. Pit, Doris und ich nehmen den Zug nach Bermeo. Eine liebliche Landschaft zieht an unserem Fenster vorüber, und innerhalb einer knappen Stunde sind wir am Ziel. Vor zwei Tagen, kurz hinter Deba, haben wir das Meer verlassen. Jetzt sehen wir es endlich wieder. Bermeo hat eine hübsche kleine Altstadt, die sich aber nur Doris anschaut. Pit und ich wollen zur Einsiedelei. Nur liegt die noch ca. acht Kilometer von Bermeo entfernt. Na toll! Busse fahren keine, weil es noch zu früh im Jahr ist. Die Touristen kommen erst irgendwann Mitte Mai. Acht Kilometer Fußweg würden uns nicht schrecken. Aber der halbe Tag ist bereits vorbei, und wir wollen ja auch noch Zeit auf der Einsiedelei verbringen. Und den Weg zurück müssten wir auch noch laufen. Nein, so wird das nichts. Aber wo wir nun schon mal so weit gekommen sind, wollen wir auch nicht aufgeben. Wir entschließen uns, ein Taxi zu nehmen, von denen einige am Rand der Plaza parken. Forsch geht Pit auf einen Fahrer zu und versucht mit Händen und Füßen, ihm unser Anliegen zu vermitteln. Der gute Mann stellt sich erst stur, und es dauert eine ganze Weile, bis er endlich mit ein paar Brocken Englisch herausrückt, die die Unterhaltung wesentlich voranbringen. Die Fahrt hin und zurück soll für uns beide 24 Euro kosten. Das ist im Vergleich zu den Bahnpreisen horrend hoch. Aber wir sind uns sicher: Diese 24 Euro sind gut angelegtes Geld.

Unser Taxifahrer entpuppt sich als sehr freundlicher Mensch. Redselig erklärt er uns die ganze Umgebung, ohne dass wir ein einziges Wort verstehen, was ihn aber nicht im Mindesten stört. Auf einem Parkplatz mitten in der Landschaft setzt er uns aus, zeigt erst auf seine Uhr und streckt dann vier Finger in die Höhe. Abholzeit vier Uhr – glauben wir wenigstens. Unser Fahrer möchte unsere Rucksäcke in seinem Kofferraum verstauen. Aber so weit reicht unser Vertrauen dann doch nicht. In Erinnerung an Ingo und seine Verlusterfahrungen behalten wir unser Gepäck lieber bei uns. »Agua« (Wasser), sage ich und tippe erklärend auf meinen Rucksack. Kopfschüttelnd nimmt der Taxifahrer unsere Entscheidung hin, klettert in seinen Wagen und lässt uns allein zurück. Was, wenn er nicht wiederkommt? Pit winkt ab. »Er wird schon. Und bis dahin machen wir es uns richtig schön.« Wir sind jetzt eine Woche unterwegs. Aber dies sind die ersten Stunden, die wir ganz und gar für uns allein haben.

Hand in Hand steigen wir die steilen Serpentinen zum Meer hinunter. Schon von der Straße aus sehen wir die kleine, im Sonnenlicht strahlend weiße Kapelle hoch oben auf dem Berg im Meer. Es ist ein Traum und viel schöner als auf allen Fotos: Schroffe Felsen, türkisblaues Meer, und wo der Wind und die Strömung die Wellen gegen die Klippen werfen, branden sie weiß und schaumig empor. Meterdicke Mauern, die sich unerschütterlich dem Ansturm des Meeres entgegenstellen und sich den Berg hinaufwinden, begleitet von gelb und weiß gesprenkelten Blumenteppichen zwischen bizarren Steinen. Die Luft flirrt vor Sonnenhitze, über dem Wasser steht rauchiger Dunst, ein kühler Meereswind streichelt unsere Haut. Die Stufen herunter kommen uns ein paar Leute entgegen. Oben bei der Kirche ist niemand mehr. Wir sind ganz allein. Nur Salamander quirlen zu Hunderten glitzergrün in den Fugen und Ritzen der Mauern oder liegen starr und sonnenverliebt auf glatten Steinen.

Pit und ich schlendern um die Kirche herum. Der Platz ist knapp bemessen, es sind nur wenige Meter, bevor sich der Berg wieder ins Meer stürzt. Die Kirche ist verschlossen. Doch man kann durch ein vergittertes Fensterchen ins Innere lugen. Drinnen ist es düster. Draußen hängt ein Glockenzug. Pit und ich betätigen uns als Glöckner. Der Wind trägt den Glockenklang übers Meer, und wir fragen uns, wer uns jetzt wohl hört. Irgendjemand, den wir nicht kennen und der von unserer Existenz nicht einmal etwas ahnt? Wir bummeln auf die dem Meer zugewandte Seite der Kirche. Vor uns nichts als blaue Weite, der Übergang von Himmel und Wasser kaum auszumachen. Alles läuft zusammen zu einer fernen Endlosigkeit, vor der wir uns winzig und vergänglich fühlen, aber gleichzeitig auch als Teil eines großen Ganzen, in dem wir aufgehoben und geborgen sind. Es ist, als hätte sich spaltbreit ein Fenster zum Himmel geöffnet und Gott selbst erlaubte uns einen flüchtigen Blick hinein.

Ich setze mich in eine schattige Nische in der Kirchenmauer. Pit zieht sein T-Shirt über den Kopf und lehnt sich gegen das Geländer, das den ganzen Bereich um die Kirche herum zur Steilküste hin absichert. Sein Körper hebt sich warm und leben-

dig gegen den blauen Hintergrund ab. Ich könnte ihn stundenlang ansehen, und es kommt mir vor, als hätte ich seit Ewigkeiten
auf Momente wie diese gewartet. Jetzt könnte die Zeit stehen
bleiben.

Wir schweigen lange. Und als wir schließlich wieder miteinander reden, reichen unsere Worte nicht aus, so glücklich sind
wir. Wir nehmen unsere Tagebücher zu Hilfe, lesen uns gegenseitig die Eintragungen der letzten Tage vor und freuen uns darüber,
wie sehr wir uns ergänzen. Das werden wir jetzt öfter machen:
Wir nehmen uns vor, jeden Abend unsere Tagebücher auszutauschen, gewissermaßen als kleine Bettlektüre vor dem Einschlafen,
zuerst aber, um ganz dicht aneinander dranzubleiben.

Doch nun wird es Zeit, unsere Inselabgeschiedenheit zu verlassen. Es ist halb vier, und ich werde allmählich unruhig. Ob unser Fahrer auftauchen wird?

Ich bin erleichtert, als er pünktlich und zuverlässig genau an
der Stelle erscheint, an der er uns vor zweieinhalb Stunden abgesetzt hat. Und auch Doris erwartet uns genau dort, wo wir uns
voneinander getrennt haben. Sie hat einen hübschen kleinen
Altstadtrundgang hinter sich, hat in einem Straßencafé eine Kleinigkeit gegessen und ist ihrer Lieblingsbeschäftigung nachgegan-
gen: Leute beobachten. Sie wirkt sehr entspannt und zufrieden.
Offensichtlich hat auch ihr dieser ungestörte und einsame Nachmittag gutgetan. Im Zug gesteht sie mir, wie erleichtert sie ist,
dass sie heute mal nicht hat wandern müssen. So ein gemütlicher
Ausruhtag zwischendrin ist schon was Feines. Wir können ihr da
nur zustimmen!

In Bilbao empfängt uns leichter Nieselregen. Wir müssen zur
Jugendherberge, wissen aber nicht, wie. Zwei Frauen, eine junge
und eine ältere, nehmen sich unser an und führen uns unter
Arkaden in den Altstadtkern hinein. Bei Sonnenschein ist es hier
sicher wunderschön. Aber im Moment, und vielleicht auch nach
den Eindrücken und Empfindungen unseres fantastischen Nachmittags, erscheint mir Bilbao düster und eng. Im Vorbeigehen besichtigen wir die Santiago-Kathedrale, einen gotischen Dom, der
neben der Kathedrale von Santiago de Compostela die einzige

Hauptkirche Spaniens ist, die dem Apostel Jakobus geweiht ist. Ihre hellen, freundlichen Sandsteinmauern, die leuchtend bunten Glasfenster und ihre filigrane Architektur erwecken den Eindruck von etwas sehr Leichtem, Schwebendem, himmelwärts Emporgehobenem. Die Kathedrale ist das einzige Bauwerk Bilbaos, das wir von innen sehen. Außer natürlich der Jugendherberge …

Die Fahrt dorthin ist ein Abenteuer. Es geht mit dem Bus einmal quer durch die Stadt. Doris, Pit und ich, von der Einsamkeit des Nachmittags noch ganz beseelt, verteilen uns in verschiedene Ecken. Von Haltestelle zu Haltestelle füllen sich die leeren Plätze. Schließlich ist der Bus so voll, dass wir uns untereinander nicht mehr verständigen können. Dabei haben wir es versäumt, miteinander abzusprechen, wo wir aussteigen müssen. Was nun? Vielleicht weiß unser Wanderführer Bescheid. Das Blättern in ihm scheint eindeutig ein Zeichen unserer Ratlosigkeit zu sein und erweist sich als wirkungsvoller als jede Bitte um Hilfe. Jedenfalls kümmert sich plötzlich der halbe Bus um uns. Um jeden von uns bilden sich kleine Gesprächsgruppen, die eifrig miteinander diskutieren, wie viele Haltestellen es noch bis zu unserem Ziel sind. Die Meinungen gehen auseinander. Aber schließlich kommen wir genau dort an, wo wir hinwollen. Wir sind begeistert von so viel Anteilnahme und können es kaum fassen, wie unproblematisch hier alles läuft. Die Züge und Busse fahren immer so, wie wir es gerade brauchen, und immer sind da hilfreiche Menschen. Es kommt uns gerade so vor, als sei unser Weg von langer Hand vorbereitet, geordnet und geführt. Oder erfährt man das Gute vielleicht erst dann, wenn man auch damit rechnet, etwa im Sinne der sich selbst erfüllenden Prophezeiungen? Keine Ahnung, außer, dass wieder einmal alles hervorragend geklappt hat.

Es sind nur noch wenige Minuten zu Fuß bis zu dem riesigen, supermodernen Jugendherbergskomplex. Wie versprochen hat Christian Betten für uns reserviert. Er hat sich schon in unserem Vierbettzimmer eingerichtet, eine Liege und einen Schrank belegt und Schnürsenkel vom Fenstergriff zu einer Stuhllehne gespannt, auf der seine frisch gewaschenen Socken und sein T-Shirt leise vor sich hin trocknen. Die Betten sind weich und hängen durch, und vor dem Fenster tobt irrsinnig laut die Autobahn. Bei offenem Fenster ist eine Unterhaltung unmöglich und Schlafen trotz Ohropax wahrscheinlich auch. Na dann: Gute Nacht!

## `9. TAG`  BILBAO – PORTUGALETE

Aus Evas Tagebuch:

*Ich wache ziemlich zerschlagen auf. Heute ist nicht mein Tag. Bilbao ist eine beeindruckende Stadt mit schönen alten Bauwerken und dichter Atmosphäre. Wir sitzen lange am Guggenheim-Museum, dessen Fassade silbern in der Sonne glänzt. Von vorne sieht es aus wie eine Massenkarambolage von Schiffen. Witzig! Überall auf den Dächern entdecken wir Scharfschützen mit schwarz vermummten Gesichtern und Maschinengewehren im Anschlag. So etwas habe ich bisher nur im Film gesehen, und mir ist etwas mulmig zumute.*

*Auf unserem Weg heraus aus Bilbao machen wir gegen ein Uhr Mittagspause. Dann geht es drei Stunden weiter am Nervion-Fluss entlang durch hässliches Industrie- und Hafengebiet. Mein Knie fängt wieder an zu stechen, und das, obwohl es nicht eine einzige Steigung gibt, sondern immer geradeaus geht, aber eben ausnahmslos über Asphalt. Es ist heiß wie in einer Backstube, und das Laufen macht keinen Spaß. Jetzt sitzen wir in Getxo an der Promenade, bzw. ich sitze. Die anderen liegen auf Bänken herum – Schuhe aus, Sonnenhut übers Gesicht – und schnarchen leise vor sich hin. Christian ist noch bei uns, und während ich Tagebuch schreibe, überlege ich, in wie vielen Reisenotizen wohl unsere Namen auftauchen.*

*Links von uns spannt sich die berühmte Hängebrücke über den Fluss. Sie gilt als Wahrzeichen von Groß-Bilbao und stammt aus dem 19. Jahrhundert. Die Hängebrücke ist die einzige und älteste ihrer Art, die noch heute in Betrieb ist. Eine Plattform, die an langen Stahlseilen hängt, bringt Leute und Fahrzeuge auf die andere Seite nach Portugalete.*

*Städte können ja ganz toll sein, aber die vielen Menschen und der permanente Lärm sind einfach nichts für mich. Ich freue mich auf Natur und sehne mich nach Vogelgezwitscher.*

*Portugalete ist wunderschön und entschädigt für den Weg. In einer kleinen Pension finden wir Unterkunft. Doris und ich teilen uns ein Zimmer, Pit und Christian ein anderes. Ich vermisse Pit schon jetzt, obwohl mir dafür nicht viel Zeit bleibt, denn die Wäsche muss gewaschen und der eigene Körper, besonders die Füße, gepflegt werden. Wie sorgfältig ich hier auf mich achte!*

Aus Pits Tagebuch:

*Heute haben wir uns das Guggenheim-Museum von außen angeschaut. Die Sonne schien und ließ das Gebäude metallisch-hell leuchten. Eine beeindruckende Architektur! Bilbao scheint hohen Besuch zu erwarten, denn überall hat sich Polizei postiert, und auf den Dächern stehen sogar Scharfschützen.*

*Wir wandern drei Stunden auf stark befahrener Straße nach Portugalete. Nicht besonders lustig! Portugalete mit seiner historischen Altstadt gefällt uns dagegen richtig gut. Die Stadt liegt an einem Hang, und in manchen Straßen trägt einen so etwas wie ein Laufband bergauf. Sehr originell.*

*In der Touristen-Information hilft uns eine nette Angestellte bei der Quartiersuche. Wir finden ein einfaches, kleines* hostal. *Ich teile mir ein Zimmer mit Christian. Er gehört schon richtig zu uns. Am Abend gehen wir noch zusammen essen und haben viel Spaß. Aber wir reden auch über ernste Themen. Spät wird es heute nicht, denn morgen wollen wir früh aufbrechen.*

## 10. TAG PORTUGALETE – CASTRO URDIALES

Heute laufen wir unsere bisher längste Etappe. Bis zur *albergue*, die so neu ist, dass sie nicht einmal ganz fertig, sondern noch eine halbe Baustelle ist, sind es mindestens 30 Kilometer. Die müssen wir bei sengender Hitze zurücklegen, mit einem Rucksack auf dem Rücken, der ein gefühltes Gewicht von einer Tonne hat, und unseren vielen kleinen und großen Beschwerden. Pit hat einen dicken, roten, entzündeten Ellenbogen, wahrscheinlich von unsachgemäßer Handhabe der Wanderstöcke, vielleicht aber auch von etwas ganz anderem – wer weiß das schon? Doris trägt auf ihren Beinen als Andenken an die gestrige Pause an der Promenade von Getxo einen leichten Sonnenbrand spazieren. Und ich habe ein kaputtes Knie … Nur Christian ist einigermaßen gut drauf. Schweigend laufen wir vor- und hintereinander her. Es geht zwei Stunden lang nur über Asphalt, auf einem stumpfsinnigen Fahrradweg, der uns ganz mürbe macht. Vor einer Unterführung lädt am Wegesrand eine kleine Bank mit Tisch davor zur Rast ein. Doris und Christian lassen sich sofort nieder. Pit und ich dagegen hätten noch gut weiterlaufen können. Mein Knie verhält sich gerade hübsch unauffällig, und das hätte ich gerne so lange wie möglich ausgenutzt. Überhaupt kommt es mir vor, als ob unsere Bedürfnisse gerade sehr unterschiedlich sind. Unser Tempo zieht sich auseinander, und jeder scheint eine andere Vorstellung davon zu haben, ob weitergewandert oder eine Pause eingelegt werden soll. Ich jedenfalls würde jetzt am liebsten mit Pit weitermarschieren, in unserem Rhythmus und in unserem Tempo.

Es ist verblüffend: Pit und ich gehen im gleichen Schritt und in der gleichen Geschwindigkeit, selbst wenn wir nicht nebeneinander, sondern im Abstand von einigen Metern hintereinander herlaufen. So übereinzustimmen ist für mich sehr entspannend: Ich muss mich nicht auf den anderen einstellen, sondern kann meine Gedanken schießen lassen, gerade auf so einem eintönigen Weg wie heute. Pit und ich müssen nicht aufeinander warten, und einer braucht sich für den anderen nicht zu beeilen. Wir schnurren nebeneinander her wie ein Uhrwerk. Vielleicht, weil wir vor unserer Reise schon viel miteinander gewandert sind. Vielleicht drückt sich darin aber auch unsere innere Verbundenheit aus. Jedenfalls löst es in mir ein schönes Gefühl der Zweisamkeit aus. Zweisamkeit, nach der ich mich immer mehr sehne, genauso wie nach einem ungestörten Austausch unserer Gedanken. Mit Doris ist es toll, und ich bin sehr dankbar, dieses besondere Erlebnis mit ihr teilen zu können. Auch Christian ist ein netter Kerl. Er passt richtig gut zu uns. Trotzdem … Jetzt mit Pit allein weiterzulaufen und die beiden anderen einfach zurückzulassen … ein verlockender Gedanke.

Aber natürlich fügen wir uns und packen unseren Proviant aus: Käse, Brot, Schokolade, Obst und natürlich viel Wasser. Trinken ist bei dieser Hitze A und O, auch wenn ein gefüllter Wassersack das Gewicht unseres Rucksacks um bis zu zwei Kilo erhöht. Was sein muss, muss eben sein.

Der Radweg zieht sich endlos neben der Autobahn hin. Schön wird es erst, als wir den Strand von La Arena erreichen. Der Sand hier ist grobkörnig und braun, die Wellenkronen sind schaumig und die Luft ist diesig. Dennoch: Rucksäcke runter, Schuhe aus, rein in die Brandung, wenn auch nur bis zum Knie. Das Wasser hat unglaubliche Gewalt und zieht einem, wenn es zurück ins Meer schwappt, regelrecht den Sand unter den Füßen weg. Mein Knie fühlt sich butterweich an und gibt bei jedem Schritt bedenklich nach. Ich kann es trotzdem nicht lassen und renne durch die Wellen. Die anderen liegen faul im Sand, Kopf auf dem Rucksack, und dösen. Ich möchte schon wieder weiter – oder aber den ganzen Nachmittag hier verträumen, dem Meer beim Herumtoben zusehen und irgendwo im nächsten Ort ein Nachtquartier suchen. Laut Wanderführer soll es hier eine Pilgerherberge mit immerhin 22 Betten geben, gleich hinter der blauen Brücke. Ach, ich weiß auch nicht …

Vielleicht ist es ganz gut, dass Pit schließlich die Initiative ergreift und die beiden anderen aus ihren Tagträumen aufscheucht. Es geht weiter, nicht hinter die Brücke, sondern darüber hinweg, einen Betonweg und dann eine Treppe hinauf auf einen wunderschönen Panoramaweg: rechts tief unter uns das Meer, links Blütenteppiche und eine herrlich weite, hügelige Landschaft, jeder Ausblick phänomenal. Doch die Pracht währt leider nicht lange. Wir laufen wieder auf Asphalt, auf einer Straße mit mindestens zehnprozentiger Steigung. Ich möchte bloß mal wissen, wie hoch hinaus wir hier eigentlich noch müssen? Und das Schlimmste: Irgendwann müssen wir auch wieder herunter.

Wir erreichen Ontón. Hier verlassen wir das Baskenland und betreten kantabrischen Boden, was uns im Moment ziemlich schnurz ist, Hauptsache, es hört endlich auf, so irrsinnig anstrengend zu sein. Unsere Rettung ist ein Fernfahrer-Restaurant, genau im Winkel einer S-Kurve, Autobahn in Sicht- und Hörweite, das Meer verborgen in der Tiefe der Steilklippen und nur vom Fenster des Speiseraumes aus zu sehen. Wir sitzen im vorderen Bereich des Restaurants und futtern, was das Zeug hält. Alles schmeckt sehr lecker und wir sind uns einig: Essen hebt ungemein die Moral und die Motivation. Selbst mein Knie gibt Ruhe, jedenfalls bis zu diesem glitschigen Pfad, der nach Miño hinunterführt.

Am Abend schreibt Pit in sein Tagebuch:

*Es ist heiß und anstrengend. Endlich können wir die Straße verlassen und einen schmalen Pfad hinunter zur Küste gehen. Im Nachhinein stellt sich aber heraus: Es ist keine gute Strecke, sehr dornig und rutschig. Evas Knie gibt dieser Abstieg den Rest. Sie ist sichtlich frustriert. Sie tut mir so leid. Wir kommen nur langsam voran. In der kleinen Bucht, in der wir landen, scheint die Zeit stehen geblieben zu sein: nur ein paar alte Häuser und eine Bar am Hang, aus der beste Musik aus den 70er-Jahren zu hören ist. Hier könnte ich mir gut eine alte Hippiekommune vorstellen.*

*Wir steigen auf eine weitläufige Hochebene hinauf, und Christian entscheidet sich zu bleiben. Er hat ein Zelt dabei und möchte hier die Nacht verbringen. Ob wir uns wohl noch einmal wiedersehen? Doris, Eva und ich überlassen ihm unser restliches Wasser und wandern weiter über die Wiesen auf Castro Urdiales zu. Ein traumhaft schöner Ort. Am Ende des halbrunden Strandes steht auf einem Felsen eine alte Burg neben einer Kirche. Wir sind mal wieder überwältigt, und die Stimmung steigt.*

*Es gibt ein* refugio, *gleich hinter der Stierkampfarena, das allerdings noch eine Baustelle ist. Alles ist voller Bauschutt, und ich bin froh, dass ich meinen Schlafsack zum Schutz vor dem Dreck in meinen federleichten und dünnen Seidenschlafsack stecken kann …*

Im *refugio* treffen wir auf sieben weitere Pilger, drei Männer und vier Frauen, alle freundlich distanziert, was uns heute ganz recht ist. Nur Gerd gesellt sich zu uns. Er ist 62 Jahre alt, allein unterwegs und ein richtiger Genießer. Wir lagern uns auf der Bank vor unserer Unterkunft, werfen unsere Vorräte zusammen und essen gemeinsam zu Abend. Pit und Doris haben, während ich unter der eiskalten Dusche stand, Wein eingekauft, und Gerd findet tatsächlich zwischen Stapeln von Fliesen, Zementsäcken und herumliegenden Werkzeugen ein paar Plastikbecher, aus denen wir unseren *vino tinto* schlürfen. Es wird richtig lustig, besonders, als Gerd eine Packung Zigarillos zückt und Pit einen anbietet. »Nur, wenn du für Eva auch einen hast«, schmunzelt Pit. Gerd fällt fast von der Bank: Was? Eine Frau, die Zigarillos raucht? Und Doris schüttelt nachsichtig den Kopf: Fängt das schon wieder an … Wir schmoken zu dritt, während Doris sich am Wein gütlich tut. Schade, dass wir so erschöpft sind. Vielleicht aber auch ganz gut, denn sonst hätten wir heute Abend sicher lange kein Ende gefunden.

## 11. TAG    CASTRO URDIALES – LAREDO

Nach einer guten Nacht und einer kalten Dusche gehen wir hinunter in den Ort, um uns die Kirche anzusehen und Kaffee zu trinken. Gerd ist bei uns, und zu viert machen wir uns auf zur Besichtigungstour. Wir kommen an einer Meeresbucht vorbei, die bloß durch ein Geländer vom Bürgersteig getrennt ist. Das Meerwasser schäumt im Rhythmus des Wellenganges unter den ausgehöhlten Felsen hindurch in eine Art Becken und überspült einen kleinen Kieselstrand. Auf der linken Seite des Beckens steigen Stufen empor. Das Ganze wirkt wie eine Freilichtbühne für eine Wagneroper: Leda und der Schwan oder so ähnlich. Sehr faszinierend.

Zum Frühstück gibt es *café con leche* und Kekse auf dem Hauptplatz der Stadt am Jachthafen. Es ist ganz still und friedlich hier. Um diese Zeit lassen sich nicht sehr viele Spanier blicken.

Deshalb fällt es auf, wenn ein einziger Mensch, und dann noch einer mit Rucksack und Wanderstiefeln, Basecap ins Gesicht gezogen, forschen Schrittes über den einsamen Platz marschiert. Es ist Christian. Wir freuen uns wahnsinnig, einander zu sehen, und tauschen uns über die Erlebnisse der letzten Nacht aus. Christian hatte eine unschöne Begegnung mit einem Exhibitionisten. Er erzählt keine Einzelheiten, bloß, dass ihm die Lust am Campen vergangen sei und er sein Zelt bei nächster Gelegenheit nach Hause schicken werde. Es ist ihm auf Dauer sowieso zu schwer. Und schließlich gibt es ja am Weg genügend Unterkünfte. Gerd und er verabschieden sich von uns und ziehen weiter. Kein bisschen wehmütig schaut Pit ihnen hinterher. »Ich freue mich richtig, dass wir wieder unter uns sind«, sagt er. Und dann kribbelt es ihm in den Beinen, er will los – und ich auch! »Loswandern ist wie alles hinter sich lassen«, erklärt er euphorisch. Ich kann ihm da nur zustimmen. Jeder Tag liegt neu und unberührt vor uns. Es gibt keine Altlasten mitzuschleppen, nichts zu bereinigen oder zu erledigen, kein Muss, sondern Möglichkeiten, Herausforderungen und Entdeckungen. Es wird Zeit, dass wir uns auf den Weg machen.

Doch vorher schauen wir uns noch die Kirche an. Sie liegt auf einem Felsen, der weit ins Meer hineinragt. Leider ist sie geschlossen. Aber wir sind schon begeistert von ihrem äußeren Erscheinungsbild. Ihre Sandsteinfassade ist mächtig verwittert. Wind, Salzwasser, Regen und Zeit haben den weichen Stein ausgewaschen und ihm eine ganz eigene Prägung aufgedrückt, ähnlich den Falten im Gesicht eines lebensklugen alten Mannes. Doris sagt, es müsse fantastisch sein, in der Nähe solcher alten Gebäude zu wohnen. Die hätten so viel Vergangenheit, so viele Geschichten, die sie erzählen könnten. Daneben müssten sich doch die Probleme, Nöte, Ängste und Sorgen unseres Alltags relativieren. Wir gehen bis zu der Felsenmauer, die den Kirchplatz vom Meer trennt, und blicken in die brodelnde See hinunter. Schulter an Schulter stehen wir zwei Freundinnen beieinander und philosophieren über die einzigartigen Farben des Wassers, und Pit erklärt uns, wie genau er jeden Bissen in seinen

Apfel plant. Merkwürdig, welche Gespräche sich auf diesem Weg ergeben.

Am Strand entlang gehen wir zurück Richtung Camino. Bei jedem Schritt schmerzt mein Knie, sodass ich mich schweren Herzens entschließe, auch heute wieder mit dem Bus zu fahren. Doris und Pit begleiten mich bis zur Bushaltestelle vor der Stier-kampfarena. Heulend vor Enttäuschung sinke ich auf eine Bank. »Soll ich mit dir fahren?«, bietet sich Doris an. Und auch Pit ist bereit, bei mir zu bleiben. Aber ich will ihnen nicht den Tag verderben. Warum sollen sie auf ihre Wanderung verzichten, bloß weil ich Probleme habe? Tröstend nehmen Doris und Pit mich in die Arme. Der Seele tut das gut. Das Knie jedoch lässt sich nicht im Mindesten davon beeindrucken. Es bleibt mir nichts anderes übrig, als niedergeschlagen hinter den beiden herzublicken. Von Tränen verquollen klettere ich in den Bus. So hatte ich mir das nicht vorgestellt. Aber die Idee des Weges war ja auch, sich auf unvorhergesehene Situationen einzustellen, mit ihnen umzugehen und das Beste daraus zu machen. Ich krame meine Minibibel aus dem Rucksack und schlage die Wallfahrtspsalmen auf. Es ist nicht leicht, die kleine Schrift in dem schaukelnden Bus zu entziffern, und im Hinblick auf meinen Magen vielleicht auch nicht sehr vernünftig. Aber es tut mir gut, wie die Worte des Psalms 123 meine Blickrichtung neu justieren: *Ich hebe meine Augen auf zu dir, der du im Himmel wohnst ...* Genau das werde ich jetzt mal tun. Weiter unten im Psalm steht noch: *Sei uns gnädig, Herr, sei uns gnädig.* Ich habe keine Vorstellung davon, wie Gnade in dieser konkreten Situation aussehen könnte – vielleicht, dass mein Knie in Ordnung kommt, was ziemlich unwahrscheinlich ist und meinen Glauben an seine Grenze bringt. Vielleicht denkt Gott sich aber auch etwas ganz anderes aus. Egal, Hauptsache, ich lasse mir von meinem Knie nicht den Weg versauen, auf den ich mich so lange gefreut habe.

Entschlossen schnäuze ich mir die Nase, packe die Bibel wieder in ihr Rucksackfach und wende mich der schönen Landschaft vor dem Busfenster zu. Nach dem Meer allerdings halte ich vergeblich Ausschau. In Islares, einem winzigen Ort, in dem der Hund begraben liegt, steige ich aus und wende mich sofort unserem Treffpunkt zu, einem kleinen Kirchlein, das genau an dem Weg liegt, an dem Doris und Pit herauskommen müssen. Aber hier zu sitzen ist nicht besonders gemütlich. Also schlendere ich zu einem abgelegenen Kinderspielplatz, von dem aus ich den Wanderweg gut einsehen kann, schreibe Tagebuch, knabbere eine ganze Dose gesalzener Erdnüsse, lasse mich von der Sonne bescheinen, lausche Vögeln und Pferden und in der Ferne vorbeirauschenden Autos, halte mein Gesicht in den Wind und bemühe mich, die Zeit allein zu genießen. Gar nicht so leicht, wenn man nicht weiß, wozu das Alleinsein gut sein soll.

Ich mache es mir gerade an einer sonnenwarmen Mauer am Rand einer Wiese bequem, da entdecke ich Doris und Pit. Minuten später sind sie bei mir und erzählen begeistert von ihrem Weg. Zehn Kilometer in knapp zwei Stunden, ein Spaziergang, versichert Doris, völlig unangestrengt und genussvoll. Aber selbst diese Kinderwanderung hätte wohl mein Knie überfordert. Und was nun? Ich plädiere dafür, uns in diesem verträumten Örtchen eine Unterkunft zu suchen und den restlichen Tag irgendwo am Meer zu vertrödeln. Aber Doris streikt. »Was? In so einem Kaff, wo der Hund begraben liegt?« Und auch Pit ist nicht begeistert von meiner Idee. Die beiden wollen Stadtluft schnuppern. Ich dagegen könnte gut darauf verzichten, sofern ich das Meer an meinen bloßen Füßen spüren kann und wir irgendwo eine Flasche Wein, ein paar Oliven und ein Stück würzigen Käse auftreiben. Aber es steht zwei zu eins. Wieder einmal füge ich mich. Erwartungsvoll folgen Pit und Doris mir zur Bushaltestelle, deren Standort ich ja bereits kenne. Es ist ein kleines gläsernes Häuschen mit einer Bank, sonst nichts, kein Fahrplan, keine Liniennummern, nichts. Wir haben nicht die geringste Ahnung, wie wir von hier wegkommen sollen. Der erste Bus, der vorüberkommt und sogar hält, hat ein anderes Ziel. Aber der Fahrer versichert uns, dass in einer Viertelstunde der richtige Bus eintreffen wird. Oder meinte er eine Dreiviertelstunde? Zu guter Letzt müssen wir eineinviertel Stunden in sengender Sonnenglut aushalten. Ich muss dauernd heulen. Meine Tränen führen ein

ganz merkwürdiges Eigenleben, und ich habe kein bisschen mit-
zubestimmen. Mist … Ich denke, wie schön es jetzt wäre, am
Wasser zu sitzen statt an dieser Bushaltestelle. Dieser Gedanke
allein scheint auszureichen, um wahre Sturzbäche aus meinen
Augen zu treiben. Irgendwie bin ich einfach nur frustriert.

Zum Schluss sind wir alle erleichtert, als endlich der richtige
Bus auftaucht und uns nach Laredo kutschiert. Der Bus fährt
einen weiten Schlenker durch den Ort, sodass wir im gleichen
Rutsch eine kleine Stadtführung bekommen. In der Nähe der
Altstadt steigen wir aus und suchen zuerst einmal die Touristen-
Information, um den Standort unserer Herberge herauszufinden.
Doch die Info ist noch bis um fünf geschlossen, was wir uns
eigentlich hätten denken können. Hier in Spanien ist in der Mit-
tagszeit einfach nichts los. Alle Geschäfte und Dienstleistungs-
betriebe öffnen erst wieder am späten Nachmittag ihre Türen für
die Öffentlichkeit. Na ja, für spanische Verhältnisse ist fünf Uhr
nachmittags vielleicht noch längst nicht spät, sondern gerade die
beste Zeit kurz hinter der Siesta. An solchen Erfahrungen merken wir, dass wir uns noch lange nicht auf spanische Gegebenheiten eingestellt haben.

Die Stunde bis zur Öffnung der Touristen-Information über-
brücken wir in einem Café. Pit pult sich einen Splitter aus dem
Arm. Den hat er sich gestern, als er mir den schrecklichen Pfad
kurz vor Miño herunterhalf, eingezogen. Die Haut um den
Splitter herum ist ganz rot. Doch eine Entzündung ist das Letzte,
was er jetzt gebrauchen kann. Operation geglückt, Patient wohl-
auf.

In der Touri-Info holen wir uns einen Stadtplan. Mit seiner
Hilfe finden wir rasch unsere Bleibe für diese Nacht: Ein Non-
nenkonvent in einer Seitenstraße mitten in der Altstadt. Dort
ist alles verriegelt und verrammelt, und wir müssen eine Weile
warten, bis uns endlich eine Nonne öffnet. Sie trägt eine weiße
Tracht, ist rundlich und ziemlich teilnahmslos. Besonders willkommen fühlen wir uns nicht. Gleichgültig wackelt sie vor uns
her in den Gästetrakt des Klosters und öffnet für uns ein Zimmer zur Straßenseite. Gott sei es gedankt: Kein riesiger Schlaf-

saal, sondern vier saubere Betten erwarten uns. Befriedigt nehmen wir drei von ihnen in Beschlag und machen uns gleich ans Wäschewaschen. Nach einer schönen heißen Dusche geht es hinaus Richtung Strand. Unterwegs erstehen wir Brot, Wein und Oliven. Ich plädiere dafür, auch gleich Wasser für unsere morgige Wanderung einzukaufen. Aber Pit meint, er habe keine Lust, die schweren Flaschen den ganzen Abend über mitzuschleppen. Doris und mir geht es genauso, und ins Kloster zurück wollen wir auch nicht. Also bleibt es bei dem kleinen Proviant.

Am Meer würde ich mich am liebsten dicht am Wasser lagern. Aber Pit und Doris scheuen den Sand. »Also, ich habe keine Lust auf Körner im Brot«, versucht Pit mich zu überzeugen. Und Doris schlägt vor: »Da vorne an der Promenade gibt es Bänke. Lasst uns dorthin gehen.« Keine schlechte Idee, aber eben elend weit weg vom Wasser. Ich bin genervt. Wann – zum Kuckuck – komme ich heute endlich mal auf meine Kosten? Vor lauter Frust trinke ich mir einen kleinen Schwips an, was ohne eine solide Unterlage im Magen eine Leichtigkeit ist. Vom Alkohol ermutigt streife ich meine Sandalen von den Füßen, lasse Doris und Pit auf der Bank sitzen und renne durch den Sand bis zum Wasser. Die Wellen kommen mir freundlich entgegen, und ich patsche übermütig in ihnen herum. Plötzlich ist Pit neben mir. Er ist mir gefolgt, während Doris sich auf der Bank ausgestreckt und sich den Beutel mit unseren Essensresten als Kopfkissen untergeschoben hat. Sie genießt die Abendsonne, die noch angenehm warm ist. Pit und ich laufen Hand in Hand den Strand entlang, reden und schweigen und vergessen die Zeit. Auf einmal bin ich richtig glücklich. Wie schnell das hier geht, der Wechsel von Frust und Freude – manchmal so rasch, dass ich kaum hinterherkomme. Jetzt versuche ich es auch gar nicht, sondern lasse mich in den Augenblick fallen, ein Luxus, den ich mir in meinem Alltag zu Hause fast nie leiste. Warum eigentlich nicht?

Als wir endlich zu Doris zurückkommen, erwartet sie uns schon ganz aufgekratzt. Hat sie etwa den restlichen Wein getrunken? Nein, es ist auch noch genug für mich da. Wir prosten einander zu und werden immer alberner. Doris und ich können zusammen über Sachen lachen, deren Witz nur wir beide verstehen. Zum Beispiel, wie ich mich auf Spanisch für irgendeine Handreichung von ihr bedanke: »*Muchas gracias*« *(Vielen Dank)*. Und sie, was antwortet sie? »*Buenos dias*«, was so viel heißt wie: Guten Tag. Mensch, Doris, es heißt: *De nada* (Keine Ursache). Aber anstatt ihr das zu sagen, lache ich mich fast kaputt über ihren kläglichen Versuch, schlagfertig auf Spanisch zu antworten. Und auch sie findet das Ganze irrsinnig komisch. Wir können gar nicht mehr aufhören zu lachen. »Die spinnen, die Weiber«, murmelt Pit, der Ausgeschlossene. Aber warum solche Situationen witzig sind, lässt sich nicht erklären, und man kann auch niemanden mit hineinnehmen, der nicht sowieso schon mit drin ist. Das ist nun die ausschließliche Zweisamkeit zwischen uns beiden Freundinnen. Punkt. Irgendwann kriegen wir uns zu Pits Erleichterung schließlich wieder ein.

Es ist schon merkwürdig: Dieser Tag hat mit so viel Erwartung begonnen, ist für mich dann frustig und immer frustiger geworden und endet nun so heiter und entspannt. Auf dem Camino kann sich alles in kürzester Zeit verändern und sich sogar in sein Gegenteil verkehren. Nichts ist so, wie es auf den ersten Blick erscheint. Das ist für mich eine starke emotionale Herausforderung, macht aber auch viel Hoffnung: Und morgen ist ein neuer Tag.

## 12. TAG — LAREDO – NOJA

Als wir gestern Abend in unser Quartier zurückkehrten, versperrte uns eine offene Tür den Weg zu unserem Zimmer. Wir schauten in eine fensterlose und sehr lieblos eingerichtete Kammer: ein durchgesessenes Sofa, davor ein niedriger Tisch, ein laufender Fernseher. Und wer hing gelangweilt auf dem Sofa herum? Es war Christian. Er wirkte genervt und schien keine Lust auf Leute zu haben. Wer weiß, was er erlebt hatte? Wir ließen ihn in Ruhe. Denn auch für uns war der Tag lang gewesen.

Jetzt freuten wir uns aufs Bett und auf eine ruhige Nacht. Aber daraus wurde nichts. Es gab zwar keinen Verkehrslärm und auch keine randalierenden Jugendlichen, nicht mal Hundegebell, aber dafür eine Straßenlaterne. Und die machte mächtig Krach. Sie summte und brummte und zirpte und surrte wie eine riesige Insektenkolonie. Da half nicht mal Lärmstop in den Ohren. Und mich störte obendrein noch ihr helles Licht. Die beiden Fenster im Zimmer waren zwar winzig, aber eben immer noch groß genug. Verdunklungsmöglichkeiten gab es keine.

Kein Wunder, dass ich am Morgen zerschlagen aufwache und schon – oder noch? – müde bin. Aber es hilft alles nichts. Vor uns liegt ein neuer Tag, und der Jakobsweg ruft. Schon bei den ersten Schritten macht mein Knie Theater. Der permanente Schmerz – schon die Angst davor – nimmt mir nicht nur jedes Glücksgefühl, er macht mich auch ungeduldig, und ich kann nur noch schwer freundlich bleiben. Ich habe keine Toleranz mehr für zusätzliche Schritte und ärgere mich, dass wir nicht gestern Wasser für den heutigen Tag gekauft haben, so wie ich es vorgeschlagen hatte. Warum hört hier eigentlich niemand auf mich? Jetzt müssen wir uns nämlich um Wasser kümmern. Aber die Läden sind alle noch geschlossen. So laufen wir ohne Wasser los, was mich ganz unruhig macht. Es gibt nicht mal *café con leche*, denn auf unserem Weg zum Camino kommen wir an keiner geöffneten Bar vorbei, und so frühstücken wir im Gehen bloß ein paar trockene Kekse.

Die gelben Pfeile und Muschelwegweiser führen uns zu dem Strand, an dem wir gestern den Abend verbracht haben. In großem Abstand voneinander laufen wir über den weichen, gelben Sand, der für die Gelenke ein wahres Labsal ist. Ich ziehe auch sofort meine Wanderstiefel aus und kühle meine Füße in den heranschwappenden Wellen. Schweigend laufen wir knapp sechs Kilometer. Das Meer gibt mir Kraft, und die Sonne streichelt meine Seele. Langsam hellt sich meine Stimmung auf.

Als wir am äußersten, westlich gelegenen Zipfel der Halbinsel von Laredo, in El Puntal, ankommen, bin ich schon wieder voller Zuversicht. An dieser Stelle schiebt sich das Meer weit ins Landesinnere, und wer keinen Umweg von bis zu 25 Kilometern machen will, der lässt sich von einer Fähre nach Santoña übersetzen. Genau das ist unser Plan, aber weit und breit gibt es keine Anlegestelle. Wir laufen wie Tiger im Käfig am Wasser hin und her. Aber wir finden nichts: keinen Steg, keine Brücke, nichts. Dabei müsste es doch eigentlich so etwas geben. Denken wir jedenfalls. Aber wir sind hier in Spanien. Da laufen die Dinge anders als in Deutschland, wo alles seine Richtigkeit und seine Ordnung haben muss.

Plötzlich tutet es. Ein Kutter rutscht auf den Strand, und ein Mann an Deck winkt mit beiden Armen. Er meint eindeutig uns. Es ist die Fähre, und der gute Mann will uns übersetzen. Ein Brett vom Deck herunter fungiert als Anlegestelle und Laufsteg in einem. Es geht also auch so. Wozu erst große Umstände machen? Das Ticket lösen wir direkt beim Käpt'n, und los geht's. Die Fahrt dauert nur zehn Minuten. Aber wir genießen sie in vollen Zügen. Der Wind zerzaust unsere Haare, das Meer schimmert aquamarinblau, die Sonne haucht einen silbernen Schleier über die Küste.

In Santoña lagern wir an der Promenade an einem kreisrunden, flachen Brunnen, in dem ich mir den Sand von den Füßen wasche. Danach gibt es Kekse und Obst, und Pit holt in einem nahe gelegenen *mercado* mehrere Flaschen Wasser. Wasser ist Sicherheit, und ich bin froh, meinen Wassersack wieder auffüllen zu können. Wir sind noch ganz damit beschäftigt, da begrüßt uns einer auf Deutsch. Ob Christian uns eingeholt hat? Aber nein, es ist Gerd, mit dem wir vor der Herberge in Castro Urdiales so einen lustigen Abend verbracht haben. Ach, das war ja erst vorgestern. Aber uns scheint es ewig lange her zu sein, und wir freuen uns riesig, Gerd wiederzusehen. Wir beschließen, zusammen weiterzuwandern. Doch schon in der Fußgängerzone von Santoña legen wir unsere nächste Pause ein. In einem Straßencafé gibt es endlich unseren heiß begehrten und lang ersehnten *café con leche*. Keiner drängelt, und so wird es Mittag, bis wir endlich weiterziehen. Weit sind wir heute noch nicht gekommen. Macht aber nichts. Denn wie sagt Doris immer so schön: »Wir sind doch nicht auf der Flucht!«

Und weil das so ist, schieben Pit, Doris und Gerd auch noch einen Umweg ein. Unser Wanderführer empfiehlt nämlich, hier ausnahmsweise einmal den Jakobsweg zu verlassen, um »einen der schönsten Küstenabschnitte Nordspaniens in seiner wilden Faszination kennenzulernen« und das Felsmassiv von Buciero, das weit und hoch aus dem Meer ragt, zu umwandern. Fünf Kilometer lang soll die Strecke sein. Das werden die drei, so ausgeruht wie sie sind, in maximal eineinhalb Stunden schaffen. Und ich? Ich werde meinem Knie zuliebe den direkten Weg zum Strand von Berria laufen, wo wir uns später treffen wollen. Mein Weg ist nur knapp zwei Kilometer lang und führt sehr gemütlich immer geradeaus durch Santoña hindurch bis in die Dünen von Berria. Alles sehr hübsch unangestrengt, und ich freue mich auf eine kurze Zeit allein am Wasser. Aber es kommt mal wieder alles ganz anders. Der Camino ist voller Überraschungen, und nichts ist wirklich planbar.

Jetzt sitze ich im Sand, begeistere mich am Meer und denke, dass Gott sich da wirklich etwas Großartiges ausgedacht hat. Als mir schließlich die Zeit lang wird, krame ich mein Tagebuch aus dem Rucksack und beginne zu schreiben:

*Zu Hause habe ich allen gesagt, dass ich mir keinen Leistungsstress machen will. Aber ohne Schmerzen würde ich wahrscheinlich versuchen, so viele Kilometer wie möglich zu schrubben. Mein Knie zwingt mich zur Ruhe. Ob ich will oder nicht: Jetzt kann ich niemandem mehr etwas beweisen – nicht mal mir selbst. Stattdessen habe ich jetzt Zeit zum Denken, Wahrnehmen und Schreiben.*

*Eineinhalb Stunden später:*

*Hier ist es zwar wunderschön, aber ich muss mal und traue mich nicht weg. Könnte ja sein, dass gerade jetzt Doris und Pit und Gerd auftauchen. Und wer weiß, wo ich das nächste Klo finde? In den Dünen liegen überall Nackedeis in der Sonne, sodass ich mir dort kein Plätzchen suchen kann. Außerdem ist der Wind hier auf Dauer ziemlich eisig, mir ist kalt, ich habe Hunger, habe aber schon alle unsere Bonbons gefuttert und allmählich geht mir die ewige Warterei auch ziemlich auf den Senkel. Ich habe gerade Mühe, dem Ganzen, das heißt, dieser Situation, etwas Gutes abzugewinnen. Und wehe, die drei erzählen mir nachher, was ich alles verpasst habe. Und wie toll es war. Und dass ich den Weg bestimmt auch geschafft hätte …*

Über drei Stunden muss ich ausharren. Wo haben die drei bloß so lange gesteckt? Am Abend wird Pit in sein Tagebuch schreiben:

*Eva läuft den offiziellen Camino, und Gerd, Doris und ich wandern um die Küste herum. Leider verpassen wir den richtigen Weg und müssen durchs Gebüsch krabbeln. Ein Ziegenpfad! Sehr beschwerlich und schweißtreibend. Erst nach 30 Minuten Kampf stoßen wir wieder auf einen richtigen Weg. Und dort treffen wir auf Christian. Er ist spät in Laredo aufgebrochen und will für heute auch nicht mehr weiter.*

*Die Steilküste bietet eine atemberaubende Aussicht. Hundert Meter geht es in die Tiefe, und das Meer zeigt sich von seiner schönsten Seite, von weiß über türkis bis dunkelblau, so wunderschön! Der Höhepunkt ist der Abstieg zum Meer, wo ein kleiner Leuchtturm steht. Es geht 700 Stufen senkrecht hinunter, schwindelerregend! Der Aufstieg ist ziemlich anstrengend. Nach dreieinhalb Stunden treffen wir am Strand von Berria endlich wieder mit Eva zusammen. Sie ist sichtlich genervt.*

Das hat mein lieber Mann ganz richtig erkannt, und entsprechend grantig nehme ich die drei auch in Empfang. Mein ganzer Frust entlädt sich über Pit, der es aber gelassen und kein bisschen persönlich nimmt, wofür ich ihm sehr dankbar bin. Denn Frust, der heraus darf, muss sich nicht anstauen. Angestauter Frust aber wächst und wuchert wie nicht beachtetes Unkraut. Pit hat dafür gesorgt, dass das diesmal nicht passiert ist. Und so komme ich schließlich ganz von allein darauf, dass eigentlich niemand an dieser blöden Situation schuld war und es deshalb auch keinen Grund gibt, auf irgendjemanden sauer zu sein. Das Ganze ist nun mal gelaufen, wie es gelaufen ist. Basta.

Und so bin ich schon wieder versöhnt, als wir in Berria ein hübsches kleines Restaurant entdecken, in dem es eine saubere Toilette und eine gut geführte Küche gibt. Wir wollen uns gerade nach drinnen begeben, da kommen uns Jean-Paul und

Rachel entgegen. »*How are you?*«, und »*Where do you come from today?*«, bestürmen wir einander. Wir haben uns lange nicht gesehen, das letzte Mal vor fünf Tagen in Munitibar, wo Christian, Doris, Pit und ich uns vor dem Dauerregen in eine Bar flüchteten und dort herrlich zünftig zu Mittag aßen. Was ist seither nicht alles geschehen! Natürlich müssen wir uns gegenseitig alles bis ins Kleinste erzählen.

Jean-Paul und Rachel haben in Berria ein kleines *hostal* gefunden. Wir vier anderen aber ziehen weiter. Heute ist ein richtiger Strandtag, Urlaub für die Füße. Wir laufen nur über Sand und kommen zu einem Hügel, der sich zwischen zwei Stränden erhebt und von Ginster und niedrigem, bunt blühendem Gebüsch überwuchert ist. Enge Pfade laufen im Zickzack über ihn hinweg. Es ist egal, welchen wir einschlagen. Jeder führt nach oben, von wo aus wir weit über das Meer und mehrere Strände blicken können. »Hier lasst uns Hütten bauen«, denke ich. Gerd breitet die Arme aus und ruft: »Gigantisch!« und »Bärenstark!« Wir grinsen, denn diese zwei Worte scheinen die wichtigsten in seinem Wortschatz zu sein. Jedenfalls tauchen sie in beinahe jedem seiner Sätze auf. Beinahe alles, was Gerd begegnet, scheint nach diesen Superlativen zu verlangen. Na, er ist eben sehr begeisterungsfähig. Genauso wie wir. Nur, dass er es auf seine ganz und gar eigene, sehr liebenswerte und charmante Art ausdrückt.

Als wir uns sattgesehen haben, müssen wir natürlich wieder herunter, und das geht überraschenderweise besser, als ich befürchtet habe. Ich stolpere zwar als Letzte hinter den anderen her, doch das ist völlig in Ordnung. Gerd und Doris hopsen schon zwischen riesigen Felsen herum, die hier überall bizarr und schwarz aus dem Wasser ragen, und die weiße Gischt bildet einen fantastischen und wilden Kontrast dazu. »Ist das nicht gigantisch?«, schreit Gerd, und dann: »Alle Mann Schuhe aus.« Wir lassen uns nicht lange bitten. Die Männer entledigen sich noch ihrer T-Shirts, nur die Sonnenhüte müssen bleiben. Pit trägt einen mit riesiger Krempe, die seine Ohren, seinen Nacken und seine Schultern beschattet. Gut so, denn die Sonne ist ziemlich aggressiv. Eine dicke Schicht Sonnencreme ist absolutes Muss. Gegenseitig reiben wir uns Nacken und Arme ein.

Jetzt laufen wir paarweise. Pit und ich genießen unser Ungestörtsein und rollen im Gespräch noch einmal meine Frustsituation von eben auf. Wie wohltuend, die Geschehnisse ohne große Zeitverzögerung miteinander zu besprechen und die schwierige Situation ohne Aufschub zu klären! Am Ende stimmen wir überein: Wir verstehen einander und sind uns wahre Freunde und – weit darüber hinaus – auch Geliebte. Wir sind so froh, einander zu haben und uns so nahe zu sein. Zu Hause überlagert der Alltag oft unsere Beziehung, sodass wir uns regelrecht aus den Augen verloren haben. Hier fangen wir langsam an, uns und die Begeisterung der ersten Verliebtheit wiederzufinden. Ob wir diese Gefühle in unser Leben in Deutschland retten können?

Gerd und Doris zockeln eifrig miteinander redend hinter uns her. Heute sind wir mehr als 16 Kilometer nur am Meer entlanggelaufen, und am Ende dieses letzten Strandes kommen wir direkt an unserem Etappenziel Noja an. Um kurz vor sieben erreichen wir die Touristen-Information, gerade noch rechtzeitig, bevor sie schließt, holen uns wie üblich einen Stadtplan und lassen uns ein günstiges *hostal* empfehlen, das sich für uns als richtige »Luxusunterkunft« erweist. Für Pit und mich gibt es ein Ehebett, und Doris kann sich eines von den zwei Einzelbetten in unserem Zimmer aussuchen. Das andere dient als Ablage für unser Gepäck. Das Größte aber ist: Wir haben ein eigenes Bad nur für uns drei allein. Gerd hat ein Zimmer für sich im Stockwerk unter uns.

Nachdem wir uns eingerichtet haben, treffen wir uns im Foyer, kaufen fürs Abendessen ein und picknicken in einer kleinen Grünanlage. Eigentlich wollten wir noch mal zurück an den Strand und eine Runde schwimmen gehen. Aber mittlerweile ist es spät geworden, und frisch geduscht, wie wir sind, hat keiner mehr Lust auf Meerwasser und Salz auf der Haut. Gerd lockt uns in die Bar des *hostals*, wo die Männer Whiskey und Doris und ich Grand Marnier bestellen. Dazu gibt es mal wieder Zigarillos und gute Gespräche. Wir reden über Gott und die Welt und über unsere Werte und Einstellungen, und ich bin begeistert und verblüfft zugleich, wie schnell wir an den Kern der Dinge kommen. Es tut unglaublich gut, einander wirklich zuhören und verstehen zu wollen, und das, obwohl wir uns doch eigentlich völlig egal sein könnten. Auf dem Camino werden wir ohne Umwege oder irgendwelche Konventionen mühelos vertraut miteinander und kommen Menschen nahe, die uns eben noch ganz und gar fremd waren. Ich wünschte, Beziehungen würden sich immer so unkompliziert und erfrischend gestalten.

Wir sind schon längst auf unserem Zimmer, aber ein Ende finden wir noch lange nicht. Ein bisschen beschwipst und überdreht tanzen Doris und ich zwischen unseren Betten herum. Doris stammt aus der Eifel, und in sehr entspannten Situationen fällt sie gerne mal in ihren Heimatdialekt. So auch jetzt. »Annemi, i kann ne mi, et jet nit mi«, trällert sie, und ich probiere ein bisschen »Fremdsprache« aus und ahme sie nach, so gut ich kann. Doris findet meine Versuche zum Brüllen komisch. Und so artet das Ganze in einen fröhlichen Lachanfall aus. So ein Anfall kann ganz schön erschöpfen. Gut, dass wir uns gleich ins Bett fallen lassen können.

## 13. TAG   NOJA – GÜEMES

Gut geschlafen habe ich nicht. Die ganze Nacht über hat mein Knie gezwackt, und ich wusste gar nicht, wie ich es lagern sollte, um einigermaßen Ruhe zu finden. Ich habe den Eindruck, eben erst eingeschlafen zu sein, da weckt mich Pit ganz leise und zärtlich. Er drückt sich an meinen Rücken und schlingt seinen Arm um mich. Heute ist mein Geburtstag, ein Tag, der nicht schöner beginnen könnte. Wir liegen eng umschlungen, flüstern miteinander und fühlen uns unter unserer Decke wie in einem Kokon. Langsam regt sich Doris in ihrem Bett, und Pit trollt sich ins Bad. Ich darf heute als Letzte aufstehen. Doris bringt mir zwei wunderschöne Geburtstagsgeschenke ans Bett: Eine Muschel, die sie gestern am Strand gefunden hat, und eine Packung Toblerone. Die werde ich für Notzeiten aufheben.

Um halb zehn treffen wir uns mit Gerd im Frühstücksraum des *hostals*. Das Frühstück fällt für spanische Verhältnisse sehr üppig aus. Es gibt ein Buffet mit allem, was dazugehört. Doch das Beste ist die Flasche Sekt, die Gerd zur Feier des Tages spendiert. Mit Orangensaft gemischt trinken wir den Sekt bis auf den letzten Tropfen, und genauso angeheitert, wie der gestrige Tag ausgeklungen ist, geht es nun weiter. Wir brechen erst gegen elf Uhr auf. Für echte Pilger viel zu spät und eine Schande. Aber sind wir etwa Pilger? Ein Pilger ist einer, der eine Reise zu einer besonders heiligen Stätte unternimmt. Nun gut, wir laufen nach Santiago. Aber das Ziel ist für mich nicht so wichtig. Mir bedeutet der Weg weit mehr, und deshalb bin ich vielleicht eher ein Wanderer. Egal, Hauptsache, es geht endlich wieder los.

Heute verlassen wir die Küste und wenden uns dem Landesinneren zu. Sofort wird es ländlich – und es stinkt nach Gülle. Die Landschaft erinnert mich an die Gegend um Göttingen herum. Befremdlich sind nur die Dattelpalmen und die Feigen- und Zitrusbäume. Der Weg ist nicht besonders anspruchsvoll, aber wegen des vielen Asphalts beschwerlich für die Gelenke.

Die Sonne hält sich heute versteckt. Es ist bewölkt und windig, eine Erholung für unsere sonnenverbrannte Haut. Über Nacht haben sich auf meinen Beinen kleine rote Pusteln gebildet. Wahrscheinlich eine Sonnenallergie. Gut, dass die Sonne uns heute in Ruhe lässt. Zwischendrin zeigen sich aber auch immer wieder blaue Himmelsfetzen. Optimales Wanderwetter!

In einem verschlafenen Dörfchen besichtigen wir eine kleine Kirche, die entgegen unserer bisherigen Erfahrungen nicht geschlossen ist. Es ist still und kühl hier drin, und wir sind ganz allein, nur wir vier. Keiner sagt etwas, und ich weiß nicht, was es ist, die Kirche ist nicht besonders spektakulär, aber irgendetwas in diesem sakralen Raum berührt uns. Ich fühle mich wie im Gottesdienst und würde jetzt am liebsten singen. Und warum auch nicht? Ich habe heute Geburtstag und darf mir sicher etwas wünschen. »Macht ihr mit?«, frage ich Doris und Pit, »»Laudate omnes gentes‹, dreistimmig?« Erst ist Doris noch ein bisschen unsicher. Aber schnell fällt sie in die Melodiestimme ein, und so können wir uns schon nach dem ersten Versuch in drei Stimmen aufteilen. Doris singt seit Jahren in einem Chor. Aber allein habe ich sie noch nie singen gehört, mal abgesehen von ihrem beschwipsten Gestern-Abend-Geträller. Ich habe gar nicht gewusst, was für eine schöne Stimme sie hat und wie gut wir miteinander harmonieren. Ich bin ganz ergriffen. Das ist wieder einer dieser Augenblicke, in denen man vor lauter Freude weinen möchte. Gerd scheint es genauso zu gehen. Still steht er an eine Bank gelehnt und hört uns zu. Glitzert es da nicht auch feucht in seinen Augen? Ich wünschte, wir könnten stundenlang so weitermachen. Pit und ich versuchen uns noch an einigen anderen Liedern. Aber irgendwann geht uns das Repertoire aus. Und dann ist der Moment auch schon vorbei. Aber die Freude bleibt, auch, als wir die Kirche längst hinter uns gelassen haben.

Pit schaut mich beim Wandern ständig von der Seite an.

»Was ist los?«, will ich wissen.

»Du hast eben so gestrahlt«, sagt er, »weißt du eigentlich, wie schön du bist?«

Wie bitte? Zerzaust und in diesen ollen Klamotten? Ganz ohne Lidschatten und Wimperntusche? Na gut, Make-up benutze ich auch sonst eher selten. Aber meistens bin ich doch einigermaßen gekämmt und gewaschen und ordentlich gekleidet. Es ist nicht einzusehen, was an Schwitzflecken unter den Achseln, einer von einem schmuddeligen Haarband zusammengehaltenen Frisur, die mich wie eine Idiotin aussehen lässt, und an heruntergerollten Strümpfen in höchst uneleganten Schuhen attraktiv sein soll. Mein Gesicht ist sicher hochrot, ob vom Wetter oder vom Singen, kann ich nicht sagen. Aber ich habe das Gefühl, regelrecht zu glühen, und dieses Glühen fühlt sich an wie lauter Glück. Ob es das ist, was Pit so gut an mir gefällt? Vielleicht stimmt es ja, dass Schönheit ein Leuchten von innen ist. Daran kann auch der Regen nichts ändern, der anfängt frühlingsleicht auf uns niederzurieseln.

Später auf dem Weg treffen wir Rachel und Jean-Paul. Sie haben genauso wie wir ihre Regenkleidung überziehen müssen. Dicht an dicht trotten wir in gesprächigen Zweiergrüppchen hintereinander her wie auf einem Klassenausflug. Als der Regen nach einigen Kilometern aufhört, erreichen wir eine kleine, geschwungene Brücke. Wir positionieren uns vor dem gemauerten Geländer, damit Rachel uns fotografieren kann. Und dann verabschieden sie und Jean-Paul sich von uns. Die beiden wollen sich einen Picknickplatz suchen, während wir nach Barayo und zur nächsten Bar streben. Es ist mal wieder Zeit für *café con leche*. Von hier aus ist es nicht mehr weit bis zu unserem heutigen Ziel, der Pilgerherberge in Güemes.

Gerd und Pit sind schon fast außer Sichtweite, während Doris und ich immer weiter zurückfallen. Wir reden miteinander, so intensiv wie auf dem ganzen Weg noch nicht, und ich wünschte, wir würden noch lange nicht an unserem Ziel ankommen. Denn dieses Gespräch ist für mich wie ein besonderes Freundschafts-geschenk. Obwohl es mich zuerst auch erschreckt. Denn Doris beginnt mit einer Kritik, oder nein, keiner Kritik. Es ist eher etwas, das sie immer an mir gestört hat: mein Überschwang oder, wenn ich traurig bin, das genaue Gegenteil, mein »Unter-schwang«. Ich widerstehe dem Impuls, mich zu rechtfertigen, und höre erst mal nur zu. Und dann kommt es. »Auf diesem Weg habe ich gemerkt, dass das, was ich sonst an deinen Reaktionen oft so übertrieben finde, eigentlich bloß ein Ausdruck deiner Lebensfreude ist«, sagt Doris. Was für eine Bestätigung! Was für ein »Ja« zu meiner Person und zu meinem Verhalten. Und damit hört sie längst nicht auf. »Ich will nicht, dass du dich änderst. Ich wollte dir bloß etwas über mich sagen.« Und dann fügt sie noch hinzu: »Ich bin so froh, dass du meine Freundin bist.« Mitten auf der Straße bleiben wir stehen und umarmen uns, als wären wir ganz allein auf der Welt, nur wir beide. Und vor lauter Freude über so viel ehrliche und liebevolle Freundschaft weinen wir zusammen ein paar Überschwang-Tränen. Ganz eindeutig: Die-ser Weg macht etwas mit unseren Emotionen. Aber das ist gut so, denn mir scheint, dass so auch Wesentliches sichtbar wird. Für dieses kurze Gespräch jedenfalls bin ich unendlich dankbar.

Jetzt müssen wir uns sputen. Pit und Gerd haben schon in der Herberge eingecheckt, und wir stolpern ein bisschen orientierungslos hinter ihnen her. Die Herberge in Güemes wird von Pater Ernesto mit Hilfe seiner beiden Schwestern und einer Handvoll Ehrenamtlicher geführt. Es gibt ein Haus mit Toiletten und Duschen und eine Scheune, die zu einem gemütlichen Esszimmer ausgebaut worden ist. Darin steht ein langer Holztisch, an dem bequem 20 Leute auf einmal Platz finden. Es gibt eine kuschelige Ecke mit offenem Kamin und langen, gepolsterten Bänken. Die Wände sind aus ockerfarbenen Natursteinen gemauert, dazwischen Fachwerk, in das unzählige Fotos und Zeitungsausschnitte gepinnt worden sind. Sie zeigen Pilger oder Momentaufnahmen von Ernestos vielen Reisen. Kaum haben wir unsere Rucksäcke abgesetzt, da werden wir schon gefragt, ob wir Hunger haben, und bei Vivaldi-Musik – die »Vier Jahreszeiten« – werden Berge von Kartoffelsalat, Brot, Obst und Wein aufgetischt. Es ist eine unglaubliche Atmosphäre, freundlich locker und unaufdringlich gastlich und dämmrig behaglich.

Nach dem Essen beziehen wir unser Quartier in einem kleinen Nebenhaus. Es gibt zwei winzige Zimmer, die mit einem Durchgang verbunden sind. Die hintere Kammer ist höchstens einen Meter tief. An der Längsseite stehen schmale, gepolsterte Bänke, die heute Nacht als Bettstatt herhalten müssen. Kopf an Fuß rollen wir unsere Schlafsäcke auf dem schmalen Brett aus, meiner zwischen dem von Doris und Pit. Hoffentlich kullert da heute Nacht keiner herunter. Jean-Paul und Rachel sind beinahe zeitgleich mit uns eingetroffen, weshalb Ernesto annimmt, dass wir alle zusammengehören, und die beiden mit Gerd in das vordere Zimmer einquartiert. Das kann ja lustig werden …

Aber zuerst befassen wir uns mit dem üblichen Prozedere: duschen, Füße pflegen, Wäsche waschen. Hier gibt es endlich mal eine ordentliche Wäscheleine, sogar – welch ein Luxus – unter einem Dachvorsprung, sodass die Wäsche die ganze Nacht an der frischen Luft hängen bleiben kann und wir das nasse Zeug nicht im ohnehin schon engen Zimmer unterbringen müssen.

Um acht Uhr gibt es Abendessen. Bis dahin verteilen sich alle locker in der Scheune. Gerd sitzt am brennenden Kamin und raucht. Jean-Paul löst Kreuzworträtsel, und Rachel schwenkt ihre gewaschenen Unterhosen vor dem Feuer. Ich sitze auf einer der gepolsterten Bänke und schreibe in mein Tagebuch. Pit hat sich ausgestreckt, seinen Kopf in meinen Schoß gebettet und hält ein Schläfchen. Doris hat sich mit ihrem Tagebuch auf der anderen Seite der Scheune niedergelassen. Plötzlich geht die Tür auf, und Christian kommt herein. Ganz still setzt er sich neben Doris. Wie schön: Unsere »Pilgerfamilie« ist komplett! Lauter fremde Leute, und trotzdem so vertraut, dass man sich richtig freut, einander wiederzusehen und zusammen zu sein. Plötzlich sind da Menschen, mit denen man lacht und auch Schwierigkeiten teilt, ganz selbstverständlich. Wir sitzen alle in einem Boot, erleben die gleichen Situationen, laufen durch den gleichen Regen und unter der gleichen Sonne. Das verbindet ungemein, über Sprachen, Kulturen und persönliche Geschicke hinweg. Jeder darf sein, wie er ist. Und wieder frage ich mich: Warum ist das im »normalen« Leben so schwer? Mit den Menschen zu Hause müsste es eigentlich noch besser klappen, denn mit denen verbindet mich doch viel mehr? Oder etwa nicht?

Auf diesem Weg denke ich viel über Beziehungen nach, ich weiß nicht, warum.

Es treffen noch sechs Katalanen, ein Pärchen aus Deutschland, ein Holländer mit seiner französischen Freundin und Siggi aus Bayern ein, und zusammen sitzen wir um halb neun an dem langen Holztisch beim Abendessen. Es gibt Knoblauchsuppe, kalte Nudeln mit Soße und Tortilla, Obst zum Nachtisch und dazu reichlich Wein.

Heute ist nicht nur mein Geburtstag, heute ist auch der Jahrestag eines monseratischen Heiligen, und die sechs Spanier haben Sekt dabei. Als Rachel verrät, dass heute mein Geburtstag ist, wird nicht nur auf den Heiligen, sondern auch auf mich angestoßen. Und ein lautstarkes »Happy Birthday« wird gleich hinten drangehängt. Feierlich erhebt sich einer der Katalanen, zieht aus seiner Hemdtasche eine blinkende Mundharmonika und spielt für seinen Heiligen und mich ein Ständchen. Alle lauschen andächtig. Danach erzählt Ernesto von seinen Reisen und von der Geschichte dieser Herberge. Wer kann, übersetzt, und alle warten geduldig, bis jeder alles verstanden hat. Keiner wird übergangen oder ausgeschlossen. Was für ein Unterschied zu dem Durcheinander, das ich sonst so oft erlebe! Da will jeder selbst zum Zug kommen und seine Geschichte loswerden, egal, ob es passt oder nicht oder ob sich überhaupt jemand dafür interessiert. Wenn das alle so machen … na ja, man weiß ja, was dabei herauskommt. Das Ganze klingt dann eher nach kriegerischer Auseinandersetzung statt nach friedlichem Beisammensein. Und der Lautstärkste gewinnt …

Jetzt bin ich schon wieder beim Thema »Beziehung«. Aber was ich hier erlebe, macht eben nachdenklich. Offensichtlich kann es auch anders gehen. Gespürt habe ich das wohl schon immer oder mich doch zumindest danach gesehnt.

Auch dieser Abend klingt mit viel Gelächter aus. Ernesto würde uns am liebsten noch seine 80 000 Dias zeigen oder wenigstens einen Teil davon. Müdigkeit ist ein akzeptierter Grund, sich aus der Affäre zu ziehen. Schließlich sind wir Pilger oder Wanderer oder beides … Ernesto zeigt Verständnis und entlässt uns in unsere überfüllte, enge Klause.

## 14. TAG  GÜEMES – SANTANDER

Pit und ich sitzen an der Strandpromenade in Santander. Es ist windig und kühl. Trotzdem haben wir uns, anstelle eines ordentlichen Essens, ein riesiges Eis gegönnt – Luxus pur, auch, dass wir ganz allein hier sind. Wir reden und schweigen und schreiben Tagebuch und tauschen das Geschriebene aus, etwas, das wir uns längst angewöhnt haben und das schon zum Ritual des Schreibens gehört.

In Pits Tagebuch lese ich:
*Nach einer unruhigen Nacht – zu schmales Bett, zu wenig Sauerstoff, zu warm, Jean-Paul schnarcht – frühstücken wir um acht Uhr und machen uns dann auf den Weg. Das ist jeden Tag aufs Neue ein toller Moment: Endlich wieder unterwegs sein, nicht wissen, wie der Weg ist,*

*wo wir heute Abend sein und was wir erleben werden. Wir laufen durch hügeliges Land, über schmale Straßen, vorbei an Bauernhöfen, Wiesen, Palmen. Mit der Fähre setzen wir nach Santander über. Santander ist eine moderne Stadt. Aber ich habe keine Lust auf so viele Menschen.*

*Die Herberge ist interessant: Sie ist in einem Hochhaus untergebracht. Auf unserer Etage gibt es zwei Büros, und der Schlafsaal für die Pilger liegt genau Wand an Wand mit ihnen. Mit den Büroangestellten teilen wir Flur und Toiletten. In unserem Raum stehen dichtgedrängt acht Stockbetten, und alle sind belegt. Da sind zwei Brasilianer, zwei Französinnen, unsere zwei Kanadier, der Rest alles Deutsche. Die meisten von ihnen werden morgen mit der Bahn nach Burgos fahren, um den französischen Jakobsweg zu laufen. Eva und ich verbringen drei Stunden ohne Doris oder Christian in der Stadt. Es ist schön, allein mit ihr zu sein. Wir sind uns so nah.*

Pit liest in meinem Tagebuch:

*Heute habe ich nicht gut geschlafen, es hilft aber alles nichts. Punkt sieben müssen wir »raus aus dem Sack«. Im Regen machen wir uns auf den Weg. Christian ist wieder dabei und diesmal auch Siggi aus Bayern. Wir reden wenig, ich denke viel, zum Beispiel, dass ich zu Hause viel Austausch brauche, um meine Gedanken zu sortieren und zu verarbeiten. Hier erledigen das meine Beine: Ich laufe mir den Kopf frei. Welche Alternativen habe ich nach dem Jakobsweg? Überhaupt: Muss man eigentlich immer alles bis ins Kleinste bereden und dabei vielleicht sogar zerreden? Das Gespräch mit Doris gestern war richtig erfrischend: Kurz und knackig, und doch haben wir das Wesentliche gesagt. Aber das geht wohl nur, wenn beide Gesprächspartner sich auf derselben Ebene bewegen, das heißt, sich auch ohne viele Worte verstehen. Vielleicht reicht es auch schon, sich einfach stehen zu lassen, anstatt immer alles verstehen oder verstanden werden zu wollen?*

*Weiter komme ich nicht in meinen Überlegungen. Die Etappe heute ist kurz, nur knapp zwölf Kilometer. Die letzen zwei geht es am Strand von Somo entlang bis zur Anlegestelle der Fähre. Wir kommen an einer Surfschule vorbei, und Christian erklärt uns diesen faszinierenden Sport, die Wellenbewegungen und die Bedeutung des Windes. Was der Bengel alles weiß …*

*Der Regen hat sich verzogen. Aber es bauschen sich noch gewaltige, dunkle Wolken über dem Meer, wie auf einem kitschigen Foto, bloß viel lebendiger. Bei Sonnenschein erreichen wir Santander. Doris geht auf Stadterkundungstour, während Pit und ich uns in der noch menschenleeren Herberge aufs Ohr legen. Danach entdecken wir die Stadt auf unsere Weise. Zeit nur für uns … Schön!*

## 15. TAG  SANTANDER – SANTILLANA

Um acht Uhr müssen alle aus der *albergue* raus sein. 16 Leute in einem Zimmer mit nur zwei Toiletten und Duschen … Ich bin verwundert, wie gut das klappt, wie in einem Ameisenhaufen. Alle wuseln auf engstem Raum, jeder ganz zielstrebig und geordnet. Und siehe da: Punkt acht Uhr sieht es hier aus, als wäre nie etwas gewesen. Na ja, so genau weiß ich das nicht, denn wir brechen schon früher auf, um rechtzeitig am Bahnhof zu sein. Wir haben uns dafür entschieden, mit dem Zug aus Santander herauszufahren. Wir haben nämlich keine Lust auf zehn Kilometer Straße und Asphalt. Christian ist wieder bei uns. Mit ihm, Doris und Pit teile ich meine Geburtstagstoblerone, die als erstes Frühstück genügen muss.

In Mogro gibt es dann richtiges *desayuno* (Frühstück). In einer Bar in der Nähe des Bahnhofs futtern wir dicke *bocadillos* und trinken Kaffee, und dann laufen wir los. Das Wetter ist wie aus dem Bilderbuch: blauer Himmel, klare Luft, angenehme Temperatur. Meinem Knie geht es besser, und ich bin glücklich. Pit auch.

Allmählich nehmen wir Tempo auf. 24 Kilometer liegen vor uns. Die Landschaft ist wieder sehr abwechslungsreich, rechts das Meer, links die Berge. Unser Weg verläuft über flache, sattgrüne Hügel. In der Ferne blitzen schneebedeckte Zweitausender. Wir könnten schon wieder außer uns geraten vor lauter Wanderfreude. Langsam entfernen wir uns vom Meer. Die gelben Jakobsmuschelwegweiser führen uns immer tiefer in das Landesinnere hinein. Pit und ich marschieren flott voraus, Doris und Christian zockeln gemütlich hinterher. Kilometerweit geht es entlang einer Pipeline durch ein Industriegebiet auf einem staubigen Weg. Ziemlich langweilig. Christian holt auf und verkürzt uns angenehm die Zeit, indem er von seinen vielen Reisen berichtet. Seit seinem 22. Lebensjahr gibt er seinem Fernweh nach, wann immer Zeit und Finanzen es erlauben. Er hat schon eine Menge von der Welt gesehen, und wir quetschen ihn ordentlich aus. Wir kommen aus dem Staunen nicht heraus: Wahnsinn, was man in fünf Jahren alles sehen, erleben und erreisen kann! Wir sind fast ein Vierteljahrhundert älter als er, aber was das Reisen angeht, sind wir noch Babys.

Gegen zwölf Uhr picknicken wir auf einer Blumenwiese kurz hinter Roquejada. Es gibt Kakao, Kuchen, Joghurt und Bananen, alles eben in einem kleinen Laden an der Straße gekauft. Nach dem Essen träumen wir eine gute Stunde in der Sonne, Köpfe auf den Rucksäcken, Wanderstiefel aus und Füße im Gras. Doris und Christian schlummern. Aber Pit und ich haben heute Hummeln im Hintern. Wir drängen zum Aufbruch, obwohl wir früh dran sind und noch eine Menge Zeit haben. Bis zu unserem Ziel ist es nicht mehr weit, jedenfalls laut Wanderführer. Aber der kann ja nicht wissen, dass wir ungewollt einen Umweg von mindestens fünf Kilometern laufen. Bisher haben wir uns noch kein einziges Mal verlaufen. Aber einmal ist das erste Mal. Und das ist jetzt.

Bis Barreda geht noch alles gut. Das Städtchen zieht sich und will kein Ende nehmen. Doch plötzlich sind wir schon am Ortseingang von Torrelavega. Hab ich es nicht gleich gesagt, dass wir nicht unter der Autobahnbrücke durchgemusst, sondern schon lange vorher hätten rechts abbiegen müssen? »Meiner Meinung nach an dem lila Haus am Kreisel«, sagt Doris. Aber unser weibliches: »Siehst du … wenn … und aber …« hilft jetzt auch nicht weiter. Jetzt muss eine Entscheidung getroffen werden: Sollen wir umkehren oder versuchen, irgendwie anders auf den Camino zurückzufinden? Echte Pilger kehren nicht um, deshalb wählen wir die zweite Möglichkeit und marschieren noch ein gutes Stück an der Stadtautobahn von Torrelavega entlang, bis wir bei der nächsten Gelegenheit rechts abbiegen. Es geht an einem

Militär- oder Marinegelände entlang, riesige Gebäudekomplexe, unzugänglich umzäunt. Es gibt nicht mal einen Durchschlupf, um irgendwo eine Toilette zu finden. Da bleibt Doris und mir nichts anderes übrig, als uns in das Gestrüpp unter einer Brücke zu ducken. Erleichtert wandern wir weiter an einem Fluss entlang. Und sieh mal einer an: Steht da drüben am anderen Ufer nicht ein lila Haus? Dann stoßen wir auch wieder auf die gelben Jakobspfeile. Das war nun eine ziemlich weite Schleife, aber wir sind alle fröhlich geblieben. Mein Knie hat prima mitgemacht. Ich habe Kraft und bin motiviert. Die anderen offensichtlich auch. Ein Belohnungskaffee für die vielen zusätzlichen Kilometer muss trotzdem sein. Hinter einer Kurve entdecken wir eine Bar mit dem merkwürdigen Namen »Perro« – Hund. Aber der *café con leche* ist lecker, und dann werden wir noch mit einem Schauspiel besonderer Art überrascht. Genau über uns hinweg rauscht ein Schwarm von 13 Störchen, lang gestreckte Hälse und Beine, rote Schnäbel, wolkig-weißes Gefieder vor blauem Himmel. Einmalig schön!

Gegen vier erreichen wir unsere Herberge, dank Doris. Kurz vor Santillana nämlich versperren uns Baufahrzeuge den Weg. Was nun? Sollen wir durch den Matsch hindurch daran vorbeigehen oder einfach quer über die Wiesen in die Richtung laufen, in der wir unser Ziel vermuten? Pit und Christian sind schon fast außer Hörweite über das Gras verschwunden. Aber Doris hält heute nichts mehr von Experimenten. Sie stakst an den Baufahrzeugen vorbei den Weg hinauf. Auf der Höhe angekommen, fuchtelt sie wild mit den Armen: Hier gibt es einen gelben Pfeil. Also spurte ich hinter den Männern her und treibe sie zu Doris zurück. Wenig später erreichen wir unsere Herberge Arcos Iris.

Eine kleine, rundliche Omi empfängt uns sehr herzlich mit Limonade. Sie plappert drauflos, obwohl es offensichtlich ist, dass wir kein Wort verstehen, nicht mal Christian, der bis jetzt mit seinen Portugiesischkenntnissen einen ganz passablen Dolmetscher abgegeben hat. Wir bekommen ein Zimmer mit vier Stockbetten für uns vier allein und hoffen, dass andere Pilger andere Unterkünfte wählen.

Pit schaut sich amüsiert um und findet: »Das hier ist doch mal was anderes.« Das Haus hat sicher mal bessere Zeiten gesehen. Die Betten hängen durch und das Gemeinschaftszimmer sieht aus wie ein Nippes- oder Kramladen. Es gibt ein durchgesessenes, antikes Plüschsofa mit einem Holztisch und Stühlen davor, abgestoßene Vertikos und Vitrinen an den Wänden, die vollgestopft sind mit Porzellanfigürchen und Plastikblumen und angeschlagenem Geschirr. Ein alter Mann sitzt am Tisch und legt Karten, ein überdimensional großer Fernseher plärrt vor sich hin. Man muss durch dieses Zimmer, um zu den sanitären Anlagen zu gelangen. Auch die sind sehenswert. Es gibt drei Toiletten und drei Duschen, alle bloß mit einem Vorhang vor neugierigen Blicken geschützt. Aber ein einigermaßen großer Mensch kann trotzdem mühelos darüber hinwegsehen. In den Spülkästen unter der Decke klemmen Plastikrosen, wie man sie auf einem Rummelplatz an der Schießbude gewinnen kann. Sehr originell. Nach dem Duschen stecke ich meinen Kopf aus dem kleinen Badfenster und schaue in einen wilden, verwunschenen Garten. Draußen sitzt einsam auf einer Steinbank eine Frau. Ich winke ihr zu. Sie ist Pilgerin wie wir, eine Deutsche aus Hamburg. Aber ihren Namen habe ich nicht verstanden. Macht nichts. Wir werden uns sicher später kennenlernen.

Arcos Iris liegt ungefähr drei Kilometer vor Santillana. Das Haus ist verwahrlost, genauso der Garten. Ein leerer Swimmingpool ist von Unkraut überwuchert. Das alles hier muss mal sehr edel gewesen sein. Die Landschaft darum herum ist es immer noch: Wiesen, die sich über sanft gewellte Hügel erstrecken. Es sieht aus, als hätte Gott ein grünes Tuch ausgeschüttelt und es dann so, wie es langsam zu Boden geglitten ist, liegen lassen.

Ich hole mir einen zerkratzten Plastikstuhl und setze mich ins kniehohe Gras. Nach und nach kommen die drei anderen dazu. Doris frottiert sich die Haare mit einem Mikrofasertuch. Christian raucht und Pit feilt sich die Fingernägel. Grillen singen, schräg stehende Sonnenstrahlen versuchen, ihr Gleichgewicht zu halten, unsere Wäsche knattert im Wind.

Das Abendessen ist für acht Uhr angesetzt. Es gibt ein reichhaltiges Drei-Gänge-Menü. Unsere rührige Gastgeberin lässt einen leeren Teller nicht gelten und füllt kräftig nach. Ich bin schon nach dem ersten Gang, einem Salat mit Kartoffeln, Eiern und Oliven, pappsatt und muss zur großen Missbilligung unserer *hospitalera* mein Schweinefleisch an Pit und Christian abgeben. Ich kann sie nur besänftigen, indem ich auf dem roten Sofa ein Plätzchen für sie schaffe. Ich rutsche dichter an Doris heran und klopfe mit der Hand neben mir auf das Polster. Bereitwillig quetscht sie sich neben uns. Mit uns am Tisch sitzen noch der alte Mann mit seinen Karten, die Hamburgerin und zwei Fahrradpilger, einer von ihnen Italiener, der andere Spanier. Beide sprechen englisch, sodass wir uns sehr nett und angeregt unterhalten können.

Nach dem Essen gibt es Fußball: Manchester gegen Barcelona. Ein anderer Spanier, wahrscheinlich der Sohn unserer Gastgeberin, der fleißig in der Küche geholfen hat, zündet für seine Mannschaft, natürlich Barcelona, eine Kerze am Hausaltar an. Ob es etwas nützt, werde ich erst morgen erfahren. Ich halte nämlich nur bis zur ersten Halbzeit durch. »*Estoy cansado* (Ich bin müde) *y buenas noches* (und gute Nacht).«


**16. TAG**   SANTILLANA – CÓBRECES


Ich habe so gut geschlafen, wie noch keine Nacht zuvor, vielleicht wegen der Ruhe hier draußen. Weit und breit keine Zivilisationsgeräusche, und mit Ohropax in den Ohren habe ich nicht mal den Schlafatem meiner drei Zimmergenossen gehört. Die Luft ist durchsichtig wie Zellophan und sauber wie aus der Waschmaschine, denn in der Nacht hat es geregnet. Unsere *hospitalera* serviert uns zum Frühstück Toast, Marmelade und ein paar Butterkekse, alles lieblos ohne Teller oder Besteck auf die Papiertischdecke geknallt. Die Spanier haben einfach keine Frühstückskultur. Nur der Kaffee ist klasse. Unsere Gastgeberin gießt uns reichlich heiße Milch hinein. Während wir so viel Kaffee wie möglich in uns hineinschütten, erfahre ich, dass das Fußballspiel gestern Abend zugunsten von Manchester ausgefallen ist. Die Kerze hat also nichts genützt. Aber den Spaniern gegenüber erwähnen wir das natürlich nicht. Stattdessen besprechen wir die heutige Route. Christian ist ganz selbstverständlich dabei.

Die Hamburgerin fragt, ob sie sich uns ebenfalls anschließen kann. Klar, grundsätzlich kann das jeder, warum auch nicht? Aber gestern hat sie erzählt, dass sie gerade erst mit dem Pilgern anfängt und ihre ersten Etappen kurz halten oder mit dem Bus fahren will. Deshalb gibt Pit ihr eine abschlägige Antwort. Jetzt, wo es gerade so gut bei uns läuft, da wollen wir keine Rücksicht auf eine »Anfängerin« nehmen. Außerdem ist heute Doris' letzter Tag auf dem Jakobsweg. Ihr Urlaub neigt sich dem Ende zu. Morgen muss sie nach Bilbao, von wo aus sie zurück nach Deutschland fliegt. Morgen Abend wird sie schon wieder in ihrem eigenen Bett, in ihrem eigenen Schlafzimmer liegen. Komisch und schade … Wir vermissen sie schon jetzt. An diesem letzten Tag wollen wir Doris ganz für uns allein haben und sie nicht mit einer Hamburgerin teilen, die zwar auch Pilgerin, für uns aber noch völlig fremd ist. Sie hat sich nicht einmal vorgestellt, geschweige denn, dass sie sich gestern irgendwie am Gespräch beteiligt hätte, was auch gut ohne englische Sprachkenntnisse möglich gewesen wäre. Schließlich sprechen wir ja deutsch! Dabei wirkte sie ganz und gar nicht schüchtern, sondern eher … Ach was, ich will fair bleiben und nichts und niemanden be- oder verurteilen. Fakt ist, dass wir zu viert und ohne Hamburgerin weiterziehen.

Santillana ist ein kleines, mittelalterliches Städtchen mit Straßen aus buckeligem Pflaster und Häusern aus dicken Natursteinen, das spanische Rothenburg ob der Tauber. Pit sagt, er könne sich diesen Ort gut als Kulisse für einen historischen Film vorstellen. »Das Parfüm« zum Beispiel. Aber der ist ja schon gedreht. Nein, man müsste sich etwas Neues ausdenken, etwas Spanisches …

Zwei Kilometer entfernt liegen die Altamira-Höhlen, die wir uns unbedingt ansehen wollen. In ihnen hat man die bisher ältesten Höhlenmalereien entdeckt, Bilder, die vor 15 000 Jahren entstanden sein sollen: Pferde, Hirsche, vor allem Bisons und Kinderhände. Die Originalhöhle ist der Öffentlichkeit nicht mehr zugänglich, zum Schutz der kostbaren und einzigartigen Gemälde. Aber sie wurde 300 Meter weiter nachgebildet, mit Felsen und Verwerfungen, Lichteinfall und simulierter Feuchtigkeit aus Kalksteinpulver und Polyesterharz. Für die Wandmalereien wurden Kohle und Erdfarbe verwendet, genauso wie vor 15 000 Jahren. Ich finde das alles sehr beeindruckend. Da haben Menschen Zeugnisse ihrer Existenz hinterlassen, über so viele Tausend Jahre hinweg, Menschen, von denen ich nichts weiß, von denen ich nichts kenne, außer diesen Bildern, die von ihrem Leben erzählen. Was hinterlasse ich? Und wie lange wird es Bestand haben?

Zurück in Santillana picknicken wir auf dem Kirchplatz. Wir packen gerade unsere Reste zusammen und schultern unsere Rucksäcke, da tauchen Jean-Paul und Rachel auf. Sie haben hier übernachtet und freuen sich, uns zu sehen. Rachel macht gleich ein Gruppenfoto. Dann gibt es einen großen Abschied. Besonders Doris wird heute herzlich und heftig umarmt. Sie wird die Kanadier ganz sicher nicht wiedersehen. Ob Pit und ich sie wiedertreffen, ist auch nicht gewiss, aber weit wahrscheinlicher.

Kurz hinter Santillana stoßen wir auf eine riesige Baustelle. Quer zu unserem Weg haben Bagger eine metertiefe und -breite Schneise gegraben. Aber nachdem wir die überwunden haben, öffnet sich vor uns eine wunderschöne Landschaft – Pit sagt, wie in Nordhessen. Wieder laufen wir viel auf Asphalt, und das ständige Rauf und Runter belastet leider ziemlich mein Knie. Heute bin ich die Letzte. Christian ist uns schon weit voraus. Oben auf einem Berg, an der Kirche San Pedro, wartet er auf uns. Von hier aus haben wir einen tollen Blick auf das Meer. Aber es ist zu weit entfernt und verbirgt sich auch gleich wieder hinter Hügeln.

Gegen vier Uhr erreichen wir Cóbreces. Die gelben Pfeile führen uns kreuz und quer durch den Ort, der sehr malerisch ist, dessen Treppen und steile An- und Abstiege meinem Knie aber nicht besonders guttun. Als wir zu guter Letzt genau auf der Straße herauskommen, auf der wir in den Ort eingelaufen sind,

bin ich echt sauer. Was soll das eigentlich? Wären wir einfach geradeaus gegangen, hätten wir das Zisterzienserkloster, in dem wir
heute übernachten, in kürzester Zeit ganz ohne Auf und Ab erreicht. Und wer sich den Ort unbedingt ansehen will, kann das ja
wohl auch selbst entscheiden.

Das Kloster ist von außen sehr imposant, von innen aber
ziemlich schmuddelig, jedenfalls der Teil, der für Pilger offen-
steht. Doris, Pit und ich werden von einem Mönch in ein Dreibettzimmer geführt. Vor den Betten liegen Läufer, die so speckig
sind, dass sie von allein loslaufen könnten. Pit schiebt sie kurzerhand unter die Betten. Die sind auch nicht besser. Wieder
einmal sind wir froh, unsere Seidenschlafsäcke dabeizuhaben,
die uns und unsere Schlafsäcke vor dem Schlimmsten schützen.
Trotzdem bin ich erleichtert, am Ziel zu sein, und diesmal nicht
nur wegen meines Knies. Heute schmerzen auch meine Beine.
In den Oberschenkeln spüre ich den ersten Muskelkater, und die
Fußsohlen brennen von dem ewigen Asphalt. Aber weder Pit
noch ich haben eine Blase. Die gute Vorsorge zu Hause macht
sich jetzt bezahlt. Schon Wochen vor Reiseantritt haben wir
jeden Abend sorgfältig unsere Füße mit Hirschtalg eingecremt,
bis sie weich wurden wie Babyhaut. Jetzt zeigt sich, dass sie so
weit weniger anfällig für Blasen sind als harte Hornhauthufe.
Und jeden Morgen bevor wir loswandern, tragen wir wieder
eine dicke Schicht unserer Wundersalbe auf. Können wir jedem
Pilger nur empfehlen.

Wir sind dabei, uns einzurichten. Pit steht noch unter der
Dusche, Doris föhnt sich schon die Haare, da platzt unsere Hamburgerin herein und baut sich vor uns auf wie ein Denkmal.
Nanu, wo kommt die denn so plötzlich her? Die Zimmertür
gegenüber steht sperrangelweit offen. Es ist ein Dreibettzimmer
wie unseres, aber offensichtlich nur von einer Person belegt. Auf
dem Bett liegt ein ausgerollter und zerwühlter Schlafsack, der so
aussieht, als hätte jemand den ganzen Nachmittag darin verbracht. Daneben stehen Wanderschuhe, nagelneu wie aus dem
Laden. In denen ist heute keiner mehr als 200 Schritte gelaufen.
Eindeutig: Unsere Nachbarin ist mit dem Bus gefahren.

»Ich gehe jetzt einkaufen«, verkündet sie, »kommt jemand mit?« Keine Einleitung, keine Begrüßung, sie hat sich wieder nicht vorgestellt. Was ist denn das für ein Benehmen? Ich muss mich sehr zusammennehmen, um nicht unfreundlich zu werden. »Wir sind noch nicht so weit«, erkläre ich, was vielleicht nicht besonders klug ist, denn jetzt wartet sie womöglich auf uns, und was dann? Jedenfalls schickt sie sich an, genau das zu tun, und bleibt stur und starr, wo sie ist. »Hör mal«, sage ich, »wenn du das nächste Mal was von uns willst, wäre es mir lieber, du würdest anklopfen. Das ist hier nicht wie in anderen Herbergen, wo es einen gemeinsamen Schlafraum gibt. Hier sind Zimmer so was wie eine Privatsphäre.« Ich weiß nicht, ob sie begreift, was ich meine. Sie guckt mich nur aus großen Augen an. Doris rubbelt wie verrückt ihre Haare vor Verlegenheit. Vielleicht habe ich mich für ihren Geschmack zu ablehnend ausgedrückt. Aber ich bin noch nicht fertig. »Ich find's jedenfalls nicht so toll, wenn mein Mann jetzt aus der Dusche kommt und dann steht da plötzlich eine fremde Frau vor seiner Nase. Und ich glaube, ihm würde das auch nicht gefallen.« Der Hamburgerin entgleiten die Gesichtszüge. Aber sie fasst sich schnell, wirft beleidigt den Kopf in den Nacken und rauscht ohne ein Wort aus dem Zimmer. »Da geht sie dahin, unsere Lieselotte«, lästere ich und weiß selbst nicht, wie ich auf diesen Namen komme. Ich kenne niemanden, der so heißt.

Unsere Tür steht noch offen, da schaut ein neues Gesicht um die Ecke, eine junge Frau mit schwarzen Haaren und keckem Grinsen. Sie allerdings kommt nicht herein. Hat sie unser Gespräch mitbekommen? Nein, sie scheint einfach bloß taktvoller zu sein. »*Do you have some womenthings for me?*«, fragt sie. Klar doch, hier hilft man einander, auch wenn man sich nicht kennt, sofern man sich pilgermäßig verhält. Wo man sich, wie es auf dem Camino gar nicht anders geht, so dicht auf die Pelle rückt, dass man jeden Schnaufer, jede Stimmungslage voneinander mitbekommt, müssen gewisse unausgesprochene Regeln eingehalten werden. Regel Nummer eins: Man nähert sich zurückhaltend und respektvoll und prüft erst mal die Lage. Hier gibt es nämlich keine Rückzugsmöglichkeiten, weder für den anderen noch für einen selbst. Da muss man zusehen, wie man bei großer Nähe noch genügend Distanz wahrt. Alles nicht so einfach, aber durchaus machbar. Die Hamburgerin hat das angemessene Maß eindeutig nicht gefunden, die junge, dunkelhaarige Frau schon. Also fische ich aus meinem Rucksack Damenbinden und Tampons und reiche ihr meinen intimsten Besitz. »*Thanks!*«, ruft sie, und weg ist sie. Pit und Doris auch gleich. Sie gehen nämlich einkaufen, und zwar ohne Lieselotte – die Hamburgerin hat nach meiner Abfuhr natürlich nicht gewartet. Ich schreibe unterdessen Tagebuch.

Dann, kurz vor sieben, gehen wir zur Abendandacht der Mönche. Die ganze Messe hindurch wird gesungen. Ich finde das sehr meditativ. Aber Pit langweilt sich und kämpft mit dem Schlaf. Ich kann ihn verstehen. Besonders bei der Sache scheinen die Mönche nämlich nicht zu sein. Sie putzen sich Brille und Nase an ihren langen weißen Kuttenärmeln, blättern geräuschvoll in ihren Liederbüchern nach Texten, die sie nach jahrelangem Mönchsleben eigentlich auswendig können müssten, und singen so schief, dass man musikalisch schon sehr langmütig sein muss, um das Ganze zu genießen. Für mich ist es trotzdem wie Innehalten. Ich kann Zwiesprache mit meinem Gott halten, und das tut mir gut.

Danach muss ich mich fast ein bisschen aufraffen, um mit den anderen zum Essen zu gehen. Aber dies ist schließlich Doris' Abschiedsabend, und den will ich auf gar keinen Fall verpassen. In dem einzigen Restaurant am Ort bestellen wir uns ein leckeres Abendmenü. So oft es geht, wähle ich Fisch, wenn ich nun schon mal am Meer bin. Unser Gespräch nach dem Essen fällt heute eher ernst aus. Christian, der nicht mit uns an der Abendmesse teilgenommen hat, lässt nicht locker. Ohne dass wir viel erzählt haben oder es besonders erwähnen mussten, hat er mitbekommen, dass wir mit Gott leben. Nun will er wissen, warum und wie und überhaupt.

Wir glauben, dass es Gott gibt. Wenn ich gründlich darüber nachdenke, sehe ich gar keine andere Möglichkeit. Ein waschechter Atheist glaubt auch, nämlich, dass es vor dieser Welt und danach nichts gegeben hat und nichts mehr geben wird. Aber warum leben wir dann? Warum gibt es diese Welt? Etwa bloß, weil ein paar Moleküle zur rechten Zeit am rechten Ort zusammentrafen? Wer hat den rechten Ort und die rechte Zeit festgesetzt? Fragen, an denen honorige Wissenschaftler scheitern. Und selbst die – Albert Einstein höchstpersönlich allen anderen voraus – schließen, wenn sie ernst zu nehmen sind, die Existenz Gottes längst nicht mehr aus. Wenn es aber auch nur im Ansatz stimmen könnte, dass es Gott gibt, dann ist es folgerichtig, auch mit ihm zu leben. Denn wer will sich anmaßen, entgegen dem zu leben, der einen geschaffen hat mit allem, was einen ausmacht? Wenn es Gott aber nicht gibt, dann ist es trotzdem hilfreich, sich nach göttlichen Werten und Maßstäben zu orientieren, denn erwiesenermaßen tragen die weit mehr zu einem guten Miteinander bei als alle noch so tiefgründigen Philosophien oder Ideologien. Man braucht sich doch nur anzusehen, wie es auf der Welt zugeht. Klar, auch Christen können gemein, unfair, heuchlerisch und boshaft sein. Das hat die Geschichte zur Genüge bewiesen. Gott selbst aber ist es nicht, was leicht an seiner Geschichte mit den Menschen abzulesen ist. Und darum geht es ja schließlich, oder? Außerdem haben wir ihn erlebt und erfahren, ganz konkret in unserem Alltag. Wozu andere Zufall sagen, das nennen wir Eingreifen Gottes. Eine Sichtweise unter vielen? Vielleicht. Aber dass ich meinen Mann liebe und eine Beziehung zu ihm habe, lässt sich auch nicht beweisen und ist nicht mehr als meine persönliche, subjektive Sichtweise – die aber mein Leben verändert und meine Lebensweise beeinflusst hat.

Christian fragt uns Löcher in den Bauch. Wir gehen so ausführlich darauf ein, wie wir können. Im Gegenzug erklärt er uns seine Lebenseinstellung. Warum sollte nicht auch an den anderen Weltreligionen etwas dran sein? Und: Kann man sein Leben nicht auch an ethischen und moralischen Maßstäben ausrichten und damit eine Bereicherung für die Gesellschaft sein? Klar ... Leben lässt sich mit vielem. Ob es aber auch zum Sterben reicht?

Es ist richtig entspannend, einander zuzuhören, ohne überzeugen zu wollen. Jeder kann sagen, was er denkt, und es wird, ohne es bis ins Kleinste zu sezieren, stehen gelassen.

Aber damit klingt der Abend längst nicht aus. Zu viert sitzen wir noch in unserm Dreierzimmer, trinken Wein und reden. Pit und Doris bekommen zur Feier des Tages eine Fußmassage von mir. Dann werfen wir Christian liebevoll hinaus. In seinem Zimmer geht es lautstark weiter. Bei ihm sind die junge Frau, die so dringend »*womenthings*« benötigte, und ihr Bruder untergekommen. Die drei spielen Karten und haben mächtig Spaß dabei, den alle auf dem Flur mitbekommen, bis Pit einschreitet. Wir wollen ja keine Spielverderber sein, aber morgen früh ist die Nacht vorbei, und wir brauchen unseren Schlaf. »Geht's nicht auch ein bisschen leiser?« Es geht, und keiner ist pikiert, beleidigt, verschnupft oder verstimmt. Na also …

## 17. TAG CÓBRECES – SAN VICENTE DE LA BARQUERA

Es ist sieben Uhr abends. Pit und ich sitzen frisch geduscht auf der Wiese vor unserer Herberge. Unsere gewaschene Wäsche trocknet auf dem Ständer. Ich genieße den herrlichen Blick über die Stadt und auf das Meer und freue mich auf das Abendessen, das ich nicht selber zubereiten muss. Ein echter Luxus auf dem Camino: Ich brauche wochenlang nicht zu kochen. Heute erledigt das unsere *hospitalera*. Aber es ist noch Zeit. Also schlage ich mein Tagebuch auf und schreibe.

Aus Evas Tagebuch:

*In der Nacht hat es geregnet, aber heute Morgen ist der Himmel wieder blau und die Luft klar. Mit Doris haben wir noch im Ort gefrühstückt und sie dann zur Bushaltestelle begleitet. Um zehn nach zehn soll der Bus kommen. Und wenn nicht? Sie muss in Santillana ihren Anschlusszug nach Bilbao erwischen, um rechtzeitig am Flughafen zu sein. Doch mit den Bussen ist das hier so eine Sache. Außer an den Bus-*

bahnhöfen sind die Abfahrts- und Ankunftszeiten nicht sicher. Aber heute klappt alles prima. Wir winken Doris hinterher, bis der Bus nicht mehr zu sehen ist. Komisch, jetzt ohne sie weiterzugehen. Unterwegs sage ich noch oft, wie gut es Doris hier gefallen hätte.

Der Weg ist sehr malerisch, es gibt viele »echte« Wanderwege, weichen Wald- und Wiesenboden und kaum Asphalt – eine Wohltat für Füße und Knie. Die Ausblicke sind sehr kontrastreich: Erst Nordhessen mit Meerblick, und nur 20 Minuten später könnte man meinen, im Voralpgebirge zu sein, mit schneebedeckten Zweitausendern. Einzigartig und abwechslungsreich.

Wir kommen durch reinliche, ruhige Dörfer. Die Häuser aus Natursteinen sind von der Straße durch Feldsteinmauern abgegrenzt. Irgendwie toskanisch. Merkwürdig, wie wir versuchen, das Neue, das wir hier sehen und erleben, mit dem uns Bekannten zu vergleichen. Offensichtlich tut es gut, an Vertrautes anzuknüpfen. Dabei möchte ich eigentlich Neues entdecken und lernen, die Dinge so zu nehmen, wie sie sind. Gar nicht so einfach!

Im historischen Zentrum von Comillas machen wir eine kurze »Eispause«, verlaufen uns am Ortsausgang an der Universidad Pontificia, finden zurück zu den gelben Jakobspfeilen und treffen schließlich wieder auf das Meer. Oberhalb der Küste marschieren wir bis nach Travia, wo ein alter Spanier uns einige Hundert Meter begleitet und uns begeistert von seiner Zeit in Deutschland erzählt. Wir sind gerührt und lassen ihn nur ungern zurück.

Bergab geht es zum Meer ins Naturschutzgebiet von Oyambre. Und wen sehen wir da lässig am Strand in der Sonne liegen? Es ist Christian, der sofort seinen Rucksack schultert und mit uns um die Bucht zum Strand von La Rabia läuft. Das Meer funkelt einladend blau und türkisgrün, und Pit und ich wollen die Gelegenheit nutzen und schlüpfen in Badeanzug und -hose. Aber das Wasser ist eisig, und die Wellen sind viel zu heftig und unberechenbar. Also toben wir bloß am Strand herum. Zumindest die Beine werden nass, und der Rest bekommt eine herrliche Erfrischung. Anschließend teilen wir mit Christian unseren Proviant. Das ist heute ein toller Tag. Es stimmt einfach alles.

Pit und ich reden viel. Wir sind in Hochstimmung und haben eine Menge Energie und Freude …

*Eigentlich wollten wir in Gerra übernachten. Aber spontan entschlie-
ßen wir uns, dort bloß einen Kaffee zu trinken und dann mit Christian
weiterzulaufen. Das Meer belebt uns ungemein!*

*Gegen sechs erreichen wir unsere albergue. Sie liegt oben auf dem
Berg in San Vicente in der Nähe der Kirche und sieht aus wie eine
riesige Garage. Jedenfalls steht so etwas wie ein Garagentor offen wie
ein Raubtiermaul. Und um ins Haus zu gelangen, muss man auch
durch einen garagenähnlichen Raum, der vollgestopft ist mit Wäscheständern und Gartenstühlen und irgendwelchem Plunder. Dahinter gibt es
ein Zimmer mit einem langen Tisch, in der Ecke ein Computerplatz
und ein niedriges Sofa, auf dem sich Decken türmen. Schuhe bleiben
draußen. Drinnen bekommen wir von den Herbergseltern Luis und
Sophie Kaffee und einen Stempel in unseren Pilgerausweis, der schon
richtig bunt aussieht. Es gibt Toiletten und Duschen für Männer und
Frauen getrennt und einen Schlafsaal für alle. Wir werden also wieder
mit einer Menge Leute zusammen übernachten. Schade … Ich hatte
mich auf ein bisschen Zweisamkeit gefreut. Aber habe ich mir nicht vorgenommen, die Dinge so zu nehmen, wie sie sind? Ich muss wohl noch
viel lernen.*

*Das Geschwisterpaar von gestern Abend trifft ein. Er heißt Vincent.
Ihren Namen erfahren wir nicht, nur, dass sie Rechtsanwältin ist. Beide
blitzgescheite und gutgelaunte Kanadier. Auch Lieselotte ist wieder da.
Ob gelaufen oder gefahren, ist nicht herauszubringen. Sie würdigt uns
keines Blickes. Aber ihre Wäsche flattert neben unserer im Wind. Trautes
Beisammensein von Unterhosen und Socken …*

*Es wird kalt, und ich habe Hunger. Pit klappt gerade sein Tagebuch
zu. Ich bin gespannt, was er geschrieben hat.*

Aus Pits Tagebuch:

*Doris hat uns nach dem desayuno verlassen. Die erste Etappe, die
Eva und ich allein laufen, liegt vor uns. Wir reden viel – das erste Mal
seit unserem Start in Irun. Es ist schön, so frei zu sprechen. Doris hat
überhaupt nicht gestört. Ganz im Gegenteil. Wir hatten viel Spaß und
haben viel Anteil aneinander genommen. Aber jetzt ist es doch anders.
Eva und ich fallen sofort in den gleichen Laufrhythmus, und es geht flott
voran.*

*Nach zwei Tagen erreichen wir heute wieder das Meer. Im Süden ist immer noch das Picos-Europa-Gebirge zu sehen. Der Weg ist ein Traum: Wenig Landstraße, so kann es bleiben.*

*Mittags kommen wir in Oyambre an, einem faszinierenden Naturpark. Ein schmaler Damm führt über eine vom Meerwasser überflutete Fläche, aus der kahle und dürre Baumstämme ragen. Eine Landschaft wie aus einem Science-Fiction-Film. Auf der anderen Seite des Dammes treffen wir auf Christian. Zusammen laufen wir zum Strand von La Rabia. Christian passt auf unsere Rucksäcke auf, und Eva und ich springen in die Fluten. O.k., nur bis zum Hintern, denn das Wasser ist sehr kalt und die Brandung voller gefährlicher Unterströmungen. Einen Versuch war es aber wert.*

*Nach einem kleinen Imbiss machen wir uns auf nach San Vicente. Bis zur Herberge ist es nicht mehr weit. Es gibt 40 Betten in einem Zimmer und sehr liebe Herbergseltern, Sophie und Luis. Heute Abend werden wir hier essen. Vielleicht schreibe ich ja, wie es geschmeckt hat.*

*Fortsetzung folgt …*

## 18. TAG  SAN VICENTE – COLOMBRES

Das Essen gestern Abend war fantastisch. Luis servierte als kleine Vorspeise Ziegenkäse auf Salzkräckern, die wir gleich im Stehen wegmümmelten. Danach gab es Nudeln und Tomatensoße und Salat und Brot und Obst und Joghurt und natürlich wieder reichlich *vino tinto* … Und zum krönenden Abschluss ein kleines Konzert von Sophie. Pilger sind offensichtlich ein sicheres Publikum, denn wer einmal am Tisch sitzt, der entfleucht nicht so schnell. Sophie nutzte das gründlich aus. Zuerst wollte sie uns noch zum Mitsingen animieren. Keiner hatte wirklich Lust dazu, was Sophie aber überhaupt nicht störte. So sang sie eben allein klassische Lieder von Schubert und anderen. Der Einzige, der mit einstimmte, war Vincent, dessen Stimme sich als überraschend kräftig und sicher erwies und der die Lieder fröhlich von Notenblättern, die Sophie verteilt hatte, mitträllerte, als hätte er extra dafür geprobt. Beim Abendlied fiel noch unsere Hamburgerin mit ein und hatte so endlich auch mal ihren großen Auftritt. Uns war das alles ziemlich peinlich.

Als Sophie endlich die Tafel aufhob, blieben Pit, Christian, Vincent und ein französischer Pilger noch am Tisch sitzen. Vincent zauberte Spielkarten hervor und erklärte die Spielregeln in drei Sprachen. Dann wurde gepokert und herumgealbert. Zum Schluss strichen Christian und Vincent den Gewinn ein, steckten aber alles in das kleine Porzellanschwein, das Luis als Spendentopf auf dem Tisch deponiert hatte. Denn bezahlt werden mussten bloß 3 Euro pro Person für die Übernachtung, während jeder für das Essen geben konnte, was er wollte und für angemessen hielt.

Mittlerweile zeigte die Uhr halb elf. Für einen Pilger ist das ganz schön spät. Aber im Schlafsaal ging es noch fröhlich weiter. Vincent hielt es für ausgesprochen witzig, uns andere in den Schlaf zu furzen. Kindskopf aber auch … Es wurde noch lange im Dunkeln gekichert. Nur unsere Lieselotte lag unter einer dicken Schicht von Jacken und Decken und rührte sich nicht. Gar nicht so unvernünftig. Schließlich zwirbelten auch wir unser Ohropax in die Ohren und dann: Ruhe im Bau …

Heute Morgen sind wir bei herrlichstem Wanderwetter gegen halb neun aufgebrochen. Dreieinhalb Stunden lang geht es durch eine ländliche Gegend. Auf den Weiden bimmeln Kühe mit ihren Glocken. Hofhunde reißen bis kurz vor der Strangulierung an ihren Ketten und kläffen uns mit mordgierig gefletschten Zähnen an. Mittlerweile sind wir sie gewöhnt. In jedem Haushalt scheint es hier mindestens ein oder zwei – manchmal sogar mehr – Hunde zu geben, und alle machen einen ungezähmten und neurotischen Eindruck. Auf freiem Feld möchte ich denen nicht begegnen. Zum Glück ist das bis jetzt auch nicht passiert. Und wenn, dann habe ich immer noch meine Wanderstöcke, die hoffentlich etwas gegen die Bestien ausrichten können …

Die Wiesen stehen voller Blumen, und am Wegrand, hinter Zäunen und vor Mauern, blüht es üppig. Ich weiß gar nicht, wohin ich zuerst schauen soll, und fühle mich reich dafür entschädigt, dass ich in diesen Wochen meinen eigenen »Frühlingsgarten« nicht erleben kann.

Christian läuft wieder mit uns. Dabei wäre ich jetzt gerne ein bisschen mit Pit allein. Und auch Pit gibt mir durch verstohlene Blicke zu verstehen, dass er unsere Zweisamkeit vermisst. Aber keiner von uns beiden sagt etwas. Christian ist ein lieber Kerl. Wir mögen ihn und möchten ihn nicht vor den Kopf stoßen. Andererseits möchten wir aber auch für uns sorgen und das tun, was wir wirklich wollen und was uns wichtig ist. Warum ist das so schwer?

Das Problem löst sich von allein. Christian legt ordentlich Tempo vor, und bergauf hängt er uns einfach ab. Hat er etwas gespürt, oder hatte er auch bloß Lust, ein Stück allein zu wandern, seinen Gedanken nachzuhängen, seine eigene Geschwindigkeit zu laufen? Keine Ahnung. Und eigentlich auch schade, dass wir nicht darüber gesprochen haben. Das, worüber man nicht spricht, kann zu Verunsicherungen führen. Pit und ich haben jetzt Zeit, ausführlich über dieses Thema zu reden, anders als zu Hause, wo ein Gespräch oft unterbrochen und vertagt werden muss. Hier können wir entspannt einen einmal aufgenommenen Gedankenfaden zu Ende spinnen und zu einem Ergebnis kommen, was in diesem Fall bedeutet, dass zumindest wir uns in Zukunft offen sagen wollen, was wir denken und was wir uns wünschen, auch wenn wir damit das Risiko eingehen, einander zu verletzen. Aber so können wenigstens keine Missverständnisse aufkommen; jeder weiß, woran er ist, und hat eine echte Chance, den anderen zu verstehen. Ich glaube, so lassen sich selbst Verletzungen am ehesten aus der Welt schaffen, besser jedenfalls, als wenn sie unausgesprochen im Inneren gären und am Schluss die Beziehung verderben.

Christian treffen wir erst in Serdio wieder, wo er am Dorfbrunnen picknickt. Pit und ich wandern aber weiter und − verlaufen uns. Unser Umweg ist eine Wucht: überraschender Meerblick, duftender Eukalyptuswald und ein Abstieg durch steiniges Gebiet, das mir wie ein riesiger Felsengarten voller exotischer Blumen vorkommt. Wunderschön! Wir klettern über zwei Feldsteinmauern, staksen durch kniehohes Weidegras und landen schließlich in einer Sackgasse. Es hilft alles nichts, wir müssen einen weiten Bogen bis zur nächsten Straße schlagen und kommen kurz hinter Serdio wieder heraus. Die ganze Pracht hat uns mindestens vier Kilometer gekostet. Aber es geht uns gut. Wir reden über Gelassenheit, und wir haben sie auch.

Christian muss lange gerastet haben, denn wir holen ihn nach nur einer Stunde in Pesués wieder ein. Gemeinsam geht es weiter. Aber ab jetzt wird es unschön – eine monotone Landschaft, nur Asphalt und Beton. Nichts sticht hervor, das im Gedächtnis haften bleiben würde, höchstens die letzten Kilometer vor unserem Etappenziel Unquera, die über schmale, steinige Pfade durch das Unterholz eines verwunschenen Mischwaldes führen. Aus dem Wald heraus geht es sehr steil und rutschig bergab, und ich fürchte um mein Knie. Sehr langsam und vorsichtig setze ich Schritt vor Schritt. Pit geht gemächlich voraus, bereit, mich sofort zu stützen. Christian aber ist schon längst unten. Weil es so lange dauert, hat er seinen Rucksack abgesetzt und sich auf einer Betonröhre, von denen hier eine Menge wie auf einer Baustelle herumliegen, niedergelassen. Er kaut an einem Apfel und wartet. Meinem Knie hat die Vorsicht gutgetan. Es macht – Gott sei Dank – nicht einen einzigen Mucks.

Unquera gefällt uns überhaupt nicht. Wir durchqueren es auf einer langen, viel befahrenen Straße. Rechts und links gibt es Läden, die alle schmuddelig wirken. Nirgendwo Blumen oder Bäume. In einem *mercado* stocken wir unseren Proviant auf und wandern nach einer ordentlichen Jause hinter der Brücke, die 100 Meter über den Meeresarm Ria de Tina Mayor führt, weiter. Dieser Meeresarm bildet die Grenze zwischen zwei spanischen Provinzen. Wir verlassen Kantabrien und betreten asturischen Boden. Der erste Ort in Asturien, direkt hinter der Brücke, ist winzig und heißt Bustio. Knapp zwei Kilometer weiter steil bergauf liegt Colombres. Unser Wanderführer verspricht, dass es gleich am Ortseingang eine Touristen-Information gibt. Die ist aber geschlossen und wird in den nächsten vier Wochen auch nicht öffnen. Also ziehen wir erst mal weiter zum Marktplatz. Wir drei mit unseren Rucksäcken sind auffällige Erscheinungen, und die Leute drehen sich nach uns um. »*Donde esta albergue de peregrino?*« (Wo ist die Pilgerherberge?), fragen wir mutig in die Runde. Freundlich wird uns der Weg zur Jugendherberge gewiesen.

20 Kilometer sind heute wohl wieder zusammengekommen. Pit und ich fühlen uns fit. Wir hätten noch gut weiterlaufen können. Aber bis zur nächsten Herberge ist es eine ganze Tagesetappe, und trotz unserer Sehnsucht, einmal ganz für uns zu sein, entscheiden wir uns gegen eine Übernachtung in einem *hostal*, von denen der Wanderführer einige in den nächsten Ortschaften ausweist. Ein Doppelzimmer kostet zwischen 30 und 40 Euro für uns beide. Wir versuchen aber, mit ca. 20 Euro pro Person und Tag auszukommen, was uns bis jetzt auch gut gelungen ist, ohne dass wir auf unseren geliebten *café con leche* verzichtet oder zwanghaft jeden Cent herumgedreht hätten. Die Übernachtung in der Jugendherberge in Colombres kostet dann doch 12 Euro für jeden. Christian ist darüber sehr verärgert, denn sein Finanzrahmen ist weit enger gesteckt als unserer. Mir ist es aber egal. Die Betten sind gut, es ist ruhig und wir haben ein Zimmer für uns drei allein. Dachten wir jedenfalls …

Pit hat Wein zum Abendbrot gekauft, wir sitzen gerade auf der Veranda der Jugendherberge an einem Holztisch und teilen unsere Vorräte, da taucht plötzlich Lieselotte auf. Ausgerechnet sie wird in unserem Zimmer einquartiert. Und dann spaziert auch noch Vincent daher. Zu viert spielen wir 10 000, unser Idiotenwürfelspiel. Ob Vincent auch bei uns übernachten wird, ist nicht sicher. Er sucht seine Schwester, die sich unterwegs von ihm getrennt hat, wer weiß aus was für Gründen. Vincent ist ziemlich zappelig deswegen, und schließlich macht er sich auf die Suche nach ihr. Aber sie hat sich wohl in ein teures Hotel eingemietet. Mit ihrem Rechtsanwaltsgehalt kein Problem, anders als für den armen Studenten Vincent. Sein Plan ist, sich in der Nacht heimlich in unser Zimmer zu schleichen. Freie Betten gibt es genug. Aber jemand vom Herbergspersonal fängt ihn während seiner Nacht- und Nebelaktion ab und so muss er schließlich genauso wie wir 12 Euro berappen. Bis er sich endlich eingerichtet hat, geht es noch mal ziemlich unruhig zu. Aber davon bekommt außer mir keiner etwas mit. Vincent krabbelt nämlich in das Bett über mir, wahrscheinlich, weil es dem Eingang am nächsten steht. Hier oben hatte ich meine Wäsche und meine Handtücher deponiert, und jetzt muss ich erst noch umräumen. Und das im Dunkeln. Hoffentlich finde ich morgen alles wieder!

## 19. TAG   COLOMBRES – LLANES

Um Viertel vor acht stehlen Pit und ich uns bepackt und wanderbereit aus dem Zimmer. Alle anderen schlafen noch. Die Morgenluft ist herrlich frisch und der Ort ganz verschlafen. Wir kommen an prächtigen, bunt gestrichenen Villen in symmetrisch angelegten Gärten vorbei, und Pit zeigt mir begeistert Straßen und Häuser, die er gestern auf seinem Wein-Einkaufsbummel entdeckt hat.

Die Landschaft hinter Colombres ist herb, überall Felsen und riesige Felder gelb blühenden Ginsters. Über eine gut restaurierte Brücke geht es in einen Märchenwald, der einsam, meditativ still und von Efeu und Farnen überwuchert ist, in denen helle Sonnenflecken tanzen. Im Gehen essen wir Kekse – Frühstücksersatz. In der Hoffnung auf Kaffee machen wir einen kleinen Schlenker durch Buelna. Das Dorf ist ein richtiges Kleinod mit seinen alten, gepflegten Häusern, vor denen üppig Geranien und Rosen wuchern. Aber eine geöffnete Bar finden wir hier nicht. Erst in Pendueles entdecken wir nach langem Suchen einen Tante-Emma-Laden, in dem wir Brot, Käse, Joghurt, Obst und Wasser einkaufen. Wir haben elf Kilometer hinter uns und immer noch kein Frühstück. Doch nach drei weiteren Kilometern erreichen wir hinter einem verlassenen Naturcampingplatz den Playa de Bretones, lagern auf ein paar flachen Felsen, plündern unseren Proviant und beobachten einen Mann, der seine zwei Hunde über Berge von Steinen auf den Sand gelockt hat und jetzt mit ihnen in der flachen Brandung tobt. Was für eine Harmonie zwischen Mensch, Tier und Natur …

Es ist elf Uhr vormittags. Wir haben ungefähr die Hälfte der heutigen Etappe hinter, den Tag aber noch vor uns. Wir können uns also alle Zeit der Welt lassen. Laut Jakobsweg-Richtungspfeilen soll es die nächsten knapp neun Kilometer auf oder neben der N 634 weitergehen. Unser Wanderführer schlägt jedoch vor, den mit E 9 ausgeschilderten längeren, aber landschaftlich unvergleichlich schöneren Weg an der Küste entlang einzuschlagen. Wir entscheiden uns für diese Alternative. Die Gegend hier wirkt schweizerisch, Felsen und Blumenwiesen, außerdem Eukalyptus- und Nadelbäume. Pit meint: ein Meisterwerk aus Gottes Händen. Ich kann ihm nur zustimmen. Merkwürdig ist bloß, dass wir auf der rechten Seite hinter den Hügeln das Meer wissen. Im Süden begleitet uns immer noch das Picos-Europa-Gebirge. Das haben wir bereits vor einer Woche vor uns in der Ferne gesehen, und jetzt laufen wir parallel dazu. Der Blickwinkel hat sich zwar verändert, aber das Gebirge ist uns inzwischen sehr vertraut geworden und hat sich unserem Gedächtnis eingeprägt.

»Hier vermisse ich gar nicht meinen Fotoapparat«, stellt Pit erstaunt fest. »Hätte ich nie gedacht, dass es mir so leicht fällt, auf das Fotografieren zu verzichten. Im Gegenteil: Ich finde es sogar gut. Nichts, was ablenkt. Laufen ist die einzige Beschäftigung. Und natürlich Gucken und Eindrücke sammeln. Sogar Geräusche kann ich hier ganz anders in meinen Kopf aufnehmen.«

»Geräusche?«, hake ich nach.

»Ja, hör mal dieses tiefe Grummeln unter uns.« Tatsächlich grollt es unter unseren Füßen hohl und dumpf wie bei einem Gewitter, da, wo das Meer die Felsen unterspült hat. Auf der Wiese tun sich immer wieder Löcher auf, die den Blick auf das tief unten brodelnde Meer freigeben. Bei Flut schäumt hier bestimmt die Gischt herauf. Das muss faszinierend aussehen und vielleicht auch bedrohlich.

So ein schöner Weg! Aber heute bin ich nicht so gut drauf. Ich habe meine Tage bekommen, aber das meiste meines Intimvorrates hergegeben und noch nicht für Ersatz gesorgt. Außerdem tun mir der Rücken, der Bauch und die Leisten weh, besonders, wenn es bergab geht. Die ständigen körperlichen Beschwerden nerven, und ich habe Mühe, diese Grenze anzunehmen.

Ich dränge auf eine Pause. Auf einem Aussichtspunkt hoch über den Klippen werfen wir unsere Rucksäcke ab und strecken uns für ein halbes Stündchen im Gras aus. Wir wollen gerade unsere Rast beenden, da taucht Christian auf. Ein paar Minuten reden wir. Dann überlassen wir ihm unseren Platz, auf dem er sich genüsslich niederlässt, während wir weitermarschieren.

Zu allem Überfluss sackt jetzt auch noch mein Kreislauf in den Keller. Meine Beine sind wackelig, und mir wird schwarz vor den Augen. »Trinken«, ermahnt mich Pit. Aber das nützt jetzt auch nichts mehr. Zum Glück ist es bis Andrin nicht mehr weit. Im Ort holt Christian uns ein, und zusammen suchen wir uns ein gemütliches Gartenlokal und bestellen Salat und *tortilla con tuna* – Rührei mit Thunfisch. Die Cola vorneweg und der Kaffee hinterher helfen meinen Lebensgeistern wieder auf die Sprünge. Bei der Kellnerin versuchen wir, nach Zigarillos zu fragen. Gar nicht so einfach, sondern ziemlich witzig. Im Wörterbuch wird Zigarillo nämlich mit Señorita übersetzt. Wir wenden das neu gelernte Wort natürlich sofort an und ernten eine Menge Gelächter von der fröhlichen Kellnerin. Offensichtlich hat sie ihren Spaß an unseren Spanischkenntnissen. Sie kommt immer wieder an unseren Tisch, um uns zum Reden zu animieren, worauf wir uns gerne einlassen. Sehr lustig! Zu guter Letzt bekommen Pit und ich aber unsere Zigarillos und beschließen das Mittagessen mit genüsslichem Geschmauche.

Den Rest unserer heutigen Etappe geht es über einen schönen Höhenweg mit Blick aufs Meer. Es ist brütend heiß bei hoher Luftfeuchtigkeit. In den Bergen hängen Nebelschwaden, und über dem Wasser schwebt blauer Dunst. Das sieht sehr träumerisch aus. Das Wandern aber ist anstrengend. Schweiß verklebt uns die Haare und durchtränkt unsere T-Shirts. Pit hat vor einigen Tagen die Ärmel aus seinem Shirt getrennt, um mehr Luft an die Achseln zu bekommen. Das Ding ist sowieso schon an mehreren Stellen durchlöchert. Mit seiner schlabberigen, kurzen

Turnhose und dem Vier- oder Fünftagebart sieht er aus wie Räuber Hotzenplotz. Ich kann nur staunen, dass ihm das gar nichts ausmacht. Zu Hause achtet er sehr auf ein adrettes Erscheinungsbild. Doch hier zählen offensichtlich andere Werte, nämlich was praktisch ist und was guttut. Bei dieser Schwüle heute ist das eindeutig ein ärmelloses T-Shirt.

Christian würde hier oben gerne noch einmal Rast machen, um die atemberaubende Sicht zu genießen. Aber weit und breit gibt es kein Schattenplätzchen, und so laufen wir weiter. In der Ferne können wir unser Ziel erkennen: Llanes, ein großflächiger Ort mit drei Stränden und einem Hafen.

Am Ende der Strecke lassen dann leider wieder meine Kräfte nach. Jeder Schritt reißt an den Bändern in meinen Leisten. Und auch mein Knie meldet sich wieder. Den letzten Berg herunter quäle ich mich mächtig. Christian und Pit sind längst unten. Christian wartet und passt auf Pits Rucksack auf, während Pit mir entgegenkommt, um mir mein Gepäck abzunehmen. Mir ist das unangenehm, und ich schäme mich für meine Schwäche. Gleichzeitig bin ich dankbar für die Hilfe. Eine komische Gefühlsmischung. Ich bin froh, als wir Llanes erreichen und ich nicht länger darüber nachdenken muss. Sich mit dem eigenen Unvermögen auseinanderzusetzen ist nämlich ziemlich harte emotionale Arbeit. Und dafür reicht heute meine Kraft nicht mehr aus. Immerhin habe ich unter nicht besonders leichten Bedingungen fast 27 Kilometer zurückgelegt. Darauf möchte ich jetzt einfach mal bloß stolz sein!

Die Jugendherberge in Llanes ist in einem ehemaligen Bahnhofsgebäude untergebracht. Wir haben ein Zimmer direkt am Bahnsteig. Christian ist bei uns und eine Schweizerin, die wir aber nicht näher kennenlernen. Nach einer erfrischenden Dusche und nachdem Pit sich ordentlich rasiert hat – die Zivilisation hat einen Bürger zurückgewonnen – spazieren wir mit Christian an unserer Seite und unserem Abendessen im Stoffbeutel durch die Stadt an den Strand. Es gibt Rotwein, Brot, Oliven und Käse. Danach schauen wir uns den Hafen an, wo ein echtes Kunstwerk zu bestaunen ist. Die Wellenbrecher sind bunt bemalte Betonwürfel. Wenn das Meer dagegen klatscht und die Farben mit Salzwasser überzieht, leuchten sie in der Abendsonne fröhlich bunt wie ein Kinderbild. In unserem Outdoor-Handbuch lesen wir, dass diese Würfel im Jahr 2001 von dem baskischen Maler und Bildhauer Augustin Ibarrola gestaltet wurden und den Namen *»cubus de la memoria«* (Erinnerungswürfel) tragen. An was sie erinnern sollen, steht leider nicht dabei. Schade …

Wir sitzen lange auf der Kaimauer, betrachten den Himmel, das Meer und die originellen Wellenbrecher und beobachten, wie der Tag sich langsam am Horizont verabschiedet. Wir haben zum Glück unsere Fleecejacken an. Aber der Wind weht kühl, und so machen wir uns schließlich im Dämmerlicht auf den Rückweg. Gegen neun liegen wir im Bett. Wir schlafen sofort ein.

## 20. TAG  LLANES – PIÑERES – RIBADESELLA

Aus Evas Tagebuch:

*Heute geht es mir nicht gut. Rücken und Leisten schmerzen und bis zu unserem Etappenziel Piñeres sind es gut und gerne 20 Kilometer. Der Weg ist wieder ein Traum: Idyllische Orte mit herrschaftlichen Villen, verwunschene Pfade durch satte, dichte Vegetation, an Mauern, Hecken und Zäunen Kaskaden von Rosen: Dornröschenweg! Überall Wiesen voll blühender Apfelbäume, Badebuchten mit Sand so weiß wie rein gewaschen.*

*Unseren Frühstückskaffee bekommen wir in Póo, und unsere erste Rast machen wir auf dem verlassenen und verfallenen Klostergelände von San Antolín de Beón. In Nueva, wo wir gegen zwei Uhr zu Mittag essen, treffen wir wieder auf Christian. Es sind nur noch zwei Kilometer bis zu unserem Etappenziel Piñeres. Hier stoßen wir auf ein sehr uriges kleines Häuschen, das aber leider fest verschlossen ist. Christian hat hinter dem Haus schon seine nassen Handtücher über die Leine gehängt. Da winkt Pit ihn zurück, denn er hat einen Zettel gefunden, den andere Pilger hinter die Türklinke geklemmt haben und auf dem sie uns informieren, dass Rosa, die* hospitalera, *im Krankenhaus liegt und deshalb diese Herberge zurzeit nicht betrieben wird. Wir entschließen uns,* weiter in das dreieinhalb Kilometer entfernte Cuerres zu gehen. Aber auch dort stoßen wir nur auf ein verrammeltes hostal, und nun fängt es auch noch an zu regnen. Mein Unterleib und mein Knie schmerzen bei jedem Schritt. Doch bis zum nächsten Ort sind es noch mindestens sieben Kilometer. Der Weg ist wunderschön, Felder und Viehweiden und die von Wolken verhangenen Berge, die wie unter einem kuscheligen, dicken Federbett verborgen liegen. Aber ich bin so mit mir selbst beschäftigt, dass ich für die Landschaft um mich herum kaum noch einen Blick habe. Außerdem regnet es immer heftiger, und die Kapuze meines Regencapes schränkt das Gesichtsfeld ziemlich ein.

Um mich zu entlasten, packt Pit sich meinen Rucksack quer über seinen eigenen und benutzt den Schulterriemen als Stirnband-Tragegurt. Über alles spannt er seinen Regenschirm, denn das Regencape allein genügt nicht. Das ist schließlich nur für einen Menschen und einen Rucksack ausgelegt. Fix und fertig zockele ich hinter ihm her, während er forsch ausschreitet. Pit hat so viel Kraft, und ich bin so schwach.

Christian ist uns schon wieder weit voraus. Wir haben ihn ermutigt, keine Rücksicht auf uns zu nehmen, sondern zu sehen, dass er möglichst bald aus dem Regen herauskommt. Pit und ich laufen allein und können ungestört über unser ungleiches Kräfteverhältnis reden. Wir stellen fest, dass Vergleiche nicht besonders hilfreich sind. Jeder darf sein, wie er ist, und kann auch dazu stehen. Erstaunt stelle ich fest, dass ich wohl doch ehrgeiziger bin, als ich immer gedacht habe. Mir kommt der Satz in den Sinn: Wo ein Wille ist, ist auch ein Weg. Aber wird ein Elefant, auch wenn er sich noch so sehr bemüht, jemals fliegen können? Jetzt denke ich: Die Überzeugung, dass Wille und Weg ein und dasselbe sind, ist eine Lüge – und eine unbarmherzige noch dazu. So ein Grundsatz führt nur dazu, dass ich über mich hinweggehe und niemals mit mir zufrieden sein kann, weil ich begrenzt bin und Mühe habe, mich und die Situation einfach mal anzunehmen.

Pit sagt, dass es ihn stresst, wenn er nichts dazu beitragen kann, dass es mir bessergeht – und das wiederum stresst mich, weil ich dann erst recht nicht eingestehen kann, wie ich mich wirklich fühle. Schließlich könnte das ja ihn stressen. Aber dann geht es mir weiter schlecht, und das wiederum führt dazu, dass Pit sich unter Druck fühlt. So schaukeln wir uns gegenseitig runter. Heute habe ich meine Befindlichkeit mal klar *zum Ausdruck gebracht, und Pit hat mir geholfen und getan, was er konnte, ohne dass damit alles gleich bestens sein musste. Meine Schmerzen waren nach wie vor da. Trotzdem ging es mir zumindest emotional besser, weil wir endlich diese blöde Spirale von gegenseitigem Druck durchbrechen konnten. Das war echt toll!*

*Im Regen kommen wir schließlich in Ribadesella an. Leider hat die Touri-Info geschlossen, und auf eine 1000-Mann-Übernachtung in einer* albergue *habe ich keine Lust mehr. Also frage ich im erstbesten* hostal *nach Zimmer und Preis: 33 Euro für uns beide. Die Pilgerherberge hätte laut Wanderführer 14 Euro pro Person gekostet. Wir investieren die Differenz von 5 Euro zusätzlich mit leichtem Herzen und checken ein.*

*Das Zimmer ist eine Wucht: Wir haben eine Heizung, über der wir über Nacht unsere Socken trocknen können, und eine Badewanne, die ich ausgiebig nutze. Pit und ich sind endlich einmal ganz allein – nach drei Wochen das erste Mal – und genießen es sehr. Dicht aneinandergekuschelt liegen wir im frisch bezogenen Bett, schauen Fußball im Fernsehen, knabbern unsere letzten Vorräte auf und fühlen uns rundum behaglich.*

*Aus unseren angepeilten 20 Kilometern für diesen Tag sind nun über 30 geworden – unter diesen Bedingungen eine stramme Leistung. Ich bin ziemlich stolz auf Pit – und auf mich auch. Heute war mal wieder ein toller Tag, trotz allem. Oder vielleicht deswegen?*

Aus Pits Tagebuch:

*Wir brechen um Viertel nach acht auf. Der Himmel ist verhangen. Es ist schwül und trüb. Eva hat Probleme: immer noch der Bauch. Wir gehen langsam, aber stetig voran. Wir haben ja Zeit. Eva ist tapfer. Sie hält eine Menge aus.*

*In Póo gönnen wir uns einen* café con leche grande *für 1,35 Euro, lecker. So ein Kaffee ist viel mehr als bloß ein Getränk, er ist eine moralische Aufrüstung. Uns geht es gleich viel besser.*

*Wir laufen durch Barro mit seinen kleinen, aber sehr romantischen Stränden, wunderschönen Häusern und parkähnlichen Gärten. Überall blühen Rosen in allen Formen und Farben. Die Mauern sind von Kletterrosen überwuchert. Was für eine Blütenpracht und was für ein Duft!*

*Wir kommen durch einen blütengeschmückten Ort. Auf den Straßen liegen Palmenblätter. Vor der Kirche ist unter freiem Himmel ein Altar aufgebaut, auch er voller Blumen. Vielleicht wird hier eine Kommunion gefeiert? Wir begegnen einigen festlich gekleideten Leuten. Aber was hier wirklich los ist, bekommen wir nicht heraus.*

*An einem verfallenen Kloster legen wir eine Pause ein. Ein alter Baumstamm dient uns als Bank. Wir essen Salzkräcker mit Salami, und zum Nachtisch gibt es Milchreis. Eva legt sich für eine Viertelstunde auf die Wiese und macht ein Nickerchen. Mir dient der Baumstamm als Liege. Herrlich erholsam!*

*Wir brechen auf und geraten in ein Radrennen. Motorräder, Begleitfahrzeuge und natürlich eine Menge Fahrräder. Über uns Hubschrauber. Wer hätte das gedacht?*

*In Nueva machen wir eine lange Mittagspause mit leckerem Essen in einer Bar. Dazu trinken wir eine Flasche Cidre, für den diese Region bekannt ist. Typisch für diese Gegend sind auch die Maisspeicher, die die Spanier horreos nennen. Das sind Holzhäuser, die auf vier glatten Steinsäulen eineinhalb bis zwei Meter über dem Boden errichtet worden sind. So sind die wertvollen Vorräte gut vor Mäusen geschützt. Heute allerdings werden viele Maisspeicher als Schuppen oder sogar als Wohnräume genutzt.*

*Unser Ziel ist eine einfache Herberge in Piñeres. Leider ist sie geschlossen, und so müssen wir weiter. Jetzt steuern wir Ribadesella an. Aus 20 Kilometern werden über 30. Die letzten sieben Kilometer werden für Eva zu einer Tortur. Jeder Schritt tut ihr weh. Sie tut mir leid, und ich nehme ihr den Rucksack ab. Nun fängt es auch noch an zu regnen. Die Berge verschwinden in den Wolken. Die Landschaft ist sicher wunderschön, aber wir haben keinen Blick mehr dafür. Wir wollen jetzt nur noch ankommen. Gegen halb sechs erreichen wir Ribadesella. Heute gönnen wir uns mal ein einfaches hostal. Endlich eine Nacht ohne Ohropax. Wunderbar!*

*Wir haben ein Bad für uns allein, Handtücher und frische, weiße Bettwäsche, welch ein Luxus. Ich dusche ausgiebig, und dann geht es gleich ins Bett. Bis um zehn schauen wir Sport, und dann Licht aus und gute Nacht.*

Aus Pits Tagebuch:

*Die Wanderung heute war wieder wunderschön: Nach einer ruhigen, erholsamen Nacht und einem späten* desayuno *in einer Bar (5,80 Euro für zwei* café con leche grande *und zwei Brötchen mit Fleischbeilage) laufen wir an der Strandpromenade von Ribadesella aus dem Ort heraus. Es geht über schmale Straßen durch verschlafene Kleinkleckerdörfer. Blumenpracht, wohin wir schauen, Feigenbäume, Palmen, Rosen, Maisspeicher, Katzen, Hunde, Häuschen und Villen, große Vielfalt auf engstem Raum, wie die Natur selbst: Berge und Meer dicht beieinander. Von den Bergen sehen wir heute leider wieder nicht viel, denn sie stecken immer noch mitten in den Wolken. Das Meer entschädigt uns. Überall stoßen wir auf kleine, idyllische Strände. Wir begegnen fast keinem Menschen. Die Orte sind wie ausgestorben. Nur in den Bars sitzen alte Männer. Das hier ist wirklich eine ganz besonders ruhige Gegend. Ich genieße die Stille und unsere Gelassenheit. Nach wie vor ist der Weg das Wichtigste. Kirchen oder Städte sind für uns nicht so interessant, als dass wir sie unbedingt besichtigen müssten. Das Unterwegssein an sich ist faszinierend genug.*

*Unser Zielort ist La Isla, ein kleiner, beschaulicher Ort am Meer mit einem kleinen Strand und schönen, alten Häusern, alles sehr verträumt. In der Herberge treffen wir auf zwei Schweden, die vom französischen Jakobsweg geflohen sind. Da laufen einfach zu viele Pilger herum. Die beiden erzählen, dass die spanischen Anwohner ziemlich genervt sind. Ich bin froh, dass wir den Küstenweg gewählt haben. Bisher haben wir höchstens 20 andere Pilger getroffen, alles sehr überschaubar.*

*Zur Feier des Tages haben wir selbst gekocht. Christian hat Nudeln mit Tomatensoße gemacht, ich steuere Tomatensalat mit Paprika, Zwiebeln und Oliven bei. Zwei Flaschen Rotwein runden den Genuss ab.*

*Ein spanischer Pilger trifft ein. Er ist heute mehr als 40 km gelaufen. Obwohl er Ruheständler ist, ist er ganz schön fit. Er kann kein Englisch, und so verständigen wir uns mit Hilfe des Wörterbuches. Das ist mühsam, aber auch lustig.*

*Eva hat die heutige 19 km-Etappe gut geschafft. Es ist schön mit ihr, und ich bin dankbar, dass wir gemeinsam auf dem Weg sind. Wir haben*

*heute die 420 km-Marke überschritten – damit haben wir die Hälfte des*
*Weges bis nach Santiago de Compostela bewältigt!*

Aus Evas Tagebuch:

*Heute Morgen bin ich sehr unmotiviert und komme nur schwer aus*
*dem Bett. Pit und ich brechen erst Viertel nach neun auf und vertrödeln*
*noch eine Menge Zeit beim Frühstück. Erst gegen halb elf lassen wir*
*Ribadesella hinter uns.*

*Irgendwie habe ich keine Lust mehr, und ich wundere mich, dass*
*dieses Gefühl erst nach drei Wanderwochen eintritt. Pit meint, das liegt*
*daran, dass die Begeisterungsmomente seltener werden, weil wir uns all-*
*mählich an diese herrliche und atemberaubend schöne Landschaft gewöh-* •
*nen. Ich denke aber, es liegt auch am gestrigen, wirklich harten Tag. Des-*
*halb nehmen wir uns vor, die nächste, nur sechs Kilometer entfernt*
*liegende* albergue *in San Esteban anzusteuern. Aber dann ist der Weg*
*doch zu schön und der Tag noch zu jung. Also marschieren wir weiter*
*bis nach Vega, zur* café con leche-*Pause. Wir sitzen vor der Bar in der*
*Sonne, haben unsere Wanderstiefel ausgezogen und die Füße auf Stühle*
*gelegt und bestaunen das Meer, das direkt vor uns liegt. Unser Weg*
*führt weiter am Strand vorbei. Es wundert uns gar nicht, Christian dort*
*im Sand sitzen zu sehen. Wir winken ihm bloß zu – schließlich haben*
*wir unsere Pause ja eben erst gehabt – und lassen den Strand rechts lie-*
*gen. Links geht es über weiche, erdige Wiesenpfade bergauf. Viehwei-*
*den sind durch Gatter voneinander getrennt. Über manche müssen wir*
*hinüberklettern. Und da wir wissen, dass Christian genau wie wir die-*
*sen Weg einschlagen wird, klemmen wir für ihn einen Müsliriegel zwi-*
*schen ein Weidetor, als kleine Wegzehrung und Motivationsschub! Ober-*
*halb der Steilküste holt Christian uns ein, und zusammen ziehen wir*
*weiter.*

*Wir haben heute viel Spaß miteinander und nutzen jede Gele-*
*genheit, um herumzublödeln. Am witzigsten ist, wie wir uns in einem*
*kleinen Ort unser eigenes dejá-vu bauen: Einen kleinen Matschpfad*
*herunter, eine Straße wieder hinauf, bis Pit plötzlich stutzig wird: Hatten*
*wir eben nicht gerade dasselbe rot angestrichene Hotel vor uns? Hatten*
*wir … Also auf zur zweiten Runde. Wir versuchen sogar, unser Ge-*
*spräch zu rekapitulieren, und amüsieren uns prächtig dabei.*

*Auf einer Wiese oberhalb des Strandes Las Tejas machen wir eine ausgedehnte Halbzeitpause mit einem Nickerchen auf unseren ausgebreiteten Regencapes. Danach sind Pit und ich ziemlich aufgekratzt und kichern über alles und jeden und ziehen uns gegenseitig auf. Christian kann nur mit dem Kopf schütteln: So zwei alberne alte Knochen …*

*Der Weg zieht sich jetzt über Wiesen oberhalb der Küste entlang. Immer wieder blicken wir auf herrliche Badebuchten herunter. Am liebsten würde ich irgendwo hinunterklettern und in den Fluten herumplanschen. Aber es ist zu steil, und die Jungs machen bestimmt nicht mit. Die wollen weiter, und außerdem ist es viel zu kühl zum Baden. Weit und breit keine Sonne in Sicht. Der Himmel ist bewölkt, und die Berge links neben uns verstecken sich hinter einer dichten Nebelwand. Aber am Horizont über dem Meer wabert ein blauer Streifen, der dem Meer eine spannende Färbung von stahlgrau bis tiefblau und – da, wo das Wasser flach und der Untergrund sandig ist – türkisgrün gibt. Wunderschön! Ich bin begeistert und wieder ganz obenauf.*

*In La Isla checken wir in einer schnuckeligen Herberge ein. Sie ist in einem geduckten Häuschen untergebracht. Es gibt einen riesigen Schlafsaal mit neun Stockbetten, einen Vorraum mit einer provisorischen Küche, ein paar zusammengewürfelte Tische und Stühle, einen Heizofen und einen Wäscheständer, saubere Duschen und Toiletten für Männer und Frauen getrennt – nur leider kein Klopapier. Macht aber nichts, denn eine Rolle trägt jeder von uns in seinem Rucksack mit sich. Schließlich gibt es in Wald und Wiese und Gebüsch auch kein Papier, und da ist es gut, selbst versorgt zu sein. In der albergue haben sich schon zwei Schweden häuslich niedergelassen. Sie liegen ausgestreckt auf ihren Betten, lesen und hören Musik aus winzigen Ohrstöpseln. Auch unsere Hamburgerin ist wieder da. Aber die hat sich in ihren Schlafsack verkrochen, Gesicht zur Wand, und ist ganz offensichtlich für den Rest der Menschheit nicht zu sprechen. Anders die Schweden, mit denen Pit – der Kommunikative – sofort ein Gespräch anfängt. Sehr nett!*

*Jetzt sitzen wir mit Christian draußen auf der Veranda unserer* albergue. *Unsere Wäsche ist gewaschen und hängt strategisch günstig vor dem voll aufgedrehten Ofen auf dem Ständer, wir sind geduscht und guter Laune, rauchen Zigarillos, knabbern Erdnüsse und hören Musik aus Christians iPod. Pit und Christian verschwinden nach drinnen, um unser Halbzeitmenü vorzubereiten, während ich zur Musik aus dem Kopfhörer ein Trommelsolo auf dem Holztisch hinlege.*

*Ein Spanier trifft ein. Christian lädt ihn zum Essen ein, aber er nimmt von Pit bloß ein Glas Wein an. Er spricht kein Deutsch und Pit kein Spanisch. Es ist lustig mitanzusehen, wie die beiden mit Händen und Füßen kommunizieren. Auf dem Jakobsweg kann man mit ein bisschen Aufgeschlossenheit und gutem Willen ganz schnell Kontakt und Nähe zu anderen Menschen herstellen. Wenn beide Seiten mitmachen, ist es herrlich unkompliziert und meistens auch amüsant. Das jedenfalls ist unsere Erfahrung. Also: Auf weitere lustige und interessante Begegnungen!*

## 22. TAG   LA ISLA – VILLAVICIOSA

Es ist immer noch bewölkt, und wir sehnen uns nach Sonne. Als Doris mit uns lief, haben wir uns meistens irgendwann gegen fünf Uhr nachmittags gefragt: Was machen wir hier eigentlich? Jetzt frage ich mich das schon vormittags um neun. Die Luft ist raus und die Wandermotivation gleich null. Es graut mir vor dem Tag, vor jedem Schritt, vor dem vielen Rauf und Runter und dem Gewicht auf meinem Rücken. Aber es nützt nichts. Liegen bleiben geht nicht. Und so schäle ich mich mühsam aus meinem Schlafsack, packe meinen Kram zusammen und auf geht's.

Nach einer Stunde Marsch erreichen wir Colunga, wo Christian, Pit und ich erst mal ausgiebig frühstücken. Wir sind uns einig: Essen ist weit mehr als bloß Nahrungsaufnahme. Essen ist Sich-was-Gutes-Tun. Es weckt die Lebensgeister und hebt die Moral. Ich fühle mich auch gleich viel besser. Christian will noch ins Internet-Café. Na, dann tschüss und *Buen Camino* … Grinsen auf unseren Gesichtern. Bis jetzt haben wir uns noch nicht einmal verabredet. Trotzdem sind wir uns immer wieder über den Weg gelaufen, haben uns gefreut, einander zu sehen, und sind manche Etappe zusammen gewandert. Mal sehen, wann wir uns wieder begegnen.

Hinter Colunga führt der Weg bergauf. Er zieht sich, ist aber nicht so steil, dass wir außer Atem geraten. Für mein Knie ist diese Steigung eine Wohltat, und obwohl wir nur auf Asphalt laufen, bleibe ich schmerzfrei. Immer höher geht es in die Berge hinein. Wir stoßen fast an die Wolken. Schade, dass es so diesig ist. Mit Fernblick wäre das hier bestimmt ein Traum. Aber es gefällt uns auch so sehr gut. Wir kommen durch viel Wald und verschlafene, urwüchsige Siedlungen, in denen schon eine Straßenlaterne verwundert. Es scheint, als wäre hier die Zeit stehen geblieben. Wir begegnen keiner Menschseele. Es sind keine Kühe auf den Wiesen. Kein Hund kläfft. Alles ist still, einsam und friedlich.

Erst in dem winzigen Dorf Prisca stoßen wir auf einen alten Mann, der den Eingang zu seiner windschiefen Scheune kehrt. Er stellt seinen Besen ab und gestikuliert mit den Armen in unsere Richtung. Dabei brabbelt er unaufhörlich vor sich hin. Natürlich verstehen wir nichts, obwohl es klar ist, dass er uns etwas sagen will. Ich kann bloß die Worte *iglesia, llave, casa,* und *dos* heraushören – Kirche, Schlüssel, Haus und zwei. Darauf soll sich mal einer einen Reim machen. Des Rätsels Lösung finden wir in unserem Wanderführer. In dem steht, dass es hier eine prächtige Kirche gibt, die Reste aus präromanischer Zeit enthalten soll. Den Schlüssel kann man sich im Haus Nr. 2 abholen. Um die Kirche sind wir schon herumgelaufen, meterdicke Sandsteinmauern, trutzig und unerschütterlich, die Tür fest verriegelt.

Aha, verstanden, alter Mann, nickt Pit. Um dem Alten eine Freude zu machen, aber auch aus Neugier, schauen wir nach Haus Nr. 2 aus. Kein Problem. Der Mann weist uns den Weg. Zur Haustür führt ein langer Weg durch einen Vorgarten. Mitten darauf liegt an einer Kette ein zotteliger Köter mit Überbiss und einem nicht sehr vertrauenerweckenden Gesichtsausdruck. Er ist zwar nicht besonders groß, aber auch die kleinen Biester können giftig werden. Pit nimmt die Herausforderung mutig an. Und – o Wunder – als seine Beine in Bissnähe des kleinen Kläffers geraten, schnappt der nicht etwa zu, sondern wirft sich fiepend dagegen, rollt sich auf den Rücken und bietet der Menschenhand seinen Bauch zum Kraulen dar. Pit schließt sofort Freundschaft und der kleine Kerl weicht ihm, so lange es die Kette erlaubt, nicht von der Seite. Wer weiß, vielleicht ist das irrsinnige Gebell der Hunde hier nicht so sehr Drohung, sondern Jammer nach ein paar Streicheleinheiten. Die Viecher tun uns leid.

Pit braucht nicht zu klingeln. Die Tür des Hauses öffnet sich, und heraus tritt eine Frau in einem zerschlissenen Kittel, die doppelt so alt aussieht, wie ich es bin. Sie sieht unsere Rucksäcke und zieht sofort die richtigen Schlüsse: Wir sind Pilger, die die Kirche besichtigen wollen. Sie schlurft vor uns her und öffnet die alte Holzpforte der Kirche. Drinnen ist es kühl und stockfinster. Die Frau schaltet das Licht an. Wir stehen in einem altehrwürdigen Raum voller Kostbarkeiten. Unsere Führerin weist uns begeistert auf jedes Bild hin, jede Madonna und sogar auf den Fußboden. Natürlich verstehen wir wieder kein Wort, aber doch die Bedeutung dieses historischen sakralen Raumes. Wir lassen uns anstecken vom Enthusiasmus der Kirchenhüterin und sind ergriffen und froh, dass wir der Empfehlung des alten Mannes gefolgt und nicht an diesem Kleinod vorbeigelaufen sind.

Hinter der Kirche breitet ein uralter Baum seine armdicken Äste über einem hübschen Sitzplatz mit Bank und Tisch aus, der ideale Rastplatz. Doch für eine Pause scheint es uns noch zu früh, und so marschieren wir nach der Kirchenbesichtigung weiter. Es geht einen matschigen, weichen Pfad neben einem Bach talabwärts, und nach drei Kilometern öffnet sich der Wald zu wunderschönen Apfelbaumwiesen hin. Die Bäume stehen in voller Blüte. Und jetzt sticht sogar die Sonne durch die Wolken. Die Apfelblüten sind rosig überhaucht, das kniehohe Gras wispert im Wind, der Bach rauscht geheimnisvoll. Die Autobahnbrücke ist zwar in Sichtweite, aber hier scheint es nicht viel Verkehr zu geben. Das Zwitschern der Vögel und das Plätschern des Baches übertönen das meiste, und so beschließen wir, unser Picknick an diesem romantischen Fleckchen einzunehmen. Pit ist heute der Koch: Es gibt Brot, Käse, Paprika und als *postre* (Nachtisch) süßen Flan. Nach dem Essen breite ich mein Regencape im lichten Schatten eines Apfelbaumes aus und rolle mich zu einem kleinen Nickerchen zusammen, während Pit in sein Tagebuch schreibt:

*Die Ruhe und die Abgeschiedenheit tun uns gut. Trotz tief hängender Wolken ziehen uns die Landschaft und die alten Häuser in ihren Bann. Nichts ist langweilig. Ich vergleiche nicht mit den vergangenen Tagen. Alles ist schön und neu. Jeder Tag hat seinen eigenen Reiz. Jetzt machen wir unsere Mittagspause an einem kleinen Fluss mit Namen La Vega …*

Es ist halb zwei. Eigentlich ist Sebrayo unser Etappenziel. Aber es ist noch früh, und wir sind gut ausgeruht. Deshalb entscheiden wir uns, sechseinhalb Kilometer weiter nach Villaviciosa zu gehen.

Der Weg ist sehr malerisch, aber so schlammig, dass unsere Schuhe schon nach wenigen Metern aussehen wie aus einem Dreckloch gefischt. Das beste Schuhputzmittel ist, durch feuchte hohe Wiesen zu schlurfen, was jetzt aber nicht funktioniert. Denn die Sonne scheint so heiß, dass das Gras sofort trocken ist. Die Halme rascheln an unseren Sohlen vorbei und können bestenfalls da, wo sie strohig und hart sind, als Bürste herhalten, was besser ist als nichts. So lassen sich wenigstens die dicksten Erdklumpen von den Sohlen rubbeln.

In Villaviciosa gibt es keine Pilgerherberge. Aber weiter wollen wir heute nicht mehr. Immerhin haben wir ein Pensum von gut 23 Kilometern absolviert, und auf den nächsten 30 Kilometern werden wir laut Wanderführer vermutlich keine Übernachtungsmöglichkeit finden. Also trinken wir erst mal *café con leche* und fragen die Bedienung in dem Café nach einem billigen *hostal*. »*Buscamos una hostal economico*«, bringe ich recht fließend heraus. Aber ihre Antwort zu entschlüsseln, traue ich mir dann doch nicht zu. Also zücke ich mein Tagebuch und meinen Stift und male auf eine freie Seite eine Straße mit einem Kreuz. Neben das Kreuz schreibe ich »*aquí*« (hier). Das Mädel ist clever und begreift sofort. Sie nimmt mir den Stift aus der Hand und malt ein paar Striche und Pfeile und einen dicken Punkt, der das *hostal* darstellen soll. Ein Ministadtplan, mit dem wir ganz gut klarkommen. Das Haus, das sie uns empfiehlt, ist allerdings alles andere als »*economico*«, sondern ein richtig teurer Touristenschuppen. Wir machen uns auf eigene Faust auf die Suche und entdecken schließlich eine schnuckelige Pension mitten in der Alt-stadt. Das Zimmer ist winzig, aber gemütlich blau gestrichen, hat ein Waschbecken, das so niedrig ist, dass Pit sich daran nicht mal richtig die Hände waschen kann, aber zwei Betten, die frisch und sauber bezogen sind. Ein Bad mit Wanne gibt es auf dem Flur. Wir benutzen es ausgiebig, richten uns häuslich ein, waschen unsere Socken und Unterhosen und strecken uns auf den saube-ren Bettdecken aus. Es ist immer ein Ereignis und ein Genuss, mal nicht den Schlafsack ausrollen zu müssen!

Gegen Abend beschließen wir, uns die Stadt anzusehen und irgendwo etwas zu essen. Es ist Viertel nach acht – die perfekte spanische *cena*-Zeit (Abendbrot-Zeit), als Pit und ich schließlich in einer Cidre-Bar landen. Wir bestellen uns eine Kleinigkeit und eine Flasche Cidre. Aber den dürfen wir uns nicht allein ein-schenken. Cidre zu kredenzen ist eine Sache für sich: Der Kell-ner hält die Flasche mit ausgestrecktem Arm hoch und schüttet einfach aus. Das Glas wird in Hüfthöhe unter den Strahl gehalten und mit nur wenigen Schlucken gefüllt. Das spritzt und macht eine Mordssauerei. Aber der Cidre schmeckt köstlich. Das Glas muss sofort, solange der Cidre noch schäumt, ausgetrunken wer-den. Ist noch ein Rest drin, wird er vor dem nächsten Ein-schenken einfach auf den Boden geschüttet. »Ich schätze, hier ist alles, was einen Meter Höhe hat, mit Cidre in Berührung ge-kommen«, feixt Pit. Und das glaube ich auch. Tisch- und Stuhl-beine, die Musikbox und der Zigarettenautomat kleben. Auf dem Boden stehen Pfützen, und es riecht herrlich herb nach die-sem prickelnden Apfelgetränk.

Das ist hier eindeutig eine Einheimischen-Kneipe. Wir schei-nen die einzigen von außerhalb zu sein, die anderen sind alle Spanier, die meisten von ihnen ältere Männer, die sich zu kennen scheinen. Es gibt keine Berührungsängste. Ein alter Mann an der Theke singt lauthals Lieder mit orientalisch-maurischem Ein-schlag, die von den Umstehenden mit heftigem Schulterklopfen und Gelächter honoriert werden. Es ist eine fantastische Stim-mung, und wir sind mittendrin. Ein wirklich toller Abend!

Aus Evas Tagebuch:

*Was ist bloß los mit mir? Gestern ging es mir doch noch gut. Aber jetzt liege ich heulend im Bett und komme einfach nicht hoch. Mir tun alle Knochen weh, und ich fühle mich zerschlagen, erschöpft und am Ende. Die Wegbeschreibung im Wanderführer für die heutige Etappe nach Gijón und das Höhenprofil geben mir den Rest. 700 steile Meter über zwei Berge hinweg sind zu überwinden. Dass ich da hinüber soll, kann ich nicht mal denken. Ich werde wohl den Bus nehmen. Obwohl ... Ich wäre so gerne gelaufen und bin völlig hin- und hergerissen. Wie wäre es mit einem Tag Ruhe und dann ... Aber Pit ist schon startklar, und so sehr ich auch jammere, er schnappt sich seinen Rucksack, tritt aus der Tür und marschiert einfach ohne mich los. Ich verstehe ja, dass er nur ungern auf einen Wandertag verzichtet. Aber zum Kuckuck noch mal, muss ich denn funktionieren, um nicht im Stich gelassen zu werden? Sogar über meine Grenze hinaus? Heute geht eindeutig gar nichts und da hätte er doch ... Aber er hat nicht ...*

*Ich brauche eine Weile, bis ich meine Fassung wiederfinde. Wir haben vor Beginn der Reise verabredet, uns gegebenenfalls zu trennen und Etappen ohne den anderen zu laufen. Mit dieser Vereinbarung waren wir beide einverstanden. Tja, und jetzt trifft sie mich auf die übelste Art. Ich fühle mich sehr verlassen. Und das, wo ich sowieso schon so runter bin. Aber bin ich etwa ein Säugling? Natürlich nicht, ich bin erwachsen, zum Kuckuck noch mal, und werde schon für mich sorgen. Soll Pit doch, wenn er meint, laufen, wohin und so weit ... und mit wem er will ... soll er doch ganz allein ... Und ich, ich werde das auch ohne ihn hinkriegen.*

*Also packe ich meinen Krempel zusammen und mache mich aufbruchbereit. Bis zum Busbahnhof ist es nicht weit, und ich muss auch nicht lange warten. Der Bus fährt über steile Serpentinen, und ich bin froh, in einem weichen, bequemen Polster zu sitzen. Merkwürdigerweise wird mir trotz der vielen Kurven nicht schlecht, sodass ich sogar Pläne für den Tag schmieden kann. Gijón soll einen wunderschönen Strand haben. Den werde ich heute mal ausgiebig genießen und vielleicht sogar baden. Aber vorher gehe ich zur Touri-Info. Leider bekomme ich dort mitgeteilt, dass die Jugendherberge wegen Umbaumaßnahmen geschlos-*

sen ist. Dort wollten Pit und ich uns aber treffen. Und was nun? Ich lasse mir ein Verzeichnis der hostals geben und suche eines in der Nähe heraus, das einigermaßen billig ist, checke ein und gehe zurück zur Info, um dort für Pit eine Nachricht zu hinterlassen. Dann wende ich mich mit kleinem Gepäck – Sitzkissen, Apfel und Wasser – der Strandpromenade zu. Aber vom Meer ist weit und breit nichts zu sehen, denn über dem Wasser wabert Nebel, Sichtweite höchstens 100 Meter. Der Dunst ist so undurchsichtig wie Milchglas und gespenstisch wie in einem Piratenfilm. Fast rechnet man damit, dass der Klabautermann erscheint und einen in die See zieht. Ist natürlich Quatsch. Aber schön wär's schon, wenn jetzt irgendetwas passieren würde.

Ich sitze auf einer Bank vor der Kirche San Pedro und halte Ausschau nach Pit. Wenn wenigstens Christian auftauchen würde... Aber sowohl für den einen als auch für den anderen ist es noch zu früh. Ich spaziere an der Promenade entlang. Das ist aber ziemlich öde, weshalb ich Proviant für morgen einkaufe, mich dann in mein Zimmer im hostal zurückziehe und vor lauter Frustration alle unsere Schokoriegel auffuttere und den Rest des Nachmittags im Bett verbummle, was nicht gerade das ist, was ich mir unter einem Abenteuer vorstelle. Aber immerhin bin ich ausgeruht, als gegen fünf Uhr Pit und Christian eintrudeln. Zusammen verbringen wir noch einen vergnügten Abend in einer Bar mit einem deutsch sprechenden Chef. Dass der Tag so schön und gemütlich ausklingt, ist ein Geschenk, mit dem ich heute nicht mehr gerechnet habe.

Aus Pits Tagebuch:
Heute wandere ich allein, da Eva sich einen Tag Laufpause gönnt. Der Weg ist sehr anstrengend, fünfzehn Kilometer nur rauf, runter, rauf mit extrem langen Steigungen. So geschwitzt habe ich auf dem Camino bisher noch nie. Der erste Berg ist geschafft, jetzt erst mal eine Apfelpause. Ich mache es mir gerade bequem, da taucht Christian auf. »Da bist du ja endlich«, begrüße ich ihn, so als hätte ich längst mit ihm gerechnet. Was natürlich Unsinn ist. Wir haben uns, so lange wie wir uns kennen, noch nicht ein Mal miteinander verabredet, uns aber trotzdem immer wieder getroffen. Irgendwie geht es gar nicht mehr ohne ihn. Zusammen geben wir richtig Gas und schaffen ca. sechs Kilometer in der Stunde. Ich bin gespannt, ob ich morgen Muskelkater habe.

*Auf der zweiten Höhe machen wir Rast in einem winzigen Nest. Sieben Häuser hat der Ort. In der Dorfbar kehren wir ein. Die Bar scheint gleichzeitig* mercado, Clubhaus, Fitnesscenter – *in der Ecke steht ein Ergometer – und Fliegenherberge zu sein. Der Laden gehört einem Ehepaar um die 75. Hinter dem Tresen geht es in ihre private Küche, alles sehr urig. Eine Stunde bleiben wir hier, trinken Cola und essen* bocadillos. *Dann geht es drei Stunden am Stück nur bergab, ziemlich ätzend. Insgesamt sind wir heute um die 30 Kilometer gelaufen, 90% davon nur auf Asphalt. Meine Füße leiden.*

*In Gijón angekommen, müssen wir noch zwei Stunden durch die Stadt bis zur Strandpromenade laufen. Noch ätzender ... Es ist nicht mal der Strand zu sehen, denn hier herrscht dichter Nebel. In der Touri-Info erfahre ich, dass die Jugendherberge geschlossen ist. Na, bravo ... Dort wollte ich mich mit Eva treffen. Aber sie ist ja eine ganz Clevere und hat mir die Nachricht hinterlassen, dass sie im Hostal Liberdad eingecheckt hat. Ich freue mich, dass wir wieder zusammen sind. Christian nimmt sich im selben* hostal *ein Zimmer, und nachdem wir beide geduscht haben, ziehen wir zu dritt los. Leider fängt es an zu regnen, was uns aber nicht von einem kleinen Bummel durch die Altstadt abhält. Dann suchen wir uns ein günstiges Restaurant, was gar nicht so einfach ist. Gijón ist ziemlich touristisch und in der ersten Bar, in der wir einkehren, trinken wir bloß Cidre. Ein Blick in die Speisekarte genügt, um hier nicht mehr zu bestellen, sondern bald Reißaus zu nehmen. In einer Nebenstraße entdecken wir schließlich ein Restaurant unserer Preisklasse, einen kleinen Raum mit zerkratzten Holztischen und Wänden, auf die Grüße oder Sprüche von Leuten aus aller Herren Länder gekritzelt sind. Wir sind die einzigen Gäste. Wahrscheinlich wollte der Wirt gerade schließen. Aber jetzt begrüßt er uns herzlich auf Deutsch und überredet seine Köchin, noch etwas für uns auf den Tisch zu bringen:* plato combinado *mit Fleisch, Pommes und Salat, dazu kühles Bier und zum Abschluss* café solo. *Uns schmeckt es prima, wir haben Spaß mit dem Wirt und miteinander und sind richtig ausgelassen. Tolle Stimmung, toller Tag und morgen geht es weiter ...*

*Danke Gott, du bist so gut zu uns!*

Heute bin ich voller Erwartung auf den Tag. Der Rücken zwackt zwar noch, aber insgesamt geht es mir besser. Der gestrige Ruhetag hat mir gutgetan.

Die ersten sechs bis acht Kilometer laufen wir zusammen mit Christian durch Stadt- und Industriegebiet. Es ist ziemlich hässlich hier, und der ewige Asphalt macht die Wanderung auch nicht schöner. Hinter einem riesigen Fabrikkomplex müssen wir eine Anhöhe hinauf. Von oben hat man einen fantastisch schrecklichen Blick über rauchende Schornsteine, dunstige Werkshallen, Bahntrassen und Autobahnen. Und es ist nicht zu fassen: Es gibt tatsächlich Leute, die hier ihr Häuschen hinsetzen. Wir kommen an mehreren Neubauten und einigen Baustellen vorbei. Na dann, einen geruhsamen Lebensabend noch.

Wir lassen die Häuser hinter uns, alte und neue, und wechseln von der Straße auf einen sandigen Feldweg. Beinahe zehn Kilometer geht es geradeaus, was nicht besonders anstrengend ist. Die Füße machen das fast von allein. Wir laufen durch Eukalyptuswald und unspektakuläre Wiesenlandschaft, nichts, was man sich merken müsste. Wir sind verwöhnt von so vielen grandiosen Aussichten, dass wir diesen Weg kaum noch eines Blickes würdigen, geschweige denn, dass wir uns bemühen, Bilder im Gedächtnis zu behalten. Stattdessen reden wir angeregt über Filme und Bücher und unterbrechen unser Gespräch nur, um eine kurze Apfelpause auf schwarz eingewickelten Heurollen einzulegen. Wir thronen oben wie Kinder auf einem Klettergerüst. Das Fleckchen hier taufen wir denn auch Kinderspielplatz. Die Bauern allerdings, denen das aufgerollte Grünzeug gehört, finden das sicher überhaupt nicht lustig. Aber erwischt hat uns keiner. Und wir haben auch nichts kaputt gemacht. Keine Folie eingerissen und kein Gras herausgezerrt. Bloß unsere Apfelkerne haben wir zurückgelassen. Vielleicht wächst hier mal ein Apfelbaum, als Andenken an drei Jakobspilger. Wahrscheinlich aber wohl nicht …

Leider geht es hinter dem Wald weiter mit den Scheußlichkeiten. Wir erreichen Trasona, eine ziemlich schmuddelige Industriestadt. Von hier sind es noch sechs Kilometer bis nach Avilés. Wir überlegen, diese letzte Strecke mit dem Bus zu fahren. Pit und Christian haben keine Lust mehr. Die anstrengende Etappe von gestern hängt ihnen nach, was ich gut verstehen kann. Schließlich habe ich einschlägige Erfahrungen mit Erschöpfung und Lustlosigkeit. Das beste Mittel dagegen ist Essen. Wir kehren in einer Arbeiterkneipe ein, in die nach und nach verschwitzte Männer strömen, bis alle Tische besetzt sind. Ein Mädchen in so knapp sitzenden Klamotten, dass man sich nicht vorzustellen braucht, wie es darunter aussieht, weil es offensichtlich genug ist, bedient mit Besonnenheit und Umsicht. Ich bestelle Paella und bekomme einen riesigen Berg, von dem ich über die Hälfte zurückgehen lassen muss. Auch Pit und Christian kämpfen mit ihren Portionen und das, obwohl wir alle drei ziemlich hungrig waren. Und obendrein kostet der Spaß bloß ein paar Euro. Nach so einer Pause sind sechs Kilometer nur noch ein Klacks. Also auf zum Endspurt.

Es geht weiter an einer viel befahrenen Straße entlang. Es stinkt nach Autoabgasen, und keiner von uns hat mehr Lust auf diesen ewig harten Bodenbelag. Pit und Christian nörgeln herum. Aber mir macht der Weg heute merkwürdigerweise gar nicht so viel aus. Ich bin motiviert und fröhlich, was Christian und Pit überhaupt nicht nachvollziehen können. Liebevoll machen sie sich über meine gute Laune lustig.

Ich habe meine Wanderstöcke an den Rucksack geklemmt. Wie Antennen zeigen sie in den Himmel. Pit hängt seinen Sonnenhut obendrauf, ohne dass ich es merke. Christian und er kriegen sich kaum ein vor Lachen, als ich bestürzt feststelle, dass Pits Sonnenhut nicht da ist, wo er hingehört, nämlich auf seinem Kopf oder mit einer Sicherheitsnadel an seinem Rucksack befestigt. Ich dränge darauf umzukehren und das gute Stück aus dem Restaurant zu holen, wo wir es sicher vergessen haben. Aber Pit winkt ab. Auf dieser Straße läuft er keinen Schritt zu viel und erst recht keinen zurück. »Und dein Hut?«, frage ich, worauf die beiden ganz aus dem Häuschen geraten. »Fein, dass ihr beide euch so amüsiert. Darf ich vielleicht mitlachen?«, will ich wissen. Aber sie kosten ihren Spaß aus und lassen mich noch eine Weile zappeln. Das Beste in so einer Situation ist, einfach mitzulachen. Macht ja nichts, wenn man nicht weiß, warum. Hauptsache, Christian und Pit sind endlich nicht mehr so miesepetrig. Irgendwann lüften sie dann doch ihr Geheimnis. Wir albern herum und erzählen uns Witze, und ehe wir uns versehen, erreichen wir Avilés. 26 Kilometer sind gar nicht so lang.

In der Herberge werden wir mit Grappa empfangen. Dann richten wir uns in dem riesigen Schlafsaal ein. Hier gibt es bestimmt 60 Betten. Pilger sind nur noch wenige da, außer uns nur fünf, und wir hoffen, dass es dabei bleibt. Es ist ungemütlich hier und schmuddelig, auch das Wetter. In den nächsten Tagen soll es kaum besser werden. Ich freue mich über jedes Fetzchen blauen Himmel. In der letzten Zeit haben wir nur wenig davon zu sehen bekommen. Auch jetzt ist der Himmel trüb. Aber in der Herberge zu bleiben ist undenkbar. Wer hält sich schon gerne in so etwas wie einer Bahnhofshalle mit Betten auf? Im Regen machen wir uns zur Stadtbesichtigung auf, aber wir kommen nicht weiter als bis zum Rathaus, das höchstens 300 Meter entfernt liegt. Wider Erwarten ist die Altstadt sehr sehenswert. Aber bei diesem Sauwetter und mit einem Regenschirm vor der Nase macht unser Spaziergang nicht wirklich Spaß. Also kehren wir um. In der Herberge essen wir, was ich gestern in Gijón eingekauft habe. Ziemlich zeitig verschwinden wir in unseren Schlafsäcken.

## 25. TAG AVILÉS – CUDILLERO

Heute müssten wir laut Wanderführer eine Mammutetappe von 45 Kilometern bewältigen, vorausgesetzt, wir bestehen darauf, wieder in einer Pilgerherberge zu übernachten. Wir können natürlich auch einen Teil der Strecke mit der Bahn zurücklegen oder aber in einem *hostal* einkehren. Pit und ich entscheiden uns für die zweite Möglichkeit. Wir wollen 22 Kilometer bis Soto del Barco laufen. Dort soll es ein Hotel mit zivilen Preisen geben. Und morgen wollen wir den Rest bis Soto de Luiña wandern.

Christian möchte noch heute Soto de Luiña erreichen. Aber 45 Kilometer sind auch für ihn zu viel. Deshalb will er sie mit der Bahn verkürzen. Ohne Abschied schleichen Pit und ich uns gegen acht Uhr aus der Herberge. Es nieselt, aber es reicht aus, um uns dazu zu bringen, sofort unsere Regencapes überzuziehen. Trotzdem sind wir guter Dinge, denn heute laufen wir wieder nur zu zweit. Wir haben gemerkt, dass uns die Anwesenheit Dritter sehr von uns selbst ablenkt. Obwohl es keiner unserer Weggefährten eingefordert hat, haben wir uns doch von ihnen bestimmen lassen. Wir haben uns ihren Bedürfnissen angepasst, was ja nicht verkehrt ist, sofern wir auch darauf achten, was wir selber möchten.

»Wer weiß, ob wir Christian noch mal wiedersehen?«, sinniere ich.

Pit zuckt mit den Schultern. »Ich mag ihn gern«, sagt er, »trotzdem bedauere ich es nicht, dass wir uns gestern vielleicht zum letzten Mal gesehen haben.«

»Ich auch nicht«, stimme ich zu, »irgendwie haben wir uns ziemlich stark nach ihm gerichtet und jetzt können wir es mal so laufen lassen, wie wir wollen.«

»Hätten wir bestimmt auch vorher schon. Aber wenn ich jemanden sympathisch finde, neige ich dazu, das mitzumachen, was er will. Man braucht sich einfach nur anzuhängen.«

»Aber es ist nicht das, was wir wirklich wollen«, wende ich ein.

»Was wollen wir denn?«, überlegt Pit.

Das herauszufinden ist nicht immer leicht. Aber es wird uns hoffentlich eher gelingen, wenn wir uns nicht von den Bedürfnissen und Befindlichkeiten anderer ablenken lassen. Vielleicht ist es ganz gut, mal eine Weile nur zu zweit zu laufen und uns auf das zu besinnen, was uns selbst wichtig ist. Schade, dass wir das nicht auch zusammen mit anderen hinkriegen. Aber irgendwie schaffen wir das beide nicht. Pit sagt, ihm sei es meist gar nicht bewusst, wie sehr er sich von anderen mitziehen lasse. Und ich habe oft nicht den Mut, meine eigenen Interessen zu vertreten. Schließlich will ich kein Spielverderber sein. Am schönsten wäre es, wenn jeder auf seine Kosten käme. Solange alle das Gleiche wollen, ist das auch kein Problem. Wie soll es aber gehen, wenn jeder etwas anderes will? Wer setzt sich durch und wer steckt zurück? Schließlich möchte ich, dass es den anderen gut mit mir geht und mir mit ihnen auch. Die Aufgabe ist, das rechte Maß zu finden. Vielleicht hilft uns der Camino, diese Aufgabe zu lösen.

Pit und ich laufen 22 Kilometer am Stück. Eine Pause ist nicht drin, weil wir keine geöffnete Bar finden und weil es weit und breit keinen Unterstand gibt und eine Rast bei Regen einfach nur ungemütlich ist. Der Weg ist ab Pidras Blanca recht malerisch und teilweise sehr abenteuerlich. Hinter einem Kieswerk geht es bergab in einen Wald mit dichtem Unterholz. Der Regen hat die Wege aufgeweicht. Da, wo sie nicht zu Sturzbächen angeschwollen sind, stehen Pfützen so groß wie Gartenteiche. Wir müssen uns durchs Gebüsch schlagen und zerkratzen uns dabei Arme und Beine. Trotzdem entschließen wir uns, es hier einfach schön zu finden, denn was kann der Weg dafür, dass das Wetter so miserabel ist und ihn von oben und unten nass und schlammig und zum Teil unpassierbar macht? Bei Sonnenschein würden wir die Gegend hier herrlich finden. Bei Regen ist das Ganze zumindest ein besonderes Erlebnis, von dem man erzählen kann, wenn man wieder gemütlich zu Hause auf seinem Sofa sitzt. Aber von einem Sofa sind wir heute weit entfernt.

Als es richtig zu schütten beginnt, erreichen wir Soto del Barco. Das im Wanderführer ausgeschriebene Hotel ist leider geschlossen, aus was für Gründen auch immer. Aber wenigstens gibt es ein geöffnetes Restaurant. Nacheinander verschwinden wir mit trockenen Klamotten auf die Toilette und ziehen uns dort erst mal um. Die nassen Sachen werden wie immer mit Sicherheitsnadeln an den Rucksack geheftet. Ob die heute noch trocken werden? Vor den Fenstern rinnt der Regen unaufhörlich. Wir aber kümmern uns nicht darum, sondern bestellen ein fürstliches Mittagessen und zum Nachtisch Kuchen und Kaffee. Wir ziehen unsere Pause ordentlich in die Länge. Aber so lange wir auch warten, der Regen denkt gar nicht daran, endlich aufzuhören.

In Gijón habe ich mir vorgenommen, jeden Meter des Camino nur noch zu laufen. Aber jetzt bleibt uns nichts anderes übrig, als in den nächsten Zug zu steigen. Hierbleiben können wir nicht. Und Laufen ist bei dem Wetter Wahnsinn. Unsere Sachen sind nass genug und auf mehr haben wir keine Lust. Schließlich gibt es auf diesem Weg weit und breit keinen gut gefüllten Kleiderschrank, aus dem man sich mit trockener und warmer Wäsche bedienen kann. Es ist wichtig, immer auch noch etwas zum Wechseln im Rucksack zu haben. Als doppelter und ganz und gar sicherer Nässeschutz hält nicht nur unser Regencape her. Wir haben alle unsere Kleidungsstücke zusätzlich noch in Plastiktüten verstaut. Das hilft, die Übersicht im Rucksack zu behalten. In erster Linie hält es aber die Feuchtigkeit zurück und unsere Sachen trocken. Aber trotz Regencape und sonstigem Plastikschutz bleiben wir dabei: Heute haben wir genug vom Regen. Also lassen wir uns den Weg zum Bahnhof beschreiben und zockeln mit Sack und Pack los.

Zum Bahnsteig geht es eine Betonpiste hinunter. Auf dem abschüssigen und rutschigen Belag gleitet Pit aus und findet sich auf dem Boden wieder. Er liegt dort wie ein Käfer auf dem Rücken und kommt nicht wieder hoch, denn sein Arm ist unter dem Rucksack eingeklemmt und das Gewicht seines Gepäcks drückt ihn nach unten. Mit meiner Hilfe kommt er schließlich wieder auf die Beine. Die Haut an den Schienbeinen ist etwas abgeschürft, aber sonst ist Gott sei Dank alles in Ordnung. Was wäre, wenn er sich ernsthaft verletzt hätte? Bestimmt hätten wir auch dann eine Lösung gefunden. Aber natürlich sind wir sehr erleichtert, dass alles gutgegangen ist. Auf einmal erscheint es uns wie ein Wunder, dass uns bis jetzt nichts Schlimmes passiert ist. Und wir hoffen, dass es so bleibt.

Der Zug kommt pünktlich. Mit uns steigt noch ein älteres spanisches Ehepaar ein. Wir fahren elf Kilometer durch regentriefende, üppige Landschaft bis Cudillero. In unserem Wanderführer steht, dass Cudillero einer der hübschesten Hafenorte Asturiens ist. Ich habe den Satz unterstrichen und »stimmt« darüber geschrieben. Denn was wir vorfinden, ist wirklich sehenswert: Zwischen Bergen eingezwängt liegt der Hafen, während sich bunt bemalte Häuschen die Hänge hinaufdrängen. Sie sind nur über enge Treppen und steile Gassen zu erreichen, und wir fragen uns, wie die Leute hier zum Beispiel einen Umzug organisieren. Allein einen Wocheneinkauf nach Hause zu bekommen, scheint ein logistisches Problem zu sein. Aber es ist sehr schön anzusehen und den Blick aus den Fenstern dieser niedlichen Puppenhäuschen hinaus aufs Meer stelle ich mir atemberaubend vor. Zum Hafen hinunter gibt es nur eine einspurige Straße. Wie hier der Verkehr funktioniert, ist uns ein Rätsel. Aber viele Autos sehen wir sowieso nicht.

In einer Pension an der Hauptstraße bekommen wir ein Zimmer, das gerade genug Platz für das Doppelbett, ein winziges Kommödchen und ein Regal bietet. Wir wissen fast nicht wohin mit unserem Gepäck. Aber mittlerweile sind wir es gewöhnt, mit wenig auszukommen und unsere Sachen auch auf kleinem Raum gut und übersichtlich unterzubringen. Nach dem obligatorischen Ankunftsprogramm – duschen, Wäsche waschen, Füße pflegen – picknicken wir auf dem Bett unseren letzten Proviant und machen uns danach auf, um den Ort zu erkunden. Natürlich führt uns unser Weg zuerst an den Hafen. Ich freue mich am Meer, das nach dem Regen und geschützt in dieser Bucht blankpoliert vor uns liegt. Auf der Mole stehen Angler in Reih und Glied. Ich bin fasziniert, in welchem Tempo sie Fische aus dem Hafenbecken ziehen. Es wimmeln mehrere Schwärme dort unten, und ich frage mich, warum die Angler nicht einfach große Netze auswerfen oder nicht zumindest Kescher benutzen. Vielleicht ist so etwas nicht sportlich genug oder schlichtweg zum Schutz vor Überfischung verboten. Wie auch immer, es macht Spaß zuzusehen, und Pit und ich können uns lange Zeit nicht losreißen. Als es schließlich zu kalt wird – vom Meer her weht ein eisiger Wind, und die Sonne verbirgt sich hinter goldgeränderten Wolken – spazieren wir zurück zum einzigen großen Platz des Ortes, kehren in eine Bar ein und bestellen Cidre und Oliven. Wir sitzen draußen, was gut ist, denn plötzlich wird mir speiübel. Tief durchatmen und Pit den restlichen Cidre überlassen. Und dann heim ins *hostal*.

Merkwürdig, dass ich unsere Unterkünfte wie ein Zuhause erlebe. Aber vielleicht ist Zuhause nicht einfach nur unser Haus. Vielleicht ist Zuhause tatsächlich dort, wo meine Sachen sind, wo ich mich wohlfühle und sicher und wo ich die Nacht verbringen werde. Wer weiß, wo das morgen sein wird?

## `26. TAG`  CUDILLERO – SOTO DE LUIÑA

Heute war kein guter Tag, und ich bin froh, ihn überstanden zu haben.

Pit sitzt auf seinem Bett und schreibt Tagebuch. Ich sitze im Bett neben ihm, meinen Schlafsack über mich gezogen, und tue genau dasselbe. Pit ist eher fertig. Jetzt wartet er, bis auch ich zum Ende komme, damit wir wie jeden Abend unsere Tagebücher austauschen und den Eintrag des anderen lesen können.

Das hat Pit aufgeschrieben:

*Heute war der Wurm drin. Es hat unaufhörlich geregnet, und wir haben uns verlaufen. In einem Wald haben wir, ohne es zu merken, den Jakobsweg verlassen und sind eine Stunde rauf und runter, kreuz und quer, vorwärts und rückwärts gewandert. Boden, Sträucher, Gräser und Farne trieften vor Nässe, und Eva und ich waren extrem genervt. Heute kam keine Freude auf. Jetzt sind wir in der Herberge, eine alte Schule, ganz o. k. Die Hamburgerin ist wieder aufgetaucht und zwei Franzosen.*

*Eva und ich haben im Hotel nebenan lecker gegessen: typisch asturische Suppe mit Blutwurst, Rotwurst, Schweinefleisch und weißen Bohnen. Etwas Grünes war auch dabei, köstlich! Dann gab es noch Fisch und als* postres *Pudding. Morgen soll das Wetter wieder besser werden, kein Regen, hoffentlich auch etwas Sonne. Die würde uns guttun …*

Für meinen Geschmack schreibt er zu viel von der Suppe und zu wenig vom Weg. Und dass keine Freude aufkam, scheint mir ziemlich geschmeichelt zu sein. Das war ein echt mieser Tag. Dabei versuche ich immer noch, fair zu bleiben.

Das bekommt Pit aus meinem Tagebuch zu lesen:

*Der Tag fängt nicht besonders gut an. Es regnet andauernd, mir ist kalt, auch wenn ich schwitze. Außerdem habe ich Herpes und einfach keine Kraft mehr. Wir verlaufen uns im Wald und geraten im hüfthohen Gras von einer Sackgasse in die andere – Schuhe nass, Hose nass, alles nass – trinken in La Magdalena einen Tröster-Kaffee und überlegen, mit der Bahn weiterzufahren. Laut Fahrplan müssen wir aber mindestens vier Stunden warten. Weil das bei diesem Sauwetter keine echte Alternative ist, zockeln wir wohl oder übel weiter.*

*Die Gegend hier ist sehr schön: Hügel und Streusiedlungen, viel Wald, zwei Eisenbahnbrücken, die sich über das Tal spannen. Ich muss mich zwingen, diesem schönen Fleckchen Erde nicht Unrecht zu tun. Aber der Spaß ist restlos dahin, und heute ist sogar Pit genervt. Wenigstens ist die Herberge in Soto de Luiña großzügig, das Essen ist lecker und die Duschen sind warm.*

*Merkwürdigerweise schlafen wir in den Herbergen trotz fremder Leute im selben Raum recht gut, oft sogar besser als in den Doppelzimmern irgendwelcher Pensionen. Ich hoffe also, heute Nacht ordentlich Kraft tanken zu können. Meine größte Sorge ist, ob bei dieser hohen Luftfeuchtigkeit die Wäsche trocken wird. Man darf immer nur so viel waschen, wie man am nächsten Tag an den Rucksack hängen kann. Wir haben Lust auf saubere Wäsche aus der Maschine, auf leichte, bequeme und weiche Schuhe. Ich würde gerne Seidenstrümpfe anziehen und einen Rock oder irgendetwas anderes Feines. Schön wären auch stinknormale Jeans und Pulli oder eine Bluse. Die selbstverständlichsten Dinge werden auf einmal begehrenswert und besonders – und vielleicht sind sie es ja auch?*

Wortlos reichen wir uns unsere Tagebücher zurück. Kein Kommentar heute, kein verbindender Austausch über das, was wir erlebt haben. Jeder bleibt mit seinen Gedanken für sich allein. Dabei wäre es schön, wenigstens jetzt zu retten, was zu retten ist und ein bisschen nett zueinander zu sein. Denn das, was wir geschrieben haben, entspricht ganz und gar nicht unserem wirklichen Erleben. Was in unseren Tagebüchern steht, klingt nach einem ganz normalen Wandertag. Aber es sagt nichts über uns aus. Die Wahrheit ist, dass wir einfach nicht mehr können. Wir haben keine Kraft mehr, nicht einmal, um uns voreinander zu verstecken. Es ist nichts übrig, um irgendwelche Spielchen zu spielen. Wir schaffen es bloß noch, uns so zu geben, wie wir uns wirklich fühlen und wie wir wirklich sind. Keiner von uns beiden kann über seinen Schatten springen, keiner kriegt seinen Frust unter die Füße. Stattdessen zicken wir uns an, leise und ohne viele Worte. Schließlich sind wir hier nicht allein. Und unsere Auseinandersetzung geht niemanden etwas an.

Mittlerweile ist es wohl nach zehn. Pit hat sich längst in seinen Schlafsack verzogen und ist sofort eingeschlafen. Auch aus den anderen Betten höre ich gleichmäßiges Atmen. Es ist dunkel und alles schläft. Pit neben mir schnorchelt leise vor sich hin. Ich bin empört: Wie kann er seelenruhig schlafen, nach diesem Tag und trotz der Anspannung zwischen uns beiden? Ich jedenfalls finde keine Ruhe. Irgendwie muss ich mir Luft machen. Also schäle ich mich aus meinem Schlafsack, schlüpfe in Hose und Fleecejacke, zücke meine Taschenlampe, die ich für solche oder ähnliche Zwecke in der Innentasche meines Schlafsackes aufbewahre, und schleiche leise aus dem Schlafsaal. Vor der Herberge stehen auf einer Veranda ein klobiger Tisch und Bänke aus Holz. Ich lasse mich nieder, und weil ich niemanden zum Reden habe, schlage ich mein Tagebuch auf und beginne, mir meinen Frust von der Seele zu schreiben:

*Ich bin stinksauer und kann nicht schlafen, obwohl ich schlagkaputt bin. Zweimal hat Pit heute sein Genervtsein an mir ausgelassen, und das dritte Mal gerade eben vor dem Schlafengehen …*

*Es ist so schwer, ihm zu sagen, was er besser oder anders machen könnte. Ich habe den Eindruck, solange ich alles toll finde, kommen wir prima miteinander aus. Oder wenn ich ihm eine Möglichkeit biete, mir etwas abzunehmen, was ich selbst nicht schaffe, wie zum Beispiel meinen Rucksack noch auf seinen zu laden … Ist ja super, dass er mir hilft. Ist aber gleichzeitig auch blöd, sich so hilfsbedürftig zu fühlen. Meine Grenze ist sicherlich meine körperliche Schwäche. Aber Pit hat auch seine Grenzen, er weiß und kann auch nicht alles, und was ist dabei, wenn ich dann zur Abwechslung mal ihm helfe? Heute hat er einmal gesagt, dass er lieber den gelben Pfeilen den Berg hinauf folgen würde, mir zuliebe aber den leichteren Weg die Straße entlang geht. Und warum? Natürlich, weil ich so schwach bin und er als der Stärkere eben Rücksicht nimmt. Na toll …*

*Wir wollten keine Vergleiche mehr. Aber sobald es stressig wird, funktioniert auch hier in Spanien unser Beziehungssystem genauso wie zu Hause: Pit kann sich stark fühlen, weil ich schwach bin. Na meinetwegen: Soll er sich doch so toll und überlegen fühlen, wie er will. Das könnte mir eigentlich so was von egal sein. Aber ich habe den Eindruck, dass ich auf diese Weise auch noch seine Grenzen mittragen soll, nämlich zugeben zu müssen, dass er auch nicht alles auf die Reihe kriegt. Und ihn ständig vor diesem Eingeständnis zu schützen, dazu habe ich einfach keine Lust mehr.*

*Vielleicht sollte ich auch endlich schlafen gehen. Wer weiß, wie spät es mittlerweile ist. Außerdem wird mir kalt, und ich fühle mich einsam so allein hier draußen.*

*Das Urlaubsfeeling ist eindeutig vorüber. Aber vielleicht ist das die richtige Voraussetzung dafür, dass unsere verzwickten Beziehungsmuster endlich sichtbar werden, jetzt, wo die Dinge nicht mehr so gut laufen. Vielleicht sind solche Tage wie heute genau dafür da.*

## `27. TAG` SOTO DE LUIÑA – CADAVEDO

Schweigend brechen wir gegen Viertel nach acht auf. Es regnet nicht, stattdessen hängen wie Frau Holles Betten dichte Nebelschwaden in den Bergen. »Diese Etappe ist ausgesprochen anstrengend – der Weg steigt bis fast 700 Meter an – und die Wegmarkierungen sind oft derart von Vegetation überwuchert, dass sie kaum zu erkennen sind«, steht in unserem Wanderführer. Keine schönen Aussichten. Aber zum Glück lesen wir bloß ein paar Zeilen weiter: »Die Jakobsgesellschaft empfiehlt, den Weg auf der alten, kaum befahrenen Nationalstraße zurückzulegen … Bei Nebel sollten Sie unbedingt auf die Nationalstraße ausweichen.« Nach dem gestrigen Tag haben wir keine Lust auf weitere

Experimente und entscheiden uns, der freundlichen Empfehlung nachzukommen. 24 Kilometer liegen vor uns und ich weiß nicht, wie ich die überstehen soll. Heute ist es nicht der Weg, der mich bedrückt.

Es geht mühelos immer geradeaus, wobei von geradeaus kaum die Rede sein kann, denn die Straße ist sehr kurvenreich. Immer wieder laufen wir unter der neuen Autobahn A 8 hindurch, die sich wuchtig über das Tal spannt. Die alten Eisenbahnbrücken wirken dagegen wie aus Streichhölzern zusammengeklebt. Mürrisch und in düstere Gedanken verstrickt, stapfe ich mindestens 20 Meter vor Pit her durch einen dichten Wald, der sich so eng an die Straße drängt, dass er fast den Asphalt erobert. Mannshohe Farne wuchern wild im Gestrüpp, und Efeu schlingt sich bis in die Kronen der Bäume und fällt in grünen, feuchten Kaskaden wieder herunter. Die Bäume rücken nur auseinander, um Platz zu schaffen für winzige, lang gestreckte Ortschaften, in denen es still ist wie auf einem Friedhof. Hortensienhecken schmiegen sich an die Mauern. Und überall duften üppig Rosen.

Pit und ich frühstücken im Gehen ein paar Kekse. Unseren ersten Kaffee bekommen wir in einem Tankstellen-Restaurant in Novellana. Hier kann ich meine 20-Meter-Distanz nicht mehr aufrechterhalten, und als wir schließlich weiterwandern, beschließe ich, auch meine innere Distanz aufzugeben und beginne das Gespräch. Endlich werde ich meinen Frust, meine Befürchtungen und Erkenntnisse der letzten Nacht los. Pit hört still zu, und anders als zu Hause weicht er nicht aus, sondern spürt seinen eigenen Reaktionen nach.

»Ich weiß auch nicht, warum ich mir so schlecht helfen lassen kann«, gibt er zu, »vielleicht habe ich einfach nur Angst, nicht zu genügen …«

»Ich will aber nicht, dass du deine Ängste auf meine Kosten versteckst, sondern zu deinen Schwächen stehst, so wie ich das auch versuche. Ich wünsche mir sehr, dass wir beide uns klarmachen, warum wir wie handeln und dass wir Verantwortung dafür übernehmen.«

»Mach ich doch«, sagt Pit.

»Aber nicht, wenn du so tust, als wäre alles paletti bei dir und ich bin diejenige, die es nicht auf die Reihe kriegt. So was könnte man Verantwortungsverschiebung nennen. Und darauf hab ich keine Lust«, maule ich.

Wir reden lange, sehr zugewandt und ausführlich über dieses Thema. Kein Termin, kein Telefon, kein Mensch unterbricht uns, und wir können kilometerlang unsere Gedanken zu Ende spinnen und aussprechen, was uns auf der Seele brennt, bis wirklich alles heraus ist. Wir stellen fest, wie schwer es ist, unbewusste Motive aufzudecken und sie sich in aller Wahrheit einzugestehen. Noch schwerer ist es, sie auch dem anderen gegenüber zuzugeben, und am allerschwersten, sich nicht zu verteidigen, den anderen nicht infrage zu stellen oder ihn anzugreifen, um die eigene Position zu festigen, oder nicht auszuweichen, indem man alles Erkannte wieder hübsch im Keller der eigenen Seele einlagert. Wie hilfreich wäre es, wenn wir lernen würden, konstruktiv und eigenverantwortlich mit unseren Macken umzugehen!

»Verändert euch durch Erneuerung eures Denkens«, schreibt Paulus im 12. Kapitel des Römerbriefes. Dazu muss man sich aber erst mal Rechenschaft über das ablegen, was man im Innersten wirklich denkt – über sich, über die Situation und über andere. Und dann nicht ängstlich um die Veränderungsmöglichkeiten herumschleichen, sondern mutig auf sie zugehen, ja, sie vielleicht sogar heraus- und einfordern. Könnte das nicht ein Weg sein, wirklich ehrlich mit sich selbst und miteinander umzugehen, den anderen vom Druck, die eigenen Schwächen auszubügeln zu müssen, zu entlasten, und ihm einmal völlig neu zu begegnen? Wer weiß, vielleicht würde auf diese Weise die Beziehung eine ganz neue Qualität bekommen? Mir ist schon klar, dass so etwas niemals ohne Schmerz abgeht, ohne Schnitt und Schliff. An anderer Stelle beschreibt Paulus sehr eindrücklich, wie wichtig die Beschneidung des Weinstockes ist, damit er reiche Frucht bringen kann. Ich nehme mir vor, diese Stelle mal in aller Ruhe in der Bibel nachzulesen. Vielleicht hat die mehr mit unserer momentanen Situation zu tun, als es auf den ersten Blick scheint.

Die Kilometersteine am Straßenrand fliegen nur so an uns vorbei. Während wir reden, merken wir kaum, wie die Zeit vergeht, und plötzlich sind wir in Ballota, wo wir in einem Haltestellenhäuschen picknicken und uns in einer Bar unseren Mittagskaffee genehmigen. Gegen drei Uhr treffen wir in unserem Zielort Cadavedo ein. Die Herberge ist ein heruntergekommenes Häuschen mit rissigem Putz, windschiefen Fenstern und steilen, durchgetretenen Stufen, die hinauf zum Eingang führen. Die Tür ist fest verschlossen und an den Schlüssel zu kommen, ist nicht leicht, weil Pilger, die vor uns eingetroffen sind, ihn kurzerhand mit zum Essen genommen haben. Diese Information erhalten wir in einer nahe gelegenen Bar. Mit dem uns mittlerweile recht vertrauten Hand-Fuß-Englisch-Spanischbrocken-Kauderwelsch bekommt Pit schließlich heraus, in welches Restaurant unsere Mitbewohner den Schlüssel entführt haben. Er macht sich sofort auf den Weg, und nicht mehr lange und wir können in unsere Herberge. Die sieht von innen noch schlimmer aus als von außen. Farbe blättert von den Wänden und graugrünpelzige Schimmelflecken breiten sich in den Ecken aus. Es riecht modrig und faul und nach einer ganzen Garnison von Krankheitserregern. Aber in diesem Kaff gibt es keine Alternative. Wir müssen uns mit den Gegebenheiten abfinden.

Die Herberge besteht aus einem Aufenthaltsraum mit einer schmuddeligen Küchenzeile, einem unsauberen Bad und zwei Zimmern mit jeweils zwei Stockbetten. In dem einen, weniger schimmelbefallenen Raum sind drei Betten belegt. Also breiten Pit und ich uns im anderen Zimmer aus, reißen das Fenster auf und kehren erst einmal das Schlimmste vom Boden auf. Mittlerweile trifft die *hospitalera* ein, um von uns 3 Euro für die Übernachtung zu kassieren, uns einen Stempel in unsere Pilgerausweise zu drücken und unsere Namen in das Pilgerbuch einzutragen. Und was lesen wir da? Die drei Pilger im Nachbarzimmer sind die beiden Franzosen und unsere Hamburgerin, die tatsächlich – was für ein Witz – Lieselotte heißt. Na bitte, habe ich das nicht schon immer gewusst? Ich muss wohl die Gabe der Prophetie haben … Pit und ich schauen uns an und grinsen. Was für eine Wohltat nach diesem emotional anstrengenden Tag.

Dann aber hält uns nichts mehr in diesem unappetitlich feuchtkalten Haus.

Wir kratzen unsere letzten Vorräte zusammen – Cracker, Wurst, Käse und Schokolade – und machen uns auf den Weg zum zweieinhalb Kilometer entfernten Meer. Der Strand ist sehr steinig, aber gemütlich von Felsen und dichter Vegetation eingerahmt. Wir kuscheln uns auf einem windgeschützten Plätzchen aneinander, essen unseren Proviant und genießen das Meer. Durch den ständigen Regen und Nebel der letzten Tage habe ich das Gefühl, das Meer verpasst zu haben. Und nun sind es nur noch wenige Tage, bis wir die Küste endgültig verlassen müssen. Ich trauere schon jetzt der Weite und dem Wasser hinterher und kann mich kaum vom Anblick der Wellen losreißen. Ein paar verstohlene Abendsonnenstrahlen vergolden uns den Augenblick. Aber dann wird es doch zu kalt, und wir müssen zurück.

In der Herberge treffen wir auf drei weitere Mitbewohner: Doris, Uli und Petra, drei Österreicherinnen, die ihren Jahresurlaub gemeinsam verbringen, von Ribadesella aufgebrochen sind und drei Wochen Zeit haben, um Santiago zu erreichen. Alle drei machen einen aufgeschlossenen Eindruck und wir haben Lust, sie näher kennenzulernen. Petra sieht durchtrainiert aus wie eine Sportlerin. Uli wirkt mit ihrer wilden Lockenpracht sehr romantisch, und Doris hat Augen, aus denen der Schalk blitzt. Aber keine von ihnen hat einen Schlafsack dabei. Die drei verteilen sich auf die verbliebenen Betten und drapieren Handtücher, Anoraks, Pullover und Jacken darauf, die heute Nacht als Deckenersatz herhalten müssen.

Jetzt ist es rappelvoll hier drin. Leider haben Pit und ich die von uns ausgesuchten Betten nicht eindeutig mit unserem Gepäck reserviert, sodass für uns jetzt nur noch das Stockbett frei ist, das direkt unter den schlimmsten Schimmelflecken steht. So etwas passiert uns ganz sicher nicht noch einmal!

Aus Pits Tagebuch:

*Endlich haben wir wieder Sonnenschein. Der Himmel ist leicht be-
wölkt, als wir gegen acht Uhr aufbrechen. Der Weg führt vorbei an Feldern und durch kleine, dichte Wälder. Der Boden ist vom vielen Regen
der Vortage noch sehr matschig und wir müssen oft den Weg verlassen, um
den Pfützen auszuweichen. Nach einer Stunde erreichen wir eine Bar
und bekommen dort das beste Frühstück des ganzen bisherigen Camino:
Toast, zwei Sorten selbst gemachte Marmelade, Butter in Massen und
viel café con leche. Die Wirtin bemuttert uns wie ihre eigenen Kinder.
Wir sitzen draußen im Sonnenschein und genießen den Moment.*

*Gerade als wir weiterwollen, tauchen die drei Österreicherinnen auf.
Sie hatten heute noch kein Frühstück, und wir geben gleich unsere heiße
Empfehlung ab. Auch das ist Pilgerpflicht: das Weitersagen der besten
Futterplätze. Gegen Mittag erreichen wir Luarca, einen beschaulichen
Hafenort zwischen steilen Felsen. Die Häuser drängen sich an den
Hängen; rote, blaue und grüne Fischerboote dümpeln im Hafenbecken.
Fischer bringen ihren Fang zur Markthalle. Wir setzen uns in eine Bar
direkt am Hafen und bestellen »dos Cola grande«. Wer weiß, was der
Wirt verstanden hat, jedenfalls bringt er uns eine riesige Zwei-Liter-
Flasche Cola. Wir beschweren uns nicht, sondern kippen das ganze süße
Zeug in uns hinein. Dazu gibt es Wurst, Käse und Schinken in Oli-
venöl. Schuhe aus, Beine hoch – und ein Zigarillo: Das Leben ist schön!*

*Wir hätten kurz vor Luarca bleiben können, denn dort, in Almuña,
soll es eine Pilgerherberge geben. Aber wir entschließen uns, eine weitere
Etappe dranzuhängen. 15 Kilometer liegen vor uns. Wir steigen steile
Sträßchen nach oben, von wo wir einen herrlichen Ausblick über die Stadt
und die Bahnlinie haben, die sich im Halbkreis an Felsen entlang um
die Stadt herumwindet. Eine Trasse auf steinernen Rundbögen führt die
Gleise. Auf Schotterstraßen verlassen wir den Ort Richtung Westen. Am
Ende unserer heutigen Etappe wird der Weg noch mal recht abwechslungsreich, aber unsere Beine werden immer schwerer. Die Kilometer ziehen
sich jetzt doch in die Länge. Seit Luarca laufe ich in Sandalen, das erste
Mal auf dieser Tour. Das tut den Füßen erstaunlich gut, aber 15 Kilometer nur in Sandalen sind doch eine ziemliche Belastung für die Gelenke.*

*Die letzten zwei Kilometer »geben wir mal wieder der N 634 die Ehre«. Sie führt uns direkt zur Herberge von Piñera, einem geräumigen, sauberen Haus mit ordentlichen Sanitäranlagen. Außer uns übernachten hier heute noch unsere beiden Franzosen und ein spanischer Rad-Pilger. Schnell waschen wir Socken und Handtücher, und dann geht es ab zur Herbergsmutter, die uns Berge von Salat und Brot, Nachtisch und Rotwein auftischt.*

*Der Raum, in dem wir verköstigt werden, ist winzig. Er hat keine Fenster, sondern eine Industrieneonleuchte an der holzvertäfelten Decke. Die Wände sind grau verputzt und übersät mit Fotos von Pilgern und von Fußballern vom FC Gijón. Außer einem wuchtigen Wohnzimmerschrank und einem Tisch voller Bilderrahmen, Blumen und leerer Flaschen drängen sich noch zwei weitere Tische im Zimmer. Leider erlaubt die Wirtin keine länderübergreifenden Tafelfreuden und sortiert uns und die beiden Franzosen an unterschiedliche Tische. Schade, denn so kommen wir auch heute nicht in näheren Kontakt miteinander. Um neun Uhr liegen wir im Bett – Licht aus – Ruhe!*

Aus Evas Tagebuch:

*Das war heute ein langer, schöner und abwechslungsreicher Tag. Es ist jetzt kurz nach neun. Ich sitze im Bett in unserer Herberge, einer ehemaligen Schule, und schreibe mit Taschenlampe, um die anderen nicht zu stören. Aber von Anfang:*

*Gegen acht Uhr sind wir aus der Schimmelherberge aufgebrochen und fünf Kilometer auf einem abenteuerlich feuchten Waldweg gewandert. Unsere Wanderstöcke dienten heute dazu, die Tiefe der Pfützen auszuloten und gangbare Erhebungen und Wälle unter der Wasseroberfläche aufzuspüren. Wir mussten ziemlich aufpassen, um keine nassen Füße zu kriegen. Aber das kennen wir ja mittlerweile. In der Nähe der Nationalstraße haben wir fast deutsch bei herrlichstem Wetter gefrühstückt. Der Weg nach Luarca war sehr abwechslungsreich, rauf und runter, endlich Sonnenschein und blauer Himmel, links die Berge, rechts das Meer, wenn auch nur zu ahnen. Gesehen haben wir es dann in Luarca, wo wir am Hafen etwas gegessen und ganze zwei Liter Cola in uns hineingeschüttet haben. Hinter Luarca wurde es eintönig, viel Asphalt und viele Häuser. Doch dann führten uns die gelben Jakobswegpfeile in schulterhohes Dickicht, in dem wir uns fast verlaufen hätten. Nach einer kurzen Apfelpause erkundigte Pit sich bei einem Einheimischen nach dem Weg. Er wies uns durch einen wunderschönen, lichten Wald. Doch die Strecke zog sich endlos hin und entsprach ganz und gar nicht der Beschreibung in unserem Wanderführer. Ich war genervt. Aber am Ende siegte doch die Zufriedenheit: Ohne große Überwindung haben wir heute gut und gerne an die 32 Kilometer geschafft.*

*Duschen, waschen, essen gehen – die übliche Prozedur. Unser »Speiseraum« stellte eine Sehenswürdigkeit für sich dar: vollgestopft mit einem Sammelsurium von Bildern, Nippes, Möbeln, der unvermeidliche laufende Fernseher, ein Regal voller Gesellschaftsspiele. Dazwischen wir vor unseren gut gefüllten Tellern.*

*Hier in Spanien haben wir schon öfter Zeichen »merkwürdiger« Wohnkultur entdeckt, zum Beispiel eine riesige Garage, deren eine Hälfte komplett wie ein gemütliches Wohnzimmer eingerichtet war, während in der anderen Hälfte das Auto neben einer Menge Gerümpel parkte. Für uns ein sehr befremdlicher Anblick.*

*So hält jeder Tag seine besonderen Überraschungen bereit. Aber das Schönste dieses Tages ist, dass Pit und ich wieder fröhlich miteinander sind. Die Seele ist erleichtert, der Weg abwechslungsreich, der Himmel endlich mal wieder blau und der Körper voll Energie. Heute Abend hat es zwar wieder angefangen zu regnen, und wir merken Beine und Füße, aber es ist ein gutes »Merken«. Und jetzt freue ich mich auf den Schlaf. Also: Buenas noches!*

## 29. TAG    PIÑERA – LA CARIDAD

Heute schrubben wir nur schlappe 15 Kilometer. Gestern waren wir uns noch nicht sicher, wie weit wir heute gehen würden. Der Regen nimmt uns die Entscheidung ab, denn es schüttet wie aus Eimern. Was wir gestern gewaschen haben, ist nicht trocken geworden. Leider fing es nämlich schon am Abend wieder an zu regnen. Und die Herbergen sind oft so klamm, dass auch im Haus die Wäsche nicht ganz trocken wird. Nun beschert uns der neue Tag wieder bloß trübgraue, wasserschwere Regenwolken, die sich erbarmungslos über uns entleeren und uns zwingen, unsere feuchten Sachen, anstatt sie an den Rucksack zu hängen, in Plastiktüten zu verstauen. Der Regen geht nieder wie ein dichter Vorhang. Wir sehen kaum den Weg vor unseren Füßen und warten den schlimmsten Guss im Eingang eines Holzhauses ab. »*Understanding*« – Unterstellung – nennt Pit das. Wir frotzeln über unsere Capes mit den roten »Zipfelmützchen«, nennen uns gegenseitig »Bibabutzemann« und denken gar nicht daran, uns unterkriegen zu lassen, was mich ziemlich überrascht. Welches Geheimnis steckt dahinter, dass der Regen das eine Mal alle unsere Kräfte aufzehrt, uns nörgelig und empfindlich macht, und uns ein anderes Mal bloß zum Herumalbern animiert und sogar noch unsere Willensstärke mobilisiert, aus der Situation das Beste herauszuholen und es uns trotz allem gut gehen zu lassen? Ich habe die Vermutung, dass es weder am Regen noch an der Situation liegt. Woran aber dann?

Allmählich gehen die himmlischen Sturzbäche in durchdringenden Nieselregen über. Es wird Zeit, unseren kleinen Unterstand zu verlassen. Hinter Jarrio stapfen wir durch einen verwunschenen Hohlweg. Die Bäume verschränken über unseren Köpfen ihre Äste – wie gute Freunde, die sich die Hände schütteln. Für Minuten hält das dichte Blätterwerk den Regen ab. Doch bald prasselt es wieder munter auf uns herab, und zu allem Überfluss führen uns die gelben Jakobswegpfeile auch noch über aufgeweichte, schlammige Waldwege. Mittlerweile haben wir die Nase voll von so viel Matsch und gehorchen jetzt mal nicht dem Camino, sondern marschieren entschlossen an der N 634 entlang, eine Strecke, die nicht unbedingt kürzer ist als der Waldpfad und – wie wir bald feststellen müssen – auch nicht trockener. Denn nun bekommen wir die Nässe nicht nur von oben und unten ab, sondern durch die vorbeirauschenden Autos auch noch von der Seite. Viel Verkehr, viel Lärm und viel Industrie. Wortlos trotten wir hintereinander her, der Blick eingeschränkt durch das enge Gesichtsfeld, das uns unsere Regenkapuzen gewähren, dazu die Gleichförmigkeit der Straße. Es gibt so gut wie keine Ablenkung, aber massig Raum für unsere Gedanken, die sich fast ausschließlich um nasse Kleidung drehen.

Pit hat gestern Abend seine beiden Handtücher gewaschen. Ein drittes gibt es nicht, was bedeutet, dass er heute Abend nicht duschen kann. Mit den Strümpfen ist es ihm auch schon mal so ergangen. Wenn ich wasche, sorge ich dafür, dass immer ein Teil trocken bleibt, auch wenn es schmutzig ist und stinkt. Ich würde Pit gerne raten, es genauso zu tun. Aber ich fürchte seine Abwehrhaltung, gerade jetzt, wo es wieder einigermaßen gut zwischen uns läuft. Und außerdem: Warum muss ich ihm überhaupt etwas raten? Vielleicht, weil ich mir wünsche, dass er meine Umsicht toll findet und mich dafür bewundert? Quatsch, eher erreiche ich mit meiner Besserwisserei das Gegenteil. Also halte ich die Klappe. Er wird schon seine Erfahrungen machen und selbst seine Schlüsse ziehen. Schließlich bleibt einem auf dem Camino gar nichts anderes übrig.

Die Herberge in La Caridad ist leicht zu finden, bloß nicht der Schlüssel, um hineinzukommen. Donna Theresa, die laut Wanderführer die »Schlüsselgewalt« hat und bloß ein Haus weiter wohnt, ist nicht da oder schwerhörig oder anderweitig beschäftigt. Na prima … 15 Kilometer Nationalstraße, Dauerregen und kein *llave* (Schlüssel). Dabei hätte ich so gerne schon mal meine Sachen aufgehängt! Stattdessen kehren wir in eine Bar ein, warten auf *café con leche* und bestellen *menú del día* (Tagesmenü). Bis alles aufgetischt wird, verschwinden Pit und ich nacheinander auf die Toilette und ziehen uns dort trockene Sachen an. Die nassen hängen wir über Stuhllehnen und Rucksäcke. Um unseren Tisch herum sieht es aus wie beim Trödler, aber niemand stört sich daran, und wir schon gar nicht. Dann machen wir uns über Kartoffelsalat mit Erbsen, Möhren, Ei und Thunfisch, über frittierten Fisch und Obst zum Nachtisch her, dazu gibt es reichlich Rotwein und zum Abschluss ein Zigarillo für jeden. Ich bin ziemlich aufgekratzt und teile Pit meine neueste, weinselige Erkenntnis mit: »Jetzt weiß ich endlich, warum die Südländer so leicht leben: Es ist nicht nur der Sonnenschein, o nein, es ist ja auch der Wein!«

»Von Sonnenschein kann ja wohl keine Rede sein«, spottet Pit. Aber als wir die Bar verlassen, hat es wenigstens aufgehört zu regnen. Wir starten den zweiten Versuch, den Herbergsschlüssel zu bekommen – und scheitern auch diesmal. Was nun? Wir könnten anrufen, jedenfalls ist im Wanderführer eine Telefonnummer vermerkt. Aber es ist eine Sache, mit den Einheimischen von Angesicht zu Angesicht zu reden und dabei Mimik und Hände zu Hilfe zu nehmen, und eine andere, sich am Telefon so auszudrücken, dass man verstanden wird. Diese Aufgabe überfordert uns eindeutig, und wir müssen uns etwas anderes einfallen lassen.

»Wie wäre es, wenn ein Spanier für uns anruft?«, schlage ich vor.

Pit ist skeptisch, aber leicht beschwipst, wie ich bin, kenne ich keine Hemmungen und spreche einen Mann an, der auf dem Hauptplatz von La Caridad gerade seinen Marktstand zusammenpackt. Sonst ist weit und breit keine Menschenseele zu sehen. Marktzeit ist längst vorüber. Aber zu unserem Glück hat er gebummelt, ganz so, als hätte er gerade auf uns gewartet. Jedenfalls geht er bereitwillig auf uns ein. Mimik und Hände ersetzen tatsächlich, was ich nicht ausdrücken kann, und der Spanier schreitet sofort zur Tat und verschwindet in einem Telefonhäuschen. Er redet lange und ausgiebig und erklärt uns hinterher wortgewaltig das Ergebnis. Wir verstehen natürlich wieder mal kein Wort, aber wir vermuten, was er meint, nämlich, dass wir zurück zu Donna Theresas Häuschen gehen und dort warten sollen. In nächster Zeit wird jemand mit dem Schlüssel auftauchen. »*Muchas gracias*« und »*Adios*«, und dann trollen wir uns davon, stehen uns vor Donna Theresas Haustür die Beine in den Bauch und warten und warten und warten, während unsere feuchten Klamotten in ihren Plastikverpackungen im Rucksack vor sich hin schimmeln. Aber niemand kommt. Sollten wir unseren freundlichen Helfer missverstanden haben? Besser, noch mal zurück zum Hauptplatz zu gehen und sich rückzuversichern in der Hoffnung, dass der Mann noch da ist. Er ist ... und amüsiert sich prächtig über unsere zweite Gesprächsrunde. Diesmal nehme ich meinen kleinen Langenscheidt zu Hilfe und lerne eine neue spanische Vokabel: *esperar* – warten auf. Tja, es bleibt uns wohl tatsächlich nichts anderes übrig, als uns in Geduld zu üben. Der Händler begleitet mich bis zur nächsten Ecke, lachend und schulterklopfend. Wir verabschieden uns voneinander wie langjährige Freunde.

Der Nachmittag kriecht langsam vorüber, unsere Sachen sind nass wie am Morgen und wir sind verunsichert und müde. Doch endlich, endlich öffnet uns eine kleine, alte Dame. Das muss Donna Theresa sein, und wir fragen uns, wo sie gesteckt hat. Jedenfalls haben wir sie nicht ins Haus hineingehen sehen. Sie stempelt ein Wandermännchen, das typische Zeichen der staatlichen Pilgerherbergen, in unsere Pilgerausweise, nimmt von jedem von uns 3 Euro in Empfang und händigt uns schließlich den Schlüssel zu unserer Unterkunft aus.

Es gibt zwei Schlafsäle, Duschen und Toiletten, alles ein bisschen düster, aber sauber und warm und trocken. Wir breiten uns mächtig aus und hängen unsere Sachen auf Schnürsenkel, die wir zwischen zwei Bettpfosten spannen. Ich verschwinde unter der Dusche und anschließend im Schlafsack. Pit dämmert schon leise vor sich hin. Aber die Ruhe währt nicht lange: Ein uns noch unbekannter Pilger trifft ein. Wir heißen ihn willkommen und erfahren, dass er Hendrik heißt, aus Sachsen stammt, bereits den Camino Francés hinter sich hat, sich seine Compostela also schon erwandert hat, und nun den Nordweg zurückgeht. Wir tauschen gerade Tipps und Erfahrungen aus, da tauchen Petra, Uli und Doris auf, die drei Österreicherinnen, die vorgestern mit uns in der Schimmelherberge in Cadavedo übernachtet haben. Wir rücken zusammen, und während sie ihre triefnassen Sachen im Raum verteilen, zaubert Hendrik eine Flöte aus seinem Gepäck und spielt ein paar hübsche kleine Melodien.

Innerhalb von Minuten sieht es in unserer Herberge aus wie in einer Waschküche. Überall hängen und liegen dampfend feuchte Klamotten. Die drei Mädels haben die letzte Nacht kurz vor Luarca verbracht und sind heute beinahe 30 Kilometer durch Dauerregen gelaufen. Sie sind nass bis auf die Knochen und hungrig wie die Löwen. Pit und ich schleppen alle in die Bar, in der wir schon zu Mittag gegessen haben. Am Nebentisch machen sich die Österreicherinnen über Berge spanischer Köstlichkeiten her, während Pit und ich uns bei Rotwein und Zigarillos angeregt mit Hendrik unterhalten. Und zurück in der Herberge ist längst nicht Schluss. Ausgelassen albern wir mit unseren Mitbewohnern herum und lassen diesen Tag ausgesprochen fröhlich ausklingen.

## 30. TAG  LA CARIDAD – TAPIA DE CASARIEGO

Heute laufen wir unsere bisher kürzeste Strecke, 11,5 Kilometer, ein Spaziergang durch Wiesen, kleine Dörfer und verstreute Gehöfte. Der von unserem Wanderführer angekündigte Strandweg entpuppt sich als Nebenstraße unserer altbekannten N 634. Aber immerhin regnet es nicht.

Schon gegen elf Uhr erreichen wir unser Ziel. Die Herberge liegt am Ortseingang, direkt am Meer. Der Ausblick ist atemberaubend. Es ist Ebbe. Schwarze Felsen erheben sich wie die verschlungenen Beine eines versteinerten Riesenkraken aus den Wellen, über die die Sonne goldenes Licht gießt. Wir können uns kaum trennen. Aber natürlich müssen wir zuerst den Schlüssel für die Herberge besorgen, was sich mal wieder als ein echtes Abenteuer herausstellt, an dem mindestens zwei Handvoll Leute beteiligt sind. Wir stehen ratlos im *ayuntamiento* (Rathaus), hören den Leuten zu, die wegen des Schlüssels alle durcheinanderreden, und fragen uns, was so kompliziert daran sein kann, uns das Ding endlich auszuhändigen. Wir beschließen, die Situation einfach nur komisch zu finden. Dazwischengehen hat sowieso keinen Sinn, und nachdem schließlich jeder gesagt hat, was er unbedingt loswerden musste, können wir endlich mit dem Schlüssel abziehen. Nachdem wir uns eingerichtet haben, trudeln die drei Österreicherinnen ein und beschließen zu bleiben. Schließlich muss endlich mal die Wäsche trocknen, und außerdem ist die Herberge fantastisch: herrliche Aussicht, ruhige Lage, sauber und geräumig und mit einer Wäscheleine hinter dem Haus.

Nach dem Duschen erkunden Pit und ich die gemütliche, überschaubare kleine Altstadt, den Hafen und die spektakulär schönen Steilklippen, die von lila und gelben Blumen mit fleischigen Blättern überwuchert sind. Es sieht aus, als hätte jemand bunte Teppiche zum Lüften aufgehängt. Wir sitzen auf den Stufen einer Treppe, die zum Strand hinunterführt, beobachten das Spiel der Wellen, wie sie leise gegen Sand und Steine klatschen, und hängen unseren Gedanken nach, reden, lachen und sind so unbeschwert wie ganz am Anfang. Das tut gut. Doch dann türmen sich plötzlich am Himmel Wolken auf, dramatisch dunkel vor strahlendem Himmel, die perfekte Kulisse für ein Foto. Aber wir sind uns einig: Diese Stimmung wäre sowieso nicht einzufangen. Außerdem beginnt es jetzt wieder zu tröpfeln, und so machen wir uns auf den Weg zurück zur Herberge. Dort sind inzwischen noch eine Deutsche, die sich als Monika vorstellt, und ein spanischer Pilger eingetroffen.

Es ist erst früher Nachmittag, aber es gibt nichts mehr zu tun. Die Wäsche haben wir von der Leine geholt und über die Bettpfosten drapiert. Wir krabbeln in unsere Schlafsäcke und verträumen die Zeit, Entspannung für die Beine, Muße für die Gedanken. Ich lasse Erinnerungen Revue passieren und denke an zu Hause und an unsere Kinder. Wie es denen jetzt wohl geht? Heute ist die Hälfte unserer Camino-Zeit um. Noch einmal so lange und wir sind wieder daheim. Besonders große Sehnsucht verspüre ich noch nicht.

Ich höre auf das Treiben unserer Mitbewohner. Die Österreicherinnen halten es für eine gute Idee, ihre Wäsche in der Mikrowelle zu trocknen. Was dabei herauskommt, sind angekokelte Socken und Brandblasen auf Doris' Händen. Es hätte schlimmer kommen können. Ich stelle mir vor, wie es ist, in meinem Schlafsack zu verbrennen, wie der synthetische Stoff sich verflüssigt und an meiner Haut klebt … kein schöner Gedanke. Bevor mir noch mehr dumme Ideen kommen, gehen wir lieber zum Essen. Bis auf ein kleines Picknick haben Pit und ich heute noch nichts in den Magen bekommen. Doch wir sind zu früh dran. *Cena*-Zeit ist um neun, und jetzt haben wir gerade erst halb acht.

Macht aber nichts, wir fangen eben schon mal mit Wein an und nutzen die Zeit zum Reden. Wir haben viel Spaß und freuen uns am Ungestörtsein. Alles ist entspannt und richtig gut!

## `31. TAG`  TAPIA DE CASARIEGO – RIBADEO

Heute ist unser letzter Tag am Meer. Der Regen hat sich verzogen, und wir brechen bei strahlendem Sonnenschein auf und landen schon nach ein paar Metern am Hafen in einer Bar, wo wir ein kleines Frühstück einnehmen. Wer weiß, wann wir sonst dazu Gelegenheit finden? Erst gegen elf Uhr wandern wir an Stränden aus dem Ort heraus, einer romantischer als der andere, sodass wir dauernd stehen bleiben. Weiter geht es an der Küste entlang, die so beeindruckend schön ist, dass uns jedes Wort unzulänglich und kümmerlich erscheint: steil, wild, zerklüftet, farbenprächtig, gewaltig … Pit und ich verlassen ständig den Weg, um bloß keinen sensationellen Ausblick zu verpassen, waten durch hüfthohe Wiesen und knöcheltiefen Matsch. Für ein paar Kilometer brauchen wir Stunden. Aber das ist uns egal, denn die Umwege lohnen sich.

Zwischendurch treffen wir immer wieder die drei Österreicherinnen. Blöd, dass sie mitten in eine Regenperiode geraten sind, die für diese Jahreszeit in Spanien ziemlich untypisch ist. Trotzdem scheinen die drei gut drauf zu sein. Jedenfalls lachen sie viel, genießen die Schönheit der Gegend genauso wie wir und lassen sich auch ebenso viel Zeit. Wir trennen uns von ihnen an einem besonders schönen Aussichtspunkt, wo sie picknicken wollen. Pit und ich lagern uns erst am frühen Nachmittag am Rand eines steil abfallenden Weges, der hinunter zum Strand führt. Leider überraschen uns wieder einmal dicke Regentropfen. Also Regencape an und – als der Himmel sich wieder lichtet – Regencape aus. Zu guter Letzt müssen wir unsere Bibabutzemänner aber doch anbehalten, denn inzwischen strömt der Regen sintflutartig auf uns herunter. Pit und ich müssen vorübergehend Schutz in einem Hauseingang suchen. Doris, Uli und

Petra, die uns mittlerweile eingeholt haben, sind nass wie die Pudel. Zusammen trotten wir weiter.

Dann kommt der Zeitpunkt, an dem wir die Küste endgültig verlassen müssen. Wieder einmal treffen wir auf unsere gute, alte N 634, die uns bis kurz vor Ribadeo führt. Vor der Stadt trennt eine breite Wasserstraße Asturien von Galizien. Darüber führt eine ca. 400 Meter lange und 60 Meter hohe Autobrücke, die gerade zur Autobahn erweitert wird. Früher gab es wohl mal einen Fußgängerüberweg am Rande der Fahrbahn. Aber jetzt ist die Brücke eine einzige riesige Baustelle hoch über dem Wasser, und wir haben nicht die geringste Ahnung, wie wir da hinüberkommen sollen. Eine Alternative oder einen Fährverkehr gibt es nicht. Die A-Mädels, wie Pit die drei Österreicherinnen mittlerweile tituliert (A als Abkürzung für *Austria*), beschließen, es mit Trampen zu versuchen. Auch wir strecken unsere Daumen in die Höhe. Aber wohl abgeschreckt durch unsere triefnassen Regenumhänge fahren alle Autos an uns vorbei. Und was nun?

»Los, wir gehen mal ganz nach vorne«, schlägt Pit vor. Ich bin skeptisch. Denn was soll das bringen? So dicht an der Baustelle hält bestimmt niemand, und wir stehen den Bauarbeitern bloß im Weg herum. Doch die kümmern sich gar nicht um uns, bis wir ihnen signalisieren, dass wir über die Brücke wollen. Da ermutigen sie uns fröhlich, unser Vorhaben in die Tat umzusetzen, ohne uns anzuseilen, ohne Helm, Netz oder andere Schutzmaßnahmen. In Deutschland wäre so etwas undenkbar. Da würden im besten Fall sofort die Polizeisirenen heulen, im schlimmsten ein Krankenwagen von der Psychiatrie vorfahren. Aber hier passiert nichts.

Die Fahrbahnen sind verkleinert worden und nur mit konisch zulaufenden Betonpfeilern gesichert. Daneben zieht sich ein höchstens 60 cm breiter, geländerloser Rand entlang, auf dem zu allem Überfluss auch noch Unmengen von Baumaterial lagern. Dieser Rand ist die einzige Möglichkeit für uns, über die Brücke zu kommen, in 60 Metern Höhe, nichts als unergründlich türkisgrünes Wasser unter uns. Wer da hinunterstürzt und dann auch noch mit Rucksack, der ist sicher innerhalb von Sekunden mausetot … Zu allem Überfluss müssen wir auch noch zwei Montagegerüste umklettern. Dazu muss man zwischen Fahrbahn und Gerüst auf den Betonpfeilern balancieren und einen möglichst autofreien Zeitpunkt abpassen. Sich um das Gerüst herum zu trauen, während gerade ein LKW vorbeirauscht, wäre glatter Selbstmord. Jedenfalls kann ich mir gut ausmalen, was passiert, wenn mein Rucksack von so einem Straßenriesen mitgeschleift wird. Die Wahrscheinlichkeit, dass genau das passiert, ist mindestens genauso groß wie die, nass zu werden, wenn man ohne Regenschirm unter einer voll aufgedrehten Dusche steht. Schließlich hängt man auf den schmalen Betonabgrenzungen gefährlich weit mit Körper und Gepäck über der Fahrbahn.

Doch was helfen meine Bedenken? Irgendwie müssen wir über diese Brücke, und so mobilisiere ich meinen ganzen Mut und wage mich vorsichtig hinter Pit her. Der ist begeistert. »Sieh mal die Stadt. So eine tolle Aussicht kriegen wir nie wieder!«, schreit er. Aber mir ist die Aussicht schnurzpiepegal. Ich habe Mühe, mein Adrenalin unter Kontrolle zu halten, genau wie meine Augen, die unaufgefordert immer wieder zum Abgrund rechts neben mir wandern. Die Bauarbeiter verfolgen grinsend unser Manöver, und als ich erfolgreich eines der grässlichen Baugerüste umklettert habe, klopft einer von ihnen mir auf die Schulter. »*Muy bien*« (Sehr gut), lobt er mich. Der tut ja gerade so, als wäre das hier ein riesiger Spaß! Ja, sieht er denn nicht, dass diese Wahnsinnstat mich beinahe umgebracht hätte?

Offensichtlich nicht und zu guter Letzt ist – o Wunder – tatsächlich niemand bei dieser Aktion gestorben. Stolz wie die ersten Menschen auf dem Mond betreten wir galizischen Boden. Hochgefühl pur, das wir gleich über Monika ausschütten, der Frau, die wir gestern in Tapia de Casariego kennengelernt haben und die uns jetzt kurz vor unserer Herberge mit ihren Einkäufen über den Weg läuft. Monika hat einen Linienbus gefunden, der sie problemlos über die Baustellenbrücke bis in die Stadt hineingebracht hat. Warum finden eigentlich immer die anderen die unkomplizierten – und vor allem die ungefährlichen – Lösungen?

Zusammen gehen wir zur Herberge, die direkt neben der Brücke steht, von außen niedlich wie ein Puppenstübchen aussieht, aber von innen stinkt wie eine Kloake. Pit und ich nehmen Reißaus, gehen in der Stadt einkaufen und trinken unseren unvermeidlichen *café con leche*. Schade bloß, dass wir dadurch das letzte bisschen Sonne des Tages verpassen, was mich trotz der reichlichen Endorphinausschüttung der vergangenen Stunden in mürrische Stimmung versetzt. Mir ist zwar klar, dass Pit und auch sonst niemand etwas an der Situation ändern kann. Aber es hilft kein bisschen, wenn ich mir das vorhalte. Es geht mir erst besser, als ich mein Bedauern aussprechen kann und auf Verständnis stoße. Verständnis scheint mir sowieso eine ziemlich verbindende und motivierende Kraft zu sein, viel mehr als kluge Argumente. Was für ein erstaunliches Phänomen!

Pit und ich nehmen unser Abendessen auf einer Bank in der Nähe der *albergue* ein. Die Reste spendieren wir unseren Mitbewohnern Monika und Pierre, einem Kanadier, der schon eine gute Strecke mit Monika zusammen gelaufen ist und seine Wanderkameradin heute wiedergetroffen hat. Später gesellen sich noch die drei A-Mädels zu uns. Sie sind schließlich doch von einem freundlichen Autofahrer, der lieber für drei winkende Frauen als für ein nasses Pärchen angehalten hat, mitgenommen worden.

Jetzt ist es Viertel vor zehn. Ich sitze in meinem Bett und schaue aus dem Fenster mit Blick auf unsere Abenteuer-Brücke. Langsam senkt sich die Dämmerung über die Bucht und färbt das Wasser anthrazitgrau. Die beleuchtete Brücke wirft Lichtpunkte wie Silbermünzen auf die Wellen. Darüber zieht sich ein perlmuttfarbener Streifen Himmel, an dem sich ein vielversprechender zartrosa Schimmer zeigt. Eigentlich hat es in den letzten beiden Wochen nur an zwei Tagen ununterbrochen geregnet, sonst gab es bloß Schauer oder Nieselregen. Aber es war immer regnerisch genug, um ständig in Alarmbereitschaft zu sein, niemals ein trockenes Plätzchen für ein Picknick zu finden und unentwegt feuchte Schuhe zu haben. Das zermürbt uns allmählich, und wir haben Sehnsucht nach Wärme und Licht. Ob das Wetter morgen endlich besser wird?

Heute geht es in die Berge. Der Weg ist längst nicht so anstrengend, wie ich befürchtet habe. Bis auf die Eukalyptuswälder kann man sich hier wieder ganz wie im Allgäu fühlen. Es ist wunderschön, trotzdem finde ich es schade, nicht mehr am Meer zu sein. Die Berge sind toll, aber eben sehr weit weg. Spüren kann ich sie nur über Anstrengung. Sich selbst fühlen, das bedeutet für mich »lebendig sein«. Aber ich will mich nicht nur über Schweiß und Schmerz erleben. Das Meer dagegen empfinde ich wie Streicheleinheiten, den Sand, den Wind und das Wasser. Wochenlang bin ich daran entlanggewandert, ohne die Möglichkeit genutzt zu haben, mich durch die Wellen selbst zu fühlen. Das ist, wie eine Konservendose direkt vor die Nase eines völlig Ausgehungerten zu halten, während es weit und breit keinen Dosenöffner gibt … total deprimierend. Vielleicht rührt daher mein Eindruck, etwas versäumt, den Hunger nach Lebendigkeit nicht gestillt zu haben. Ich merke, dass ich noch sehr hungrig bin und die Sehnsucht nach Leben sich noch längst nicht erfüllt hat. In den letzten Wochen habe ich mich selbst sehr intensiv gespürt, aber eben meistens über den Schmerz. Obendrein habe ich heute schon wieder meine Tage bekommen. Kein Wunder, dass ich nicht besonders gut drauf bin.

Der Wald ist dicht, die Wege sind verschlungen, aber die Ausschilderung ist top. Trotzdem verlaufen wir uns und sind, bis wir es merken, bereits drei Kilometer in die falsche Richtung gewandert. Umkehren geht mal wieder gegen unsere Wanderehre. Stattdessen zücken wir den Kompass und orten mit seiner Hilfe den richtigen Kurs, der uns geradewegs links in eine schmale Straße führt. Wer weiß, wo wir hier gelandet sind, und wer kann schon sagen, wo wir herauskommen, wenn wir diesem Weg folgen? »Hauptsache, die Richtung stimmt«, sagt Pit zuversichtlich. Aber wirklich beruhigt sind wir beide nicht. »Wenn jetzt bloß jemand käme«, schickt er ein Stoßgebet zum Himmel. Und siehe da, der Himmel hört nicht nur, sondern antwortet sogar. Auf der Straße, auf der uns die ganzen zwei Kilometer nicht ein einziges

Auto begegnet ist, rumpelt ein verbeulter Kleinwagen heran. »Wenn der noch hier abbiegt ...«, sinniert Pit. Auch dieser Wunsch wird erfüllt, und als Pit noch einen dritten anhängt – »bitte, bitte anhalten« – und sich zur Bekräftigung mit ausgebreiteten Armen auf die Straße stellt, quietschen tatsächlich Reifen und das Auto kommt zum Stehen.

Heraus krabbelt ein Männlein, das Pit höchstens bis zur Brust reicht und so alt und verschrumpelt aussieht wie Methusalem. Aber er spricht, wie wir es längst von den Spaniern gewöhnt sind: pausenlos und schnell wie eine Rakete. Dabei fuchtelt er wild mit den Armen in der Luft herum, wohl in der Hoffnung, dass wir ihn dann besser verstehen, was leider nicht der Fall ist. Aber wenigstens er hat etwas begriffen, nämlich, dass wir Jakobspilger sind, uns verlaufen haben und dringend Hilfe brauchen. Also packt er kurzerhand unsere Rucksäcke in seinen Kofferraum und schiebt uns unter lautstarken Kommentaren auf die Rückbank seines Wagens. Dann geht es los, wir wissen nicht wohin. Es bleibt uns nichts anderes übrig, als abzuwarten und zu vertrauen. Und wir werden nicht enttäuscht. Der Alte brettert in atemberaubendem Tempo kreuz und quer auf holprigen Wegen zwischen Eukalyptusbäumen hindurch, bis wir vollends die Orientierung verloren haben. Wenn der uns jetzt rauswirft, sind wir verraten und verkauft, denken wir. Doch unser redseliger Chauffeur hält genau vor einem Monolithen mit gelbem Jakobspfeil und blauer Wegweiserkachel. Alles ist gut. Schulterklopfen und »*Buen Camino*«, und dann ist unser Retter so schnell verschwunden, wie er aufgetaucht ist.

Es stellt sich heraus, dass er uns einmal um den Berg gefahren hat, was uns eine mühselige Steigung erspart hat. Für den Moment sind wir ganz euphorisch, zumal der Ausblick von hier oben mal wieder phänomenal ist: Kleine Gehöfte, die sich in die Täler schmiegen wie Katzen in ein weiches grünes Kissen, schmale Pfade, die sich wie Geschenkband zwischen den Wiesen schlängeln, das Silber der Eukalyptusblätter, in denen sich verstohlen seltene Sonnenstrahlen verfangen. Es könnte endlich alles gut sein, wenn es nicht schon wieder anfangen würde zu regnen.

»Himmel noch mal, kann das jetzt nicht endlich mal aufhören?«, stöhnt Pit. Aber diesmal hört der Himmel nicht. Offensichtlich hat Pit sein Kontingent an Wünschen für heute erschöpft, und auf mich scheint hier sowieso keiner zu hören. Allmählich könnten wir eine Pause gebrauchen, aber nirgendwo gibt es ein trockenes Plätzchen, alles trieft vor Nässe. Wir müssen, ob wir wollen oder nicht, weiterlaufen bis zur Herberge. Ob wir noch jemals richtig trocken werden? Jetzt sind sogar die Schuhe durch. Mist!

Einen kleinen Lichtblick gibt es dann aber doch: Am rustikalen Eichentisch im Aufenthaltsraum der Herberge sitzt eine stämmige Frau mit kurzen dunklen Haaren und blauer Fleecejacke und schreibt konzentriert in eine Kladde. Es ist Monika, die uns so erfreut begrüßt, als hätte sie auf uns gewartet, ein Empfang, der richtig guttut.

Moni hat sich schon eingerichtet. Das würde ich am liebsten auch gleich tun. Besonders sehne ich mich nach einer schönen warmen Dusche. Aber Pit hat Hunger und will sofort irgendwo essen gehen. Natürlich habe ich vollstes Verständnis. Allerdings gibt es in diesem Nest weder eine Einkaufsmöglichkeit noch ein Restaurant. Unsere *hospitalera* verweist auf eine Bar, die etwa einen Kilometer entfernt liegen soll. Das schaffen wir wohl gerade noch.

Also lassen wir unsere Rucksäcke in der Herberge zurück, so wie wir es immer tun. Doch heute trennen wir uns nur ungern von unserem Gepäck, denn in der Herberge lungert ein ziemlich abgerissener Mann herum, der ganz und gar nicht wie ein Pilger, sondern wie ein Landstreicher aussieht. Pit hat große Sorge, dass er sich seinen Schlafsack und wer weiß was noch unter den Nagel reißt und klammheimlich damit verschwindet. Aber Bedenken füllen keinen leeren Magen, und wir sind einfach zu kaputt, um uns wieder unsere ganze Ausrüstung auf den Rücken zu laden. Also üben wir uns noch einmal in Vertrauen und stiefeln los, hungrig, verunsichert, nass von Schweiß und Regen.

Monika schließt sich uns an, und zu dritt marschieren wir bis zum nächsten Ort. Gelegentlich lassen sich ein paar vorwitzige Sonnenstrahlen blicken. Aber besonders ermuntern können sie uns nicht, denn auch in diesem Ort finden wir weder einen Laden noch eine Bar. Alles tote Hose und niemand da, den man fragen könnte. Dabei sind wir mindestens schon eine Dreiviertelstunde unterwegs und mit Sicherheit weiter als einen Kilometer gelaufen! Ernüchtert kehren wir um, versuchen einen anderen Weg und geraten mal wieder – wie könnte es anders sein – in einen heftigen Regenguss. Monika hat die Nase voll und kehrt um. Aber Pit und ich starten verbissen und stur einen dritten Versuch. Wir wollen uns diese Niederlage einfach nicht eingestehen. Außerdem geben unsere Vorräte bloß noch eine Dose gesalzener Nüsse, ein Stück trockenen Käse und zwei Äpfel her. Nichts, was den Magen befriedigt, zumal er den ganzen Tag noch nichts Anständiges bekommen hat.

Wir laufen und laufen und laufen, weit und breit weder eine Ortschaft noch ein Haus und schon gar kein Restaurant. Ich bin wütend auf das Wetter, auf diesen Weg, auf Pit und seinen Hunger, auf mich selbst und überhaupt auf die ganze Welt. Pits ewiger Optimismus, seine Versprechungen, die meistens unerfüllt bleiben, weil er genauso wenig weiß wie ich, was auf uns zukommt, und diese ganze blöde Gute-Stimmungs-Mache hängen mir längst zum Hals heraus. Warum kann er nicht endlich mal ehrlich sein und zugeben, wie es wirklich ist, nämlich einfach nur schlimm? Wahrscheinlich, weil er so nicht über Alternativen nachdenken oder Konsequenzen ziehen muss, und er braucht sich auch nicht sein Ausgeliefertsein und die eigene Hilflosigkeit einzugestehen. Wie einfach, es laufen zu lassen und so zu tun, als wäre alles bestens ...

Ich bin so stinkig, dass ich am liebsten schreien oder irgendetwas zertrümmern, mich auf die Straße schmeißen und nie wieder aufstehen würde. Ich könnte gerade auf meine Ehe pfeifen und auf mein ganzes anstrengendes Leben, in dem ich ständig Sachen tun muss, auf die ich keine Lust habe, die mir nicht entsprechen, die mich quälen und mir den letzten Rest Lebensfreude rauben. Ist es nicht genau das, vor dem ich zu fliehen versucht habe? Und nun holt mich alles in dieser gottverlassenen Gegend ein, so, als wäre ich niemals aufgebrochen, so, als wäre jeder Versuch umsonst, so, als würde es niemals gut werden. Zum Kuckuck noch mal, ich wollte nichts als eine warme Dusche. Stattdessen marschiere ich durch Regen, bloß weil Pit Hunger hat. Was geht mich sein Hunger an? Meiner ist mir längst egal. Ich will nur noch in meinen Schlafsack. Der Frieden der letzten Tage war wohl bloß die Ruhe vor dem Sturm, eine dünne Decke über der aufgestauten Frustration. Wenn ich einen Roman über unsere Jakobsweg-Erfahrungen schreiben würde, wäre genau das jetzt die Stelle des Konflikthöhepunktes. So jedenfalls fühlt sich der Tag an: einfach nur niederschmetternd. Unsere Stimmung ist auf mindestens 1000 Minuspunkte gesunken, und ein Hoffnungsschimmer ist weit und breit nicht in Sicht. Warum machen wir das hier bloß?

Als sich hinter der nächsten Kurve auch nichts anderes als Wald auftut, kehren wir um. Über zwei Stunden sind wir für nichts und wieder nichts unterwegs gewesen. Als wir die Herberge erreichen, beschließt der Himmel, endlich seine Schleusen zu schließen. Moni finden wir in ihrem Schlafsack wieder, der Landstreicher ist verschwunden, Gott sei Dank ohne unsere Sachen, die wir so vorfinden, wie wir sie zurückgelassen haben. Mir geht es erst nach einer heißen Dusche besser.

Wie immer ist Wäschewaschen angesagt, aber meine Seife ist alle. Ich habe wegen des Gewichts bloß ein Probierfläschchen eingepackt, das ich an jedem Seifenspender, den ich finden konnte, aufgefüllt habe. Aber hier gibt es so etwas nicht, und mein Miniseifenbehältnis ist bis auf den letzten schmierigen Tropfen leer. Und was nun? »Guck mal da«, murmelt Moni, schiebt eine Hand aus ihrem Schlafkokon und deutet auf den einzigen Stuhl im Schlafsaal. Darauf liegt eine zusammengeknüllte Plastiktüte und – ich kann es kaum glauben – darin steckt ein schönes großes Stück Kernseife. Wir teilen schwesterlich unseren Schatz, Vorrat für schlechte Zeiten. Ein warmes Essen haben wir heute nicht bekommen, aber immerhin Seife …

Pit und ich essen unsere mageren Vorräte, sitzen draußen auf Steinbänken unter jahrzehntealten Obstbäumen, maniküren unsere Nägel und lassen uns von der Landschaft und der milden

Abendstimmung einhüllen. Schön ist es hier. Sanft runden sich grüne Hügel, deren Kuppen mit dem Blau des Himmels verschwimmen. Die Vögel singen ihr Abendlied, die Blätter der Bäume über uns wispern, sonst kein Laut ringsum. Ich wundere mich, dass ich nach diesem Tag noch Augen und Ohren dafür habe. Aber die Ruhe ist überwältigend und voller Frieden. Habe ich vorhin noch gedacht, diese Gegend sei gottverlassen? Habe ich mich tatsächlich und ernsthaft gefragt, warum ich mich auf diese Strapazen eingelassen habe? Vielleicht, um diese Erfahrung zu machen: dass Vertrauen sich lohnt, dass der Friede nicht darin liegt, dem Schmerz auszuweichen, sondern ihn zu überwinden. Vielleicht, um ein »dennoch« zu finden und einen Blick, der über die eigene Frustration hinausreicht … Was für eine harte, aber effektive Schule.

Allmählich wird es zu kühl, um noch länger draußen zu sitzen. Leider ist der Aufenthaltsraum der Herberge auch nicht viel wärmer. Trotzdem locke ich Moni aus ihrem Bett und überrede sie und Pit zu einer kleinen Würfelrunde. Eingemummelt in unsere Schlafsäcke sitzen wir am Eichentisch und spielen. Und wer hätte das gedacht: Es wird sogar noch ein bisschen lustig!

## 33. TAG    GONDAN – MONDOÑEDO

Aus Evas Tagebuch:

*Konnte heute Morgen einfach nicht aufhören zu weinen. Habe das Gefühl, längst an meiner Grenze – ach was: weit über meine Grenze hinaus – zu sein. Das Schlimmste ist, dass ich meine, mithalten und dabei gute Laune haben zu müssen, nicht sagen zu können, wie es mir wirklich geht, weil das vielleicht nicht akzeptiert werden könnte – vielleicht nicht mal von mir selbst … Und ich habe Angst, im Stich gelassen zu werden, wenn ich nicht mithalten kann.*

*Pit sagt, dass es ihm schlecht geht, wenn es mir schlecht geht, und er, damit es ihm wieder besser gehen kann, alles versucht, um meine Stimmung zu heben. Was dabei herauskommt sind seine ewigen Vertröstungen. Doch bei mir kommt an: »Alles halb so schlimm«, was in meinen*

Ohren genauso klingt, als hätten meine Befindlichkeiten keine Berechtigung und wären falsch. Dabei will ich bloß ein bisschen Verständnis. Empathie heißt doch nicht, dass es dem anderen genauso gehen muss wie mir. Ob wir es noch jemals schaffen, einander stehen zu lassen und den anderen in seinem Fühlen und Denken ernst zu nehmen?

Bis wir endlich unsere Rucksäcke schultern und der Herberge den Rücken kehren, ist Moni schon über alle Berge. Den ersten Kilometer laufen wir auf Asphalt. Irgendwie kommt uns die Straße bekannt vor. Sind wir die nicht schon gestern gelaufen, auf der Suche nach einem ordentlichen Abendessen? Und welche Ironie: Direkt hinter der Kurve, vor der wir gestern Nachmittag resigniert aufgegeben haben, stoßen wir auf eine winzige Dorfkneipe, in der man auch Kurzwaren und einige Lebensmittel kaufen kann. Diesmal kehren wir ein, stärken uns mit café con leche, füllen unsere Wassersäcke auf und decken uns mit Keksen ein.

Der Weg führt heute durch helle Wälder, überall Vogelgezwitscher, weiche Pfade, ein bisschen Sonne. Bei so viel Erhabenheit und Frieden ist es leicht nachzuvollziehen, dass Menschen in der Natur ihre spirituellen Antworten suchen. Aber bei den ersten Regentropfen wird mir klar, dass die Natur niemals Gott sein kann. Denn der Natur ist der Einzelne egal. Die Natur ernährt mich und hilft mir zum Leben. Aber sie tut das mit derselben Gleichgültigkeit, mit der sie mich gnadenlos durchnässt und frieren lässt. Sie ist erbarmungslos und bei ihr zählt nichts und niemand außer sie selbst. So aber ist der Gott der Bibel nicht. Ich glaube, dass ich Ihm unendlich wichtig bin. Und dieser Glaube hüllt mich ein wie mein zwar triefnasser, aber schützender Bibabutzemann.

Dabei bin ich mir auf diesem Weg schon so oft hilflos, klein und ausgeliefert vorgekommen. Und ich merke, dass dieses Gefühl immer dann eintritt, wenn ich mich Notwendigkeiten beugen muss. Dabei würde ich das, was ich mache, am liebsten machen, weil ich es will, weil ich selbst es so entschieden habe. Wenn ich mit dem Bus fahre, weil ich nicht mehr kann, dann fühle ich mich schwach. Aber wie wäre es, es gar nicht erst so weit kommen zu lassen, früh genug Grenzen zu erkennen und aktiv eine Entscheidung zu fällen – den Bus zu nehmen, bevor meine Schwäche mich dazu zwingt? Das Ergebnis wäre dasselbe, aber der innere Weg dorthin wäre nicht mehr nur eine Reaktion auf eine ausweglose Situation, sondern eine selbstbestimmte und freiwillige Aktion.

*Kilometer um Kilometer wandern Pit und ich schweigend neben-*
*einander her. Und in der Stille ist es plötzlich, als ob sich in meinen*
*Gedanken ein Schalter umlegt. Ich habe den Camino begonnen mit der*
*Fragestellung: Was brauche ich zum Leben? Ich habe meinen Besitz auf*
*ein Minimum reduziert und dabei nichts entbehrt. Ich kann aus dem*
*schöpfen, was mir jeweils zur Verfügung steht – und es reicht aus. Zum*
*Überleben genügt so lächerlich wenig, dass die Frage nach dem »wie*
*viel« sich in unserer Überflussgesellschaft eigentlich erübrigt. Es geht also*
*längst nicht mehr darum, was ich haben oder tun muss, um zu überleben,*
*sondern um die Frage: Was tut mir gut und verhilft mir zur Lebens-*
*freude? Eine logische Antwort wäre, eigene aktive Entscheidungen zu*
*treffen. Aber dazu wiederum muss ich wissen, was ich will und was mir*
*guttut. Ich glaube, dass ich das noch gar nicht richtig weiß.*

*Eine Stereoanlage braucht man nicht wirklich – das erleben wir hier,*
*wo wir ganz gut ohne auskommen. Ich kann auch zu Hause auf sie ver-*
*zichten. Aber Pit tut sie gut. Es ist ihm ein Genuss und eine Wohltat,*
*Musik aus einer hochwertigen Anlage zu hören – und deshalb hat sie für*
*ihn ihren berechtigten Wert. Was hat in diesem Sinn berechtigen Wert für*
*mich? Was fehlt mir zur Lebensfreude? Sicher mehr und vor allem ande-*
*res, als ich zur bloßen Existenz brauche. Ob ich auf dem Weg heraus-*
*finde, was das sein könnte?*

*Nach knapp 20 Kilometern erreichen wir Mondoñedo. Mondoñedo*
*ist ein wunderhübsches Städtchen mitten in den Bergen, mit zwei Kir-*
*chen und schiefergedeckten Häusern, die sich locker um das Zentrum*
*gruppieren. Durch die Altstadt mit ihren alten Granitbauten ziehen sich*
*labyrinthartig schmale, steile Gassen, die zum Teil noch mit uralten Stei-*
*nen gepflastert sind. Der Platz vor der Hauptkirche ist dagegen groß und*
*übersichtlich. Einheitlich weiß gestrichene Häuser fassen den Platz ein.*
*Alle haben bis zum Boden heruntergezogene Fenster und Balkone mit*
*schmiedeeisernen Geländern. Das gleichförmige Stadtbild wirkt beruhi-*
*gend und tut der Seele gut. Es sind kaum Menschen auf der Straße, und*
*es ist friedlich wie in einem Wald.*

*Pit und ich wollten heute eigentlich in einem* hostal *übernachten, um*
*endlich mal unsere Sachen, vor allem die Schuhe, trocken zu bekommen.*
*Zugunsten unseres Geldbeutels haben wir uns aber für die Herberge ent-*
*schieden und uns überlegt, uns einen Föhn zu kaufen. Leider sind alle*

*Geschäfte geschlossen, weil Feiertag ist. Wir müssen also bis Montag warten oder wir finden – ganz im Sinne meiner neuen Erkenntnis, dass wir gar nichts müssen – eine andere Alternative. Jedenfalls erweist sich die Herberge als gute Wahl. Wir finden sie auf einer Anhöhe am Ende einer Sackgasse. Sie ist sehr komfortabel ausgestattet bis auf die Duschen, die leider nur kaltes Wasser hergeben. Ich benutze sie trotzdem. Noch während ich mich abtrockne, höre ich bekannte Stimmen. Es sind die drei A-Mädels und Moni. Wie schön: Wir sind wieder alle zusammen.*

*Wir beschließen, gemeinsam essen zu gehen. Es gibt drei Vorspeisen und zwei Hauptgerichte. Uli kann sich nicht entscheiden, was sie essen will. Ihre Unentschlossenheit führt dazu, dass zum Schluss jeder vom Teller des anderen isst – ein herrlich fröhliches Durcheinander. Und als Uli am Ende nicht mal weiß, ob sie Kaffee, Cappuccino, Espresso oder unseren bewährten café con leche trinken will, klinkt sich auch noch unser Kellner mit allerhand Späßen ein. Wir amüsieren uns königlich und genießen das Zusammensein beinahe mehr als das Essen.*

*Am Abend besuchen wir alle noch die Messe. Der Innenraum der Kirche ist dunkel, aber die Deckenmalereien sind bunt und lebendig und voller Geschichten, die mir über die Eintönigkeit der Liturgie hinweghelfen. Vielleicht wäre der Gottesdienst längst nicht so langweilig gewesen, wenn wir etwas verstanden hätten. Musik allerdings erreicht die Seele auch in fremder Sprache. Eine Nonne singt engelsgleich zur Orgel. Lange, nachdem ihre Lieder verstummt sind, bleiben wir fünf schweigend sitzen. Nach und nach leeren sich die Kirchenbänke. Wir bleiben allein in der dämmrigen Kirche zurück. Und da plötzlich stimmt Doris ein Lied an, das wir auch aus unseren Gottesdiensten kennen: »Diesen Tag, Herr, leg ich zurück in deine Hände …«*

*Jetzt liege ich in meinem Schlafsack. Die anderen sind noch mal auf ein Bierchen losgezogen. Aber ich werde genau das tun, was wir vorhin gesungen haben: Danke, Herr, für diesen Tag!*

Aus Pits Tagebuch:

*Heute laufen wir wieder einen landschaftlich sehr schönen Weg. Wir sind früh los und haben in der gestern verzweifelt gesuchten Bar café con leche getrunken. Haben uns gut über unsere unterschiedlichen Befindlichkeiten unterhalten. Eva hilft es nicht, wenn ich immer versuche, das Posi-*

*tive aufzuzeigen, wenn sie nun mal anders empfindet. Sie möchte Mitge-*
*fühl und die Möglichkeit, ehrlich sagen zu können, wie es ihr gerade geht.*

*Eine Pause ist mal wieder nicht drin, weil der Boden total nass ist*
*und wir uns deshalb nirgendwo niederlassen können. Das einzige Res-*
*taurant auf dem Weg ist leider geschlossen. Bloß der überdachte Ein-*
*gangsbereich bietet Schutz vor dem plötzlich einsetzenden Regen.*

*Gegen ein Uhr erreichen wir Mondoñedo, eine schöne Stadt mit mit-*
*telalterlichem Kern. Die Ausstattung der Herberge ist top, das Wasser lei-*
*der eiskalt. Die A-Mädels, Moni und Pierre aus Kanada treffen ein und*
*so ist unsere »Camino-Familie« wieder vereint. Zusammen essen wir in*
*einem Restaurant zu Mittag und haben riesigen Spaß. Ist richtig erfri-*
*schend! Der Frust von gestern ist fast vergessen.*

*Nach einem kurzen Nickerchen besuchen wir um sieben Uhr die*
*Messe … Für unsere evangelisch-deutschen Ohren sehr gewöhnungsbe-*
*dürftig. Dann geht es noch mal in die Bar Central auf ein paar Bierchen*
*und gute Gespräche. Habe lange mit Uli über meinen Glauben gespro-*
*chen. Eva ist nicht dabei. Sie ist schon vor Stunden in ihren Schlafsack*
*gekrabbelt. Gegen halb elf machen wir anderen es ihr nach. Gute Nacht!*

## 34. TAG   MONDOÑEDO – VILALBA

Wir haben so lange geschlafen wie noch nie. Trotzdem lassen wir
uns Zeit, denn schon gestern haben wir entschieden, die heutige
Etappe von 36 Kilometern mit dem Bus zurückzulegen. Mir tun
nämlich immer noch der Rücken und der Bauch weh, Pit sticht
es in den Fersen und obendrein schüttet es mal wieder wie zu
Noahs Zeiten. »Außerdem ist heute Sonntag, da soll der Mensch
ruhen«, grinst Pit.

Wir sind erst um Viertel nach neun in der Bar, wo wir zu unserer Überraschung die drei A-Mädels beim Frühstück antreffen.
Auch sie haben sich für den Bus entschieden und sogar schon
Busstation und Abfahrtszeit ausgemacht. Wir brauchen uns bloß
noch anzuhängen.

Der Bus fährt gegen elf Uhr, und 40 Minuten später treffen
wir in Vilalba ein. Es ist nicht leicht, die Herberge zu finden, und

im Nieselregen stolpern wir kreuz und quer durch die Straßen. Schließlich entdecken wir den modernen Bau kurz vor der
Stadt hinter einem Kreisel, den wir vorhin schon mit dem Bus
passiert haben. Die Herberge ist sehr geräumig, aber für unseren
Geschmack zu düster. Innen gibt es dunkelgraue Betonwände,
außen eine fast schwarze Schieferverkleidung. Aber die Schlaf-
räume sind sauber und für Männer und Frauen getrennt. Wir
fünf sind bisher die einzigen Gäste und können daher die Regeln bestimmen. Doris, Uli und Petra sind einverstanden, dass Pit
sich bei uns im »Frauen-Schlafzimmer« einquartiert, sodass wir
uns nicht trennen müssen.

Die Herberge füllt sich noch mit fünf Spaniern und einer
Engländerin. Von den Spaniern bekommen wir so gut wir nichts
mit. Die Engländerin allerdings sucht sich ein Plätzchen in unserem Raum. Sie heißt Anna, stammt aus Oxford, ist 74 Jahre alt
und eine echte *old english lady*. Sie ist vor Jahren den Camino
schon einmal gelaufen und will jetzt zwei Wochen im zwei Tages-
märsche entfernten Miraz ehrenamtlich als *hospitalera* arbeiten.

Anna macht es sich in ihrem Schlafsack gemütlich, während
wir anderen zum Essen aufbrechen. Bis zur Kneipe sind es ungefähr zwei Kilometer. Die müssen wir nachher wieder zurück.
Aber das macht nichts, denn erstens hatten wir heute noch
keine sportliche Herausforderung, und zweitens ist uns das
Laufen schon selbstverständlich geworden. Zu fünft zockeln
wir los, albern herum, führen aber auch tiefe und inhaltsvolle
Gespräche. Immer wieder fließen Aspekte unseres Glaubens ein
und Pit und ich genießen es, so ungezwungen über unsere
Gottesbeziehung zu reden. Wir müssen die Gelegenheiten
nicht suchen, sie ergeben sich ganz von allein. Einzige Voraussetzung ist, dass wir bereit sind, Rede und Antwort zu stehen.
Aber das fällt uns leicht, weil in unserem Grüppchen jeder auf
den anderen hört und Meinungen stehen gelassen werden, Fragen ehrlich sind und Antworten auch. Pit und ich erleben es
beide als sehr wohltuend, wie offen und nah wir miteinander
umgehen, ohne einander verpflichtet zu sein. Jeder kann frei
von Erwartungen sagen, was er meint, und ebenso frei für sich

entscheiden. Wir können uns tagsüber trennen, weil wir nicht aus Pflichtgefühl heraus zusammenbleiben müssen. Im Gegenzug freuen wir uns jeden Abend aufs Wiedersehen. Wer weiß, vielleicht bleiben wir bis Santiago zusammen. Das wäre toll!

Zurück in der Herberge schenkt Pit mir eine herrliche Arnika-Rückenmassage. Wir werden unterbrochen von lautem Hallo. Moni ist angekommen. Sie ist am Morgen um sieben Uhr bei strömendem Regen aufgebrochen. Wie es ihr wohl bei diesem Sauwetter auf dieser langen Strecke ergangen ist? Sie ist erschöpft, aber fröhlich und erzählt begeistert von dem traumhaft schönen Weg, der leicht zu laufen gewesen sei, trotz des Höhenunterschiedes von knapp 600 Metern. Und auch der Regen hat hin und wieder beschlossen, woanders niederzugehen, sodass sie tatsächlich ein paar wohlige Sonnenmomente erlebt hat. Pit und ich nehmen uns vor, irgendwann einmal diese Etappe nachzuholen. Moni richtet sich häuslich ein und wir räumen für sie ein Plätzchen auf unserer Schnürsenkel-Wäscheleine direkt über einem Heizkörper, während sie mit ihrer Fußpflege beginnt. Als sie ihre Strümpfe herunterrollt, seufzt sie erleichtert: »Heute bin ich endlich mal kein Aschenputtel.«

»Was meinst du denn damit?«, will ich wissen. »Heute habe ich mal kein Blut im Schuh«, sagt sie und streckt mir ihre bloßen Füße entgegen. Bestürzt sehe ich auf Blasen, auf aufgeschürfte Haut und wunde Stellen. Lieber Himmel, wie kann jemand bloß mit solchen Füßen laufen? Ich verkneife es mir, Moni darauf aufmerksam zu machen, dass es die bösen Schwestern von Aschenputtel waren, die Blut im Schuh hatten. In meinen Augen ist Moni aber weder ein Aschenputtel noch eine böse Schwester, sondern eine ziemlich taffe Wanderfreundin, von deren Ausdauer und Durchhaltevermögen ich mir eine dicke Scheibe abschneiden kann. Aber jeder nach seinem Vermögen, tröste ich mich und bin dankbar für meine babyzarten Fußsohlen und Fersen.

Als wir längst im Schlafsack liegen, reicht Pit, der sich im Bett neben mir eingekuschelt hat, seine Hand zu mir herüber. »Morgen soll das Wetter besser werden«, murmelt er. Na ja, schauen wir mal …

Ich kann mir gar nicht vorstellen, dass ich noch vor drei Tagen abbrechen wollte. Wir fühlen uns ausgeruht und fröhlich und durch milchigweißen Frühnebel flimmern sogar erste Sonnenstrahlen. Zu sechst suchen wir im Ort die gelben Jakobspfeile und finden sie endlich schräg gegenüber des alten Wehrturms Torre de Andrade, der zum Parador-Hotel ausgebaut worden ist. Die Straße ist mit schönen alten Steinen gepflastert und geleitet uns über eine Brücke in eine von mächtigen Buchen gesäumte Allee. Wir lassen die Häuser hinter uns und schließlich auch die drei A-Mädels und Moni. Es sieht so aus, als hätte Doris Schwierigkeiten mit ihren Füßen. Gesagt hat sie nichts, und da Pit und ich keine Rücksicht nehmen müssen, frei von jeder Verpflichtung und voller Kraft sind, schreiten wir fröhlich aus.

Die Allee verjüngt sich zu einem weichen Wiesenpfad, der sich an Höfen und winzigen Siedlungen vorbeischlängelt. Die Häuser sind aus Natursandstein gemauert und von Farnen, Moosen und Flechten überwuchert. Gärten und Wege sind von aufgestellten Granit- oder Schieferplatten eingefasst. Dahinter blühen Ringelblumen, Callas, Ginster und Stockrosen. Menschen sehen wir keine.

Sanft wellt sich die Landschaft vor uns. Die Weite wird nur unterbrochen durch kleine Baumgruppen, Buchen, Kastanien, manchmal weißstämmige Birken. Und über allem strahlt die Sonne, als hätte sie nie etwas anderes gemacht. Doch dann stoßen wir auf einen Weg voller Pfützen so groß und tief wie Badewannen. Auch hier hat es wohl tagelang geschüttet und zwar so reichlich und ausdauernd, dass die Erde die Flut nicht fassen konnte. An ein Durchkommen ist nicht zu denken. Pit und ich klettern über Zäune und Hecken und waten über pitschnassen Rasen. Auf einem aufgeworfenen Wall, der zwei Wiesen voneinander trennt, finden wir ein einigermaßen trockenes Plätzchen. Baumstümpfe dienen als Tisch und Stühle und das dichte Unterholz am Wegrand als Freiluftklo. Nach Picknick und Sonnenbad geht es schließlich weiter in der Nähe der N 634. Ab und zu

schauen wir nach, ob sie noch da ist, überqueren unsere alte Bekannte und marschieren auf der anderen Seite über verwunschene Pfade durch herb-romantisches Gebiet.

Nach neun Kilometern stoßen wir kurz vor dem Örtchen
Alba auf einen alten Friedhof. Pit und ich streifen zwischen den
Gräbern hindurch, die hier schmalen kleinen Häusern aus über-
einandergestapelten Schubladen gleichen. Die Schubladen enthalten die Särge, und ihre Fronten sind fast alle mit Plastikblumen und manchmal auch mit dem Bild des Verstorbenen
geschmückt. Auf den Dächern dieser Totenhäuser ragen Zinnen
und Kreuze weiß und weit sichtbar in den Himmel. Das alles
wirkt sehr erhaben, aber auch ziemlich fremd.

Pit und ich teilen uns unsere letzte Schokolade und winken
den Mädels, die gerade vorübermarschieren. Kurz vor Baamonde
holen wir sie ein, und gemeinsam erreichen wir unser Ziel.

Heute hätte ich noch gut weiterlaufen können. Aber Pit zeigt
Ermüdungserscheinungen, das erste Mal seit wir unterwegs sind.
Außerdem tun ihm die Fersen weh. Doris verspricht ihm Sili-
koneinlagen. Ob die wohl helfen?

Baamonde ist nicht besonders sehenswert, eine Hauptstraße,
rechts und links davon ein paar schmucklose, heruntergekom-
mene, zweistöckige Häuser, schmale Gassen, die nach nirgendwo
führen. Mit Sack und Pack kehren wir im »Galicia« ein, ein Restaurant, das ein echter Geheimtipp ist. Der Gastraum steht voller
alter Möbel, die Vitrinen und Regale quellen über vor Kitsch
und angeschlagenem Nippes. An der Wand klebt ein Stromzähler
aus vorsintflutlicher Zeit mit lebensgefährlicher Verkabelung.
Aber die Attraktion ist der Inhaber dieser schmucken Schenke,
der »Poet«, ein klapperdürres, weißhaariges Männlein, das aussieht wie eine Mischung aus Gollum aus Herr der Ringe,
Dschingis Khan und einem tibetischen Mönch, und der seinen
Namen dem einzigen Versband verdankt, den er je in seinem
Leben verfasst hat. Stolz zeigt er uns zwischen Suppe und Fleisch
sein dünnes Werk und liest uns zum Nachtisch einige Gedichte
vor, obwohl wir nicht ein einziges Wort verstehen. Erst zum Kaffee legt er sein Büchlein zur Seite, um für uns das tiefschwarze

Getränk aus einem bauchigen Kessel direkt in unsere Tassen zu schöpfen, köstlich …

Gestärkt machen wir uns zwei Stunden später auf den Weg zur Herberge. Und die übertrifft angesichts des verlotterten Städtchens alle unsere Erwartungen. Hinter einem grün gestrichenen Eisenzaun verbirgt sich eine lang gezogene Scheune, die sehr geschmackvoll ausgebaut worden ist. Es gibt eine überdachte Veranda, einen von Bäumen und Büschen eingefassten Rasenstreifen mit Wäscheleinen und an der Längsseite der Wiese Dusch- und Toilettenhäuschen. Das Innere der Herberge wirkt luftig und modern. Über einem weitläufigen Speise- und Aufenthaltsraum erhebt sich eine Galerie mit mindestens 20 Stockbetten. Leider dürfen wir – aus was für Gründen auch immer – nicht dort oben unsere Schlafsäcke ausrollen, sondern werden von der *hospitalera* zu einer winzigen fensterlosen Kammer geführt, in der wir alle sechs übernachten sollen. Pit zerrt kurz entschlossen die Matratze aus einem der Betten und zieht damit in den geräumigen Aufenthaltsraum, während wir fünf Frauen uns in unserer Klause einrichten. Alle sind mal wieder sehr diszipliniert, und so stört die Enge nicht. Ohne große Absprache ist klar, dass die Tür sperrangelweit geöffnet bleibt, damit keinem die Luft ausgeht. Niemand von uns hat Lust, sich länger als unbedingt nötig hier drin aufzuhalten. Und so verteilen wir uns unter den Duschen und auf der Veranda.

Der Nachmittag tröpfelt träge zwischen Situationskomik und Schweigen dahin. Die Sonne verwöhnt uns und versilbert den Garten, unser Gemüt und überhaupt den ganzen Tag. Sie hat so viel Kraft, sie macht sogar den Frust der letzten Tage beinahe wieder gut. Petra und Doris haben sich auf der Wiese ausgestreckt und singen Kirchenlieder. Pit und ich hocken auf den sonnenbeschienenen Randsteinen zwischen Wiese und Veranda, wo ich Pit mit meiner Nagelschere die Haare schneide, was Moni sofort fotografieren muss. Das Bild erhält den Titel »Pilgeralltag«. Und dann zaubert Moni aus irgendeinem Winkel eine Flasche Wein und lässt sie kreisen.

Inzwischen ist auch Anna eingetroffen. Nachdem sie sich eingerichtet hat, nimmt sie couragiert die Abendgestaltung in die Hand: Wein beim Poeten. Aber vorher müssen wir sie unbedingt zum Bruder des Poeten begleiten, der Bildhauer ist und ganz in der Nähe wohnt. Die Mädels wollen sich nicht bestimmen lassen, sondern lieber ihre schweren Beine hochlegen. Nur Uli, Pit und ich lassen uns überreden – und bereuen es keine Sekunde.

Anna führt uns durch Straßen, die wir niemals in diesem schmucklosen Örtchen vermutet hätten, mit reinlichen Häusern und hübsch angelegten Vorgärten, alles sehr still und friedlich. Und dann stehen wir plötzlich vor einer schmalen Pforte in einer zwei Meter hohen Natursteinmauer. Beherzt drückt Anna die Klinke herunter. Pit und ich tauschen zweifelnde Blicke. Ob wir hier einfach so eindringen dürfen? Aber Anna schiebt uns durch den Durchgang und auf einmal finden wir uns in einer Märchenwelt wieder. Wie von Zauberhand versteinerte Zwerge, Feen und Fabelwesen ducken sich zwischen Farnen und Wildblumen. In die Rinde der Bäume sind Eichhörnchen und andere Waldtiere geschnitten. Ein Liebespaar umarmt sich innig in einem steinernen Pavillon, eine unbekleidete Frau streckt sich auf einer Liege aus Granit aus, die mitten in einem Teich steht. Am vom Wind gekräuselten Wasser blühen blaue Iris und gelbe Sumpfdotterblumen. Aus den Ritzen eines Monolithen wuchern Steinbrechgewächse, zwischen die Halbedelsteine, Muscheln, Korallen und blank geschliffene Scherben eingelassen worden sind. Im Gegensatz zu der rauen Oberfläche von Steinen und Muschelkalk fühlen sich Glas und Keramik glatt und kühl an. Schwer hängt der Duft von Wachsen und Welken in der Abendluft. Es singen kaum noch Vögel.

Und dann bittet Anna um Einlass beim Bildhauer. Selbst sein Haus wirkt wie ein Kunstwerk. Es ist aus ungeglätteten, grauen Steinen gemauert. Über die Vorderseite des ersten Stockwerks zieht sich ein von Säulen getragener Balkon, Geranien auf der Brüstung, in jeder Mauerritze weiße Gänseblümchen, ein Treppenaufgang, der von einem Mädchen aus Stein bewacht wird, Farne und Moose zwischen den Stufen, ein von Rosen umwuchertes Geländer. Anna wird begrüßt wie eine alte Bekannte und wahrscheinlich ist sie das auch. Jedenfalls dürfen wir alle das Haus betreten. Das untere Stockwerk beherbergt einen einzigen großen Ausstellungsraum. Auf Podesten stehen Statuen, an den Wänden hängen Plastiken und jede von ihnen erzählt eine Geschichte. Wir stehen lange und betrachten und lauschen und schweigen vor Staunen. Und dann begleiten wir den Bildhauer in seine Werkstatt, die vollgestopft ist mit Werden und Entstehen. Wir können uns kaum umdrehen.

Unser Gastgeber erklärt auf Spanisch, Anna übersetzt ins Englische, wir wiederum übertragen ins Deutsche. Dabei bleibt das meiste auf der Strecke. Aber die Vielsprachigkeit tut auch diesmal der Atmosphäre keinen Abbruch. Stundenlang könnten wir dem alten Mann zuhören und verweilen an diesem verwunschenen Ort, der uns ganz unserem eigenen Erleben entrückt. Als wir durch die kleine Pforte in der Mauer wieder auf die Straße hinaustreten, ist es, als erwachten wir aus einem Traum. »*What are you saying?*«, will Anna wissen. Vor Begeisterung finden wir keine Worte. Anna strahlt.

Und dann marschieren wir zum Poeten, wo Doris und Moni schon einen Tisch für alle reserviert haben. Wir bestellen Wein und eine Platte mit Käse, Schinken und Oliven. Anna übernimmt das Gespräch und passt auf, dass keiner von ihrem vorgegebenen Thema abweicht. Sie lässt sich mit dem Poeten fotografieren und hält Hof wie die Königin des Tages. Ob wir wüssten, dass sie die beste Tarte de Santiago zubereiten könne? Das Original natürlich, und wir müssten sie unbedingt mal in Oxford besuchen, damit sie diese typisch galizische Köstlichkeit aus Mandeln für uns backen kann. Die Mädels sind pikiert über so viel Unbescheidenheit. Aber ich packe den Stier bei den Hörnern. »*Why not?*«, entgegne ich fröhlich, »*Please, give me your address.*«

Aber so hat Anna das nun doch nicht gemeint, und rasch schwenkt sie auf ein anderes Thema um. Ich hake auch nicht weiter nach, denn wer uns so ein Highlight verschafft hat wie den Besuch im Garten des Bildhauers, der hat wohl ein bisschen Nachsicht verdient. Aber große Lust, weiter auf Anna einzugehen, verspüre ich auch nicht mehr. Deshalb klinke ich mich aus dem

Gespräch aus, zücke mein Tagebuch und beginne zu schreiben. Dieser Tag war wunderbar wohltuend und voller überraschender Höhepunkte, Hoffnung für das, was als Nächstes kommt …

## 36. TAG  BAAMONDE – MIRAZ

Wir brechen auf im verheißungsvollen Nebel, und tatsächlich lässt die Sonne nicht lange auf sich warten. Der Weg ist wieder einmal wie aus dem Bilderbuch: Erst geht es ca. zwei Kilometer an der N 634 entlang, dann über eine schöne alte Brücke zu einer Kapelle, hinter der ein von Farnen umwucherter Tümpel liegt, in dem sich die Baumkronen und dahinter der Himmel spiegeln. Grün und blau verschwimmen ineinander, gesprenkelt von hellen Sonnentupfern. Heute können wir die Fleecejacken in den Rucksack packen. Wandern im T-Shirt ist angesagt.

Es geht bergauf durch eine herrliche Heide-Ginster-Landschaft und dann durch einen Wald aus jungen Eichen und alten Kiefern. Der Weg ist sandig mit vielen Quarzanteilen, sodass es zu unseren Füßen funkelt wie Silber. Die Blätter der Eukalyptusbäume raunen, immer wieder plätschert ein Bächlein hinter der Böschung. Dörfer, in denen die Zeit stehen geblieben zu sein scheint, vereinzelt Menschen, manchmal Hunde hinter den Zäunen, ein paar Kühe auf den Wiesen.

Wir ruhen uns aus auf einem Rastplatz an einem Steintisch und schreiben Tagebuch. Unsere Wanderschuhe stehen neben uns auf der steinernen Bank, die Füße baumeln im Gras. Grillen zirpen, Vögel pfeifen und ein Kuckuck ruft, Insekten summen, die drei A-Mädels kommen vorbei: »Hola« und »Hasta luego« (Bis bald), dann wieder nur die Laute der Natur. Ich strecke mich auf der Bank aus, lege meinen Kopf in Pits Schoß und träume in den Himmel.

»Ich hätte Lust, mit unseren Jungs ein oder zwei Wochen hier langzulaufen. Vielleicht den Camino Primitivo«, stellt Pit sich vor.

Sofort wandern meine Gedanken nach Hause. Wie lange habe ich schon nicht mehr an Deutschland und die Kinder gedacht? Jetzt vermisse ich plötzlich unsere drei Kinder und unsere zwei Schwiegerkinder, dazu unsere beiden Enkelsöhne. Ich würde gerne wieder mit ihnen zusammen sein. Gleichzeitig will ich aber unbedingt im Augenblick bleiben, den Moment genießen, wie er ist, hier in Spanien sein und weiterlaufen. Ich bin noch nicht am Ziel. Anstatt Pit zu antworten, schiebe ich meine Hand unter sein T-Shirt. Unsere Pause dehnt sich zu einem behaglichen Schmusestündchen aus, weshalb wir im Verhältnis zur Länge der heutigen Etappe von schlappen 16 Kilometern recht spät in der *albergue* ankommen.

Die ist der Knüller: Es gibt warme Duschen, saubere Betten und ein herzliches Willkommen. »*Do you want coffee or tea?*«, begrüßt uns die *hospitalera*. So etwas hat es noch nie gegeben, und mit Kaffee und Keksen genießen wir noch vor dem Duschen den weiträumigen Garten, in dem schon die Socken und Handtücher unserer A-Mädels auf den Leinen flattern. Die Herberge wird von zwei Engländerinnen geführt, die gerade ein vierzehntägiges Volontariat beenden und morgen von Anna aus Oxford und einer Französin abgelöst werden. Alle vier sind selbst schon einmal den Camino gelaufen und wissen aus eigener Erfahrung, was einem Pilger nach einem langen Wandertag guttut. Wir bekommen das auf sehr angenehme Weise zu spüren und werden nach allen Regeln der Gastfreundschaft verwöhnt.

Am Abend sitzen wir zusammen im Garten. Anna hat Wein besorgt. Wir anderen steuern bei, was die Rucksäcke an Essbarem hergeben. Und dann wird gemütlich getafelt. Leider nimmt die Dominanz unserer »*very british old lady*« dem Beisammensein die Leichtigkeit, und auch, als Anna sich nach dem Essen zurückzieht, kommt keine rechte Fröhlichkeit mehr auf. Schon um halb neun liegen wir alle in unseren Schlafsäcken. Die Mädels schmökern oder hören über Kopfhörer Musik aus ihren mp3-Playern. Pit schläft bereits, ich schreibe Tagebuch und lese Pits Eintrag in seinem. *Ich bin irgendwie geschafft,* hat er geschrieben. Mir fällt auf, dass dies das erste Mal ist, dass er seine eigene Schwäche benennt. Ich kann sie ihm gut nachfühlen …

Die Sonne hat uns aufgeweckt; auf dem liebevoll gedeckten Frühstückstisch stehen brennende Kerzen und Wildblumensträuße in Wassergläsern. Der Abschied ist genauso herzlich wie gestern das Willkommen. Es wäre schön, noch ein bisschen zu bleiben, aber 27 km liegen vor uns. Es wird Zeit aufzubrechen.

Das Merkmal der heutigen Wanderung ist eine duftige Heide- und Ginsterlandschaft auf einem felsigen Hochplateau. Ganz plötzlich wachsen aus den Wiesen Felsen heraus – bizarr und eindrücklich – und unterbrechen die kilometerweite Fernsicht. Die Wolken drücken schwer und bauschig auf den Horizont. Es riecht nach Regen. Die ersten zwei Stunden wandern Pit und ich zusammen mit Rachel und Felix, die gestern spät in Miraz eingetroffen sind und mit denen wir uns erst heute Morgen etwas vertraut gemacht haben. Die beiden haben sich vor zwei Jahren auf dem französischen Weg kennengelernt und sind seither ein Paar.

Wie der Camino doch das Leben verändern kann. Wie er sich wohl auf uns auswirken wird? Werden unsere Erfahrungen kurzlebig sein oder Beständigkeit behalten? Wird der Weg uns dauerhaft verändern oder werden wir so in unseren Alltag zurückkehren, wie wir aufgebrochen sind, mit nichts als unseren Erinnerungen an diese schönen, schmerzlichen Wochen?

Rachel ist Engländerin, und wir können in einem guten Gespräch über unsere Erlebnisse auf dem Weg, unsere Beweggründe, ihn zurückzulegen, und über unsere Hoffnungen für die Zukunft unsere Sprachkenntnisse aufmöbeln – ich meine englischen, sie ihre deutschen. Wir sind beide nicht besonders gut in der Sprache des anderen. Aber die Suche nach dem richtigen Wort hilft dabei, das zu sagen, was man wirklich meint, und sorgfältig zuzuhören. So versteht man einander auf einer viel tieferen als nur der sprachlichen Ebene. Und wieder ist da diese Nähe, die wir schon in so vielen Gesprächen mit anderen gespürt haben. Immer geht es auf dem Camino um das Wesentliche. Belangloses bleibt im wahrsten Sinne des Wortes auf der Strecke – wir überholen es und lassen es hinter uns. Und zurück bleibt nur noch die Essenz dessen, was man mitteilen oder erfahren möchte. Rachel erzählt mir ihre ganze lange Liebesgeschichte, und ich berichte ihr von meinem Ehe- und Familienfrust und meiner Zuversicht, der Camino möge ein erster Schritt auf einem neuen Weg sein. So ausführlich habe ich noch nie meine Motive dargelegt. Und Rachels Aufmerksamkeit und ihre Rückfragen helfen mir, mich selbst zu sortieren und mir über mich klarzuwerden.

Leider geraten wir auch heute wieder in ein heftiges Unwetter. Pit und ich lassen Rachel und Felix hinter uns und suchen Schutz in einem Bushaltestellen-Häuschen. Unter unseren Bibabutzemännern geht es schließlich weiter bis nach Méson, wo wir zu Mittag essen. Es ist noch früh und wir müssen eine Weile warten. Gut so, denn rechtzeitig zum *menú del día* treffen die drei A-Mädels ein und wenig später auch Rachel und Felix. Pit hat seine nassen Sachen so wie wir anderen über die Stuhllehne gehängt und sitzt nur im T-Shirt vor seinem gefüllten Teller. Auf dem T-Shirt ist das Logo von JesusHouse aufgedruckt, einer missionarischen Jugendveranstaltung, die von einem zentralen Veranstaltungsort über mehrere Tage hinweg an einige Hundert Orte via Satellit übertragen wird, und die Pit – weil das nun mal sein Beruf ist – maßgeblich mit vorbereitet und durchführt. Felix ist sehr interessiert. Pit erklärt geduldig, und Felix bekommt ganz runde Augen: »Was, so was stellst du auf die Beine?« Er kommt gar nicht aus dem Staunen heraus.

Wie schön, Anerkennung zu finden und gelobt zu werden! Auf einmal bin ich sehr stolz auf Pit. Wie viel hat er schon in seinem Leben geschafft und erreicht – und ich auch! Wir müssen nichts wie eine Trophäe vor uns her tragen, aber wir brauchen uns auch nicht zu verstecken, sondern dürfen zu dem stehen, was wir haben und was wir sind. Was für ein befreiendes Gefühl!

Getrennt von den anderen geht es nach einer ausgedehnten Mittagspause weiter. Heute sind uns Uli, Petra und Doris und nun auch Rachel und Felix weit voraus. Denn Pit hat Probleme mit seinem rechten Fuß, die mit jedem Kilometer größer werden, sodass er sie nicht mehr ignorieren kann. Die Sehne zum Schienbein schmerzt höllisch und seine Muskeln verkrampfen sich bei jedem Schritt. Langsam humpelt er neben mir her. »Vielleicht hätte ich mehr trinken müssen«, sagt er. Und dann schimpft er: »Bisher lief doch alles so gut …« Ja, für dich, denke ich.

Ich weiß mittlerweile sehr genau, wie es sich anfühlt, trotz großer Schmerzen weiter zu müssen. Es gibt keinen Ausweg außer laufen und durchhalten. Und das macht mürbe bis zur Resignation. Ich kann Pit gut verstehen, und er tut mir sehr leid. Aber ich kann nichts für ihn tun. Wie schade, dass er gerade jetzt, wo meine Energie zurückkehrt, nicht so kann, wie er will. Wenn wir beide zur gleichen Zeit schwach gewesen wären, hätten wir uns vielleicht zwischendurch mal eine Auszeit gegönnt und es wäre weder für ihn noch für mich so schlimm geworden, wie es jetzt ist. Auch wenn jede einzelne Etappe gut zu bewältigen ist, so merken wir doch, wie sehr dieses »Jeden-Tag-Wandern« den Körper beansprucht und auslaugt.

Es sind nur noch knapp 70 Kilometer bis Santiago. Uns erscheint das wie ein Katzensprung. Aber Pit meint: »Am Ziel ist man erst, wenn man da ist.« Recht hat er. Man kann nie wissen, was noch passiert. Jeder Tag ist eine Herausforderung voller Überraschungen und Risiken. Wir müssen es nehmen, wie es kommt, was in einer Situation wie dieser keine leichte Übung ist.

An einem Seerosenteich kurz vor Sobrado lassen wir uns zu einer kleinen Schmauchpause nieder. Wir setzen uns auf einen Holzsteg, legen Rucksäcke und Schuhe ab, und Pit taucht seinen Fuß ins kühle Wasser. Unsere Zigarillos duften, wir lauschen dem vielstimmigen Froschkonzert, der Wind fährt uns durchs Haar. Trotz der Landstraße AC 934 in unserem Rücken ist es still und friedlich.

Es wird spät, als wir schließlich die Herberge erreichen. Sie ist in einem Kloster untergebracht. Moni empfängt uns und ein deutschsprachiger Mönch weist uns ein. Wir beziehen unsere Betten auf einer Galerie. Und allmählich treffen auch die anderen ein. Wo haben die sich bloß so lange herumgetrieben? Wir dachten, heute wären wir einmal die Letzten. Waren wir auch, denn die Mädels haben schon eingekauft und sich den Ort angesehen. Dazu wird Pit heute sicher keine Kraft mehr haben. Wir schaffen es gerade noch in eine Bar, um *café con leche* zu trinken. Auf dem Rückweg zum Kloster besorge ich unser Abendessen, und in warme Decken gekuschelt verspeisen Pit und ich Milchreis, Brot, Käse und Obst auf einer Bank unter Kreuzgangarkaden.

Nach und nach gesellen sich die Mädels zu uns und überreden uns, mit ihnen gemeinsam die Abendmesse der Mönche zu besuchen. Die ist hier ganz anders als das gelangweilte Heruntergeleiere der Ordensbrüder in Cobreces. Hier singen die Männer wie junge Dompfaffe im Frühling, vielstimmig und voller Inbrunst und Aufrichtigkeit, und plötzlich verstehe ich, warum innere Einkehr auch etwas mit Professionalität und Ästhetik zu tun hat. Ich muss nicht besorgt auf den nächsten Patzer warten, sondern kann mich fallen lassen in die Musik und mich führen lassen von der Sicherheit der Vortragenden. Der Gesang füllt mich ganz und gar aus. Ich hätte noch stundenlang in dieser Andacht verweilen können.

Pit und ich sitzen schon längst wieder auf unserem Abendbrotplatz im Kreuzgang. Abenddämmerung legt sich kühl um die grauen Klostermauern. Von drinnen hören wir das Lachen der Österreicherinnen. Die geistlichen Gesänge klingen noch in uns nach, da gesellen sich Rachel und Felix zu uns. Seit unserem Mittagessen in Méson weiß Felix von unserer Gottesbeziehung.

»Ich habe keine Ahnung«, gibt er zu, »weder von Kirchengeschichte noch von Gott selber. Aber ich wüsste gerne mehr als das, was ich vom Hörensagen mitbekommen habe.«

Hörensagen, das sind für die meisten finsteres Mittelalter, Inquisition und Kreuzzüge. Felix aber will Hintergründe. Und so fängt Pit bei Adam und Eva an, arbeitet sich über Gottes Geschichte mit dem Volk Israel über die ersten Konzile bis zum Exodus vor. Er lässt nichts aus, weder das, wofür Christen sich in Grund und Boden schämen müssten, noch das, woraus unsere Hoffnung und Zuversicht besteht. Und Felix kann gar nicht genug bekommen. Uns freuen solche Gespräche, weil unser Glaube das Elementarste, die Grundlage unseres Lebens ist und genau daran ist Felix in aller Ernsthaftigkeit interessiert. Genauso wie mir auf unserer Wanderung über die Hochebene durch Rachels Fragen meine Motive klarer geworden sind, genauso werden wir uns unserer Gottesbeziehung bewusster, wenn wir darüber reden.

Ein weiterer Gesprächspartner setzt sich zu uns, ein Pilger aus Salzburg, der sich mit unerträglichen Allgemeinplätzen in die Unterhaltung mischt. Er sagt, dass kein Mensch mehr so wie wir ernsthaft an einen lebendigen Gott und schon gar nicht an seinen Sohn Jesus glauben könne. Schließlich gebe es mittlerweile »Toleranz der Religionen«. Ob wir davon schon gehört hätten? Gehört schon, geben wir zu, aber die vielen blutigen Religionskriege, die immer noch im Nahen Osten wüten, strafen doch wohl das Gerücht von der viel gepriesenen Toleranz Lügen, oder etwa nicht?

Unser Salzburger lässt das nicht gelten. Egal, was andere machen, ob blutig oder friedlich, er selbst pickt sich einfach aus allem etwas heraus. Schließlich habe jeder die Freiheit, das zu glauben und zu praktizieren, was ihm passt. Weshalb und was genau das ist, kann er jedoch nicht sagen. Es fehlt ihm jegliches Argument und seine Ansichten bleiben schwammig. Bloß eins scheint ihm sicher zu sein: Wer an Jesus als den gekreuzigten und auferstandenen Sohn Gottes glaubt, der spinnt.

Ich entgegne, dass Toleranz bedeute, die Meinung, Werte und Verhaltensweisen anderer zu respektieren. Wenn er genau das von uns einfordert, warum ist er dann nicht selbst bereit, auch uns gegenüber diese Toleranz aufzubringen? Warum versucht er, uns unseren Glauben und das, was Pit ausgeführt hat, abzusprechen und madig zu machen. Doch er weicht jeder unserer Gegenfragen nur mit einer Floskel aus und wirft dabei Christentum, Esoterik und fernöstliche Religionen bedenkenlos durcheinander. Er ist genau der Typ Mensch, der sich beim Wissen übers Hörensagen aufhält und alles daran setzt, jede Art von Weiterdenken auszubremsen. Mich macht so etwas ungeduldig und ärgerlich. Am liebsten würde ich dem arroganten Kerl gehörig die Meinung geigen. Stattdessen versuche ich einzulenken.

»Ich kann niemandem meinen Glauben aufzwingen und ich will das auch nicht. Aber wenn jemand zum Beispiel in meine Ehe einbrechen oder über meinen Mann herziehen würde, spätestens dann wäre es bei mir mit der ›Freiheit des anderen‹ vorbei. Und genau so sehe ich meine Beziehung zu Gott. Wenn du sie nicht hast … Tja, dann ist das eben so. Aber ich lasse sie mir nicht unter dem Vorwand einer fadenscheinigen Toleranz ausreden.« Der Salzburger hört gar nicht zu, sondern wiederholt bloß, was er schon zigmal vorher gesagt hat, nämlich, dass jeder nach seiner Fasson … und so weiter und so fort. Begründen kann er seine Ansicht immer noch nicht. Er kann noch nicht mal erklären, was denn nun seine Fasson ist, nach der er selig zu werden meint. Felix, Pit und ich sind genervt. Felix bringt diese Art Austausch kein bisschen weiter, und auch wir haben keine Lust auf eine Diskussion, die gar keine ist.

Ich muss an Christian denken, unseren Mitwanderer aus Aschaffenburg mit den karamellblonden Haaren. Er verspürte zwar keine Neigung, unseren Glauben zu teilen. Er hatte sich genauso wie der Salzburger sein ganz und gar eigenes Welt- und Gottesbild zurechtgelegt. Aber er hatte darüber nachgedacht und konnte es wenigstens erklären. Bei so einer Art von Austausch können alle etwas lernen, auch wenn man nicht gleich zur Sichtweise des anderen konvertiert. Schade, dass wir Christian aus den Augen verloren haben. Aber gut, seine E-Mail-Adresse zu haben. Wäre interessant zu erfahren, wie es ihm inzwischen ergangen ist. Stattdessen lassen wir uns hier von einem Möchtegern-Besserwisser nerven, der keinen blassen Schimmer hat, wovon er da redet.

Endlich erlöst uns unser deutsch sprechender Mönch. Der Salzburger verschwindet, während wir unseren Gastgeber nach seinem Glauben und seinem Klosterleben befragen. Er ist Zisterzienser, wie die meisten Mönche hier in Spanien. Die Zisterzienser gibt es schon seit fast 900 Jahren. Sie sind aus einer Reformbewegung der Benediktiner hervorgegangen, und ihre Lebensweise zeichnet sich durch Einfachheit und strenge Regeln aus. Sie leben völlig autonom und ernähren sich von eigenen landwirtschaftlichen Erzeugnissen. Heute fühlen sie sich hauptsächlich der Seelsorge an hilfsbedürftigen Menschen – wozu auch die Sorge um die Jakobsweg-Pilger gehört – und dem Religionsunterricht in welcher Form auch immer verpflichtet. Ich frage nach der Bekleidung, den weißen Kutten mit den bodenlangen, trompetenförmigen Ärmeln. Der Mann lacht und zuckt mit den Schultern. Wie erfrischend, wenn einer, anstatt irgendwelchen Müll zu erzählen, zugeben kann, dass er nicht alles weiß, nicht mal das, was er selbst lebt. Bevor wir weiter ins Detail gehen können, weist er uns auf die vorgerückte Stunde hin, zehn Uhr, Zeit zum Schlafen, und scheucht uns liebevoll in die Betten. Und dann ist Ruhe im Saal.

## 38. TAG    SOBRADO DOS MONXES – ARZÚA

Aus Pits Tagebuch:

*Wir verlassen unsere Herberge um acht. Das Kloster mit seinen Nebengebäuden ist sehr beeindruckend: grauer Stein, die Fassade mit geometrischen Formen verziert. Moose wachsen auf den Simsen und Mauerabschlüssen. Leider haben wir die Gelegenheit verpasst, uns die Kirche von innen anzusehen.*

*Ich habe mir nach dem Frühstück eine Tablette eingeworfen. Monika hat mir ein paar aus ihrer Reiseapotheke gegeben. Ich hoffe sehr, dass sie wirken.*

*Der Weg beginnt sehr schön, Sandwege und herrliche Ausblicke über eine lila blühende Heidelandschaft. Auf einer Wiese am Wegrand sitzt Moni im hohen Gras und schreibt Tagebuch. Im nächsten Dorf finden wir vor der Kirche eine Bank aus Stein, lassen uns darauf nieder, genießen den Sonnenschein und tun es Moni nach.*

*Ein kleiner brauner Hund kommt zu uns und bettelt um Streicheleinheiten. Hier haben die Hunde kein gutes Leben. In nahezu jedem Haushalt gibt es mindestens einen von ihnen, meist mehrere, und keiner scheint sich wirklich um sie zu kümmern. Oft sind sie an viel zu kurzen Ketten im Hof festgebunden. Sie bellen und reißen, bis wir vorbei sind. Gestreichelt werden die bestimmt nicht.*

*Wir laufen weiter über einen regelrechten Seniorenwanderpfad, rechts Mischwald, wie wir ihn von zu Hause kennen, links Eukalyptusbäume in Reih und Glied gepflanzt. Wo der Wald zurückweicht, öffnet sich eine hügelige Landschaft mit blauen Wäldern am Horizont, Eichen und Linden, auf den Wiesen rotbraune Kühe, viele verwahrloste Gehöfte, die Vegetation ähnlich wie bei uns, Palmen nur ganz selten, Zitrusbäume gar nicht*

*mehr. Leider ist auch der »Rosenzauber« in Asturien geblieben. Noch ein*
*»leider«: Über die Hälfte der Strecke laufen wir mal wieder auf Asphalt.*

*Ich merke verstärkt meinen rechten Fuß und werfe eine weitere*
*Tablette ein. Heute werden wir auf den Camino Francés stoßen. Eigent-*
*lich wollten wir die letzten 42 Kilometer von Arzúa aus in einem*
*Rutsch durchlaufen, aber ob ich das schaffe, ist nicht gesagt. Die heutigen*
*22 Kilometer reichen mir schon. Dabei wäre es toll, morgen − an mei-*
*nem Geburtstag − in Santiago anzukommen. Außerdem habe ich keine*
*Lust auf ein Wettrennen mit den anderen Pilgern um einen Schlafplatz*
*in irgendeiner* albergue *auf dem Weg.*

*Habe mit Eva ein kontroverses Gespräch über die Gestaltung des*
*morgigen Tages. Wir möchten gerne gemeinsam zu Fuß Santiago errei-*
*chen. Eva würde dafür auch eine zusätzliche Übernachtung auf dem*
*französischen Weg in Kauf nehmen. Ich möchte aber unbedingt morgen*
*ankommen, würde dafür auch ein Stück Busfahrt akzeptieren. Mal*
*sehen, was wird. Ist auch vom Wetter abhängig.*

*Um fünf beginnt es wieder einmal zu regnen. Nass laufen wir in*
*Arzúa ein. Hier wimmelt es nur so von Pilgern. Vor einem Restaurant*
*sitzen ca. 40 Wanderer, mehr, als wir auf unserem ganzen bisherigen Weg*
*getroffen haben. Buen Camino! Wir checken in einem kleinen* hostal
*ein, alles sehr einfach, aber sauber, und wir haben ein Zimmer für uns*
*beide allein. Trotz unserer Meinungsverschiedenheit und obwohl wir noch*
*keine einvernehmliche Lösung gefunden haben, haben wir uns emotional*
*nicht voneinander entfernt. Wir schaffen es sogar, unsere Zweisamkeit*
*schön zu finden. Da sind wir wohl auf dem Weg schon weitergekommen.*

*Beim* menú del día *im Speiseraum unseres* hostals *tauchen über-*
*raschend die A-Mädels und Moni auf. Das nenne ich eine Spürnase. Die*
*vier werden auch hier übernachten, und so brechen wir morgen vielleicht*
*gemeinsam auf. Das wäre toll!*

**39. TAG**   ARZÚA – SANTIAGO DE COMPOSTELA

Pit hat Geburtstag. Ich wecke ihn mit einem Minikuchen, den
ich gestern unterwegs gekauft habe. Ich habe ein paar »Kinder-
kerzen«, die ich im selben Geschäft wie den Minikuchen erstan-

den habe, hineingepiekst. Als Pit die Augen aufschlägt, ist das Leuchten der Flammen das Erste, was er sieht. »Herzlichen Glückwunsch«, sage ich, und dann gebe ich ihm sein Geschenk – nichts, was man in Papier packen, nichts, um das man eine Schleife binden kann. »Ich schenke dir deine Grenze«, sage ich. Verwundert schaut er mich an und deshalb erkläre ich: »Gestern haben wir leider keine gemeinsame Lösung gefunden. Aber du weißt, was ich denke, nämlich, dass ich oft das Gefühl habe, in meinen Bedürfnissen zu kurz zu kommen, andererseits dich aber auch nicht in deinen beschneiden möchte. Ich glaube nicht, dass es bei den Schmerzen in deinem Fuß Sinn macht, die Etappe bis Santiago durchzulaufen. Aber ich weiß, dass du unbedingt heute dort ankommen willst. Also schenke ich dir diesen Tag – und wenn du willst und es schaffst, laufe ich mit dir heute noch bis ans Ende der Welt. Heute werde ich alles fertigbringen, damit du diesen Tag so haben kannst, wie du es willst, einschließlich deiner eigenen Grenzen.« Mehr habe ich Pit nicht zu geben.

Der Camino war meine Idee. Ich wollte ihn laufen, um herauszufinden, ob ich die bin, die ich zu Hause in meinem Alltag zu sein scheine, um herauszufinden, was ich wirklich schaffe, um meine Möglichkeiten und Grenzen auszuloten, um meine Bedürfnisse aufzuspüren, mich selbst wahr- und ernstzunehmen und eigene Entscheidungen zu treffen. Santiago zu Fuß zu erreichen sollte meinen persönlichen Höhepunkt und Triumph darstellen. Und nun gebe ich an diesem Morgen das alles meinem Mann. Ich weiß, dass ich das nicht aus Liebe tue, nicht einmal aus Nachgiebigkeit oder dafür, dass er mir für immer und ewig dankbar ist. Ich tue das, weil ich es leid bin, der Anlass für seine Rücksichtnahme zu sein, weil ich nicht mehr herhalten möchte für sein Gefühl der Überlegenheit und Stärke. Heute ist der Tag, endlich damit Schluss zu machen – sein Geburtstag.

Zu Pits großer Enttäuschung frühstücken wir ohne unsere Camino-Freundinnen. Wir brechen auch ohne sie auf, dafür aber mit Scharen anderer Pilger. Der Weg ist weich und führt durch Eukalyptuswälder. Es gibt kaum Steigungen, aber leider wieder Regen, keinen sanften Sommerregen, keinen plötzlichen und schnellen Guss, sondern ein wahres Unwetter, das sich über Stunden hinzieht, an unseren Regencapes zerrt und an unseren Nerven. Die Schuhe sind quatschnass bis auf die Füße. Mein rechter Wanderstiefel ist sogar an einer Naht aufgerissen, und das Wasser durchweicht ungehindert Strümpfe und Haut. In der Ferne donnert es, und eine dunkle Wetterwand schiebt sich unaufhaltsam näher. Blitze zucken direkt über uns. Wir stellen uns eine Weile unter, erst in einer Hofeinfahrt, dann in der Werkshalle einer Schreinerei. Aber natürlich können wir nicht bleiben. Den Blick auf den Meter vor unseren Füßen gerichtet, wandern wir weiter. Gnadenlos peitscht der Regen auf uns herunter.

Bis Santa Irene, der ersten Möglichkeit zu übernachten, sind es 17 km. Massen von Pilgern warten schon vor der noch verschlossenen Herbergstür. Es ist noch nicht einmal Mittag und vor fünf kommt hier niemand rein. Uns ist kalt, der Regen hat aufgehört, wir haben in einem Unterstand aus Holz etwas von unseren Vorräten gegessen. Pit meint, wir sollten weitergehen. Leider holt uns das Unwetter wieder ein. Wir waten durch Pfützen. Unsere Regenumhänge klatschen an unsere Beine. Der Rucksack scheint Tonnen zu wiegen. Unterwegs stoßen wir auf eine *Casa Rual*, eine privat geführte Pension, aber auch dort will Pit nicht bleiben. Sein Ziel steht ihm vor Augen: Santiago! Dabei haben wir erst knapp die Hälfte des Weges hinter uns. Ungefähr zweieinhalb Kilometer hinter dem Dorf Amenal kehren wir hinter einem Kreisel in einer Autoraststätte ein und bleiben dort etwa eine Stunde in der Hoffnung, dass der Regen uns überholt.

Er tut uns den Gefallen. Bei mäßigem Sonnenschein zockeln wir auf der Straße weiter durch die Orte San Paio und Labacolla, vorbei an den Ausläufern des Flughafens von Santiago. Von hier werden wir zurück nach Deutschland fliegen. Ich wünschte, es wäre schon so weit, denn ich kann nicht mehr und reiße mich bloß zusammen, weil ich es Pit versprochen habe. Ich bin am Ende und völlig überfordert, jeder Knochen tut weh, und meine Muskeln fühlen sich an wie Steine. Ich weiß nicht mehr, was ich hier mache. Alles Schöne der vergangenen Wochen hat das Gewitter mit sich fortgerissen. Mein eigener Mann ist mir unverständlich und fremd. Es gibt kein Miteinander, keine Nähe, keine Lösungen. Ich habe den Eindruck, dass er vieles, vielleicht sogar das meiste von dem, was wir miteinander durchdacht und besprochen haben, verstanden hat. Aber vom Verstehen zur gelebten Umsetzung scheint es ein weiter Weg zu sein, und ich habe keine Kraft, auch noch diese Strecke zu ihm hin zurückzulegen. Obwohl Santiago unmittelbar vor uns liegt, ist es, als stünden Pit und ich miteinander ganz am Anfang.

Der Camino ist eine Metapher für unsere Ehe. Mir kommt es so vor, als hätte sich alles umgekehrt: aus meiner Sehnsucht ist die Erfüllung von Pits Wünschen geworden, und ich bin ihm um der Gemeinsamkeit willen gefolgt – so wie auch zu Hause. Manchmal scheint es gut zu gehen, manchmal scheint Hoffnung aufzublitzen, so wie an manchen Sonnentagen auf dem Camino, so wie in manchen guten Gesprächen und fröhlichen Erlebnissen. Aber diese Hoffnung ist so zerbrechlich. Sie hat keinen Boden. Da ist nichts, worauf man trauen kann. Sobald ich glaube, Schritte nach vorne geschafft zu haben, muss ich feststellen, dass sie mich nur dorthin geführt haben, wo ich losgegangen bin: zurück an den Anfang. Es ist frustrierend und ermüdend.

Ich möchte mich in den Graben am Wegesrand rollen und sterben, niemals wieder aufstehen, keine einzige Bewegung, keinen einzigen Atemzug mehr machen müssen, endlich leicht und frei und ohne Pit sein und auch ohne dieses ganze anstrengende Leben. Aber ich gehe weiter, setzte einen Fuß vor den anderen, genauso wie Pit, der sich vor Schmerzen kaum noch bewegen kann.

Endlich, nach 37 Kilometern strammem Marsch durch Matsch und Unwetter, knappe fünf Kilometer vor unserem Ziel, knickt Pit am Monte de Gozo, am Pilgerdenkmal vor Santiago, ein. Nun ist auch seine Grenze erreicht. Noch klettert er zu dem gewaltigen Monument hinauf. Ich setze mich auf ein Mäuerchen am Fuß des Berges, schaue ihm hinterher und denke: Das war's: Ich mache nicht mehr mit, ab jetzt trennen sich unsere Wege.

Am Monte de Gozo gibt es eine Pilgerherberge, riesig wie ein Flüchtlingslager und durchorganisiert wie ein Krankenhaus. Pit möchte die Nacht hier verbringen, ich nicht. Ich treibe es auf die

Spitze: Ich muss heute in Santiago ankommen, egal wie, denn dieses Massenquartier als Endpunkt unseres Pilgerdaseins ist für mich völlig unakzeptabel. Eine Nacht in dieser Kaserne würde alle meine guten und schlechten Herbergserfahrungen über den Haufen werfen, sie null und nichtig machen, so, als hätte ich das alles nur geträumt, und am Ende bliebe nichts übrig als dieses Lager, exemplarisch für das Pilgern auf dem Jakobsweg. Ich kann es einfach nicht ertragen und sage Pit, dass ich überall meinen Schlafsack ausrollen werde, nur nicht hier. Hier ganz bestimmt nicht.

Und er? Er sagt, dass er keinen Schritt weitergeht, nicht mehr gehen kann und am Ende ist. Eine Patt-Situation. Wir sitzen auf einer Bank auf einer der Straßen, die abwärts mitten durch den riesigen Herbergskomplex führen, schweigen und lassen die Zeit verstreichen, weil wir zu nichts anderem mehr fähig sind. Langsam zieht der Spätnachmittag an uns vorüber. Dies ist Pits Tag – sein Geburtstag – und da gibt es immer noch sein Geschenk. Ich weiß nicht, warum ich es nicht endlich zurücknehme. Aber auch jetzt überlasse ich ihm die Entscheidung. Wir werden mit dem Bus fahren. Die letzten Kilometer …

Mir ist schlecht vor Entkräftung, und ich kann nicht aufhören zu heulen. Moni und die A-Mädels sind nirgendwo zu finden. Das *hostal*, in dem wir zusammen übernachten wollten, hat keine Zimmer mehr frei. In der Rua de San Roque finden wir eine günstige Alternative, ein winziges Zimmerchen ohne jeden Komfort, nicht mal ein Fernseher, aber frische Betten. Am Monte de Gozo war ich mir sicher, keinen einzigen Tag mehr zusammen mit Pit auszuhalten, weil ich es einfach nicht ertrage, was er mit mir macht. Aber ich habe keine Kraft, meinen Vorsatz in die Tat umzusetzen und mir ein eigenes Zimmer zu suchen. Ich bin nur noch froh, endlich auf ein Bett niedersinken zu können, rolle mich in meine Decke und weine. Fast zwei Stunden liege ich so da und komme nicht mehr hoch. Pit liegt im Bett neben mir, auch er unfähig, irgendeine Initiative zu ergreifen. Dabei müssten wir essen, unser Proviant ist aufgebraucht. Aber keiner von uns schafft es, nach unten und in den Laden nebenan zu gehen, um etwas einzukaufen.

Plötzlich ein zaghaftes Klopfen an unserer Zimmertür. Davor steht unsere Zimmernachbarin, Anja aus Deutschland. Sie hat mitbekommen, dass wir auch Deutsche sind, und erzählt, dass sie den französischen Weg gelaufen ist, erschöpft ist und Heimweh hat. Morgen fliegt sie nach Hause. Sie hat aber noch Lebensmittel. Ob wir die haben wollen? Wenn nicht, muss sie sie wegwerfen. Und das wäre doch schade.

Wie bei Elia aus dem Alten Testament, der zu Tode erschöpft in der Wüste liegt und sterben will, erscheint uns ein Engel Gottes, der uns versorgt und uns gibt, was wir brauchen. Anja bringt Rotwein und Joghurt, Brot und Käse und Schokoladenplätzchen. Und im Gegenzug laden wir sie zu uns ein und hören uns ihre Geschichte an. Sie schüttet ihr Herz bei uns aus, und dabei teilen wir das Brot, essen den Joghurt und trinken den Wein aus den leeren Joghurtbechern. Indem wir Anja zuhören, rückt unsere eigene Verzweiflung in den Hintergrund, wird kleiner und scheint längst nicht mehr so wichtig. Für unseren Körper, aber auch für unsere Seele ist gesorgt, die Prioritäten werden zurechtgerückt. Wir haben Anja nur dieses eine Mal gesehen – aber es war genau der richtige Zeitpunkt. Bis wir uns trennen, wird es elf Uhr. Was für ein Tag!

## 40. TAG  SANTIAGO

Aus Pits Tagebuch:

*Warum tue ich so was? Was habe ich davon außer einem geschwollenen Knöchel, einer schmerzenden Sehne, Enttäuschung, Überforderung, einer verletzten Frau? Ich habe zwar eine Compostela, auf der steht, dass ich am 23. Mai in Santiago angekommen bin, aber das ist mir so was von egal. Ich habe schlecht geschlafen letzte Nacht. Das Bein tut weh wie die Hölle, und der Knöchel ist dick wie eine Kartoffel. Jede Bewegung hat mich aufgeweckt. Eva ging es kaum besser.*

*Schon in Arzúa haben wir uns mit Uli, Petra und Doris um halb zwölf vor der Kathedrale verabredet. Doris erwartet uns. Der Pilgergottesdienst erreicht mich nicht. Irgendwie fühle ich mich unwürdig. Wir müssen die ganze Zeit stehen, weil alle Plätze besetzt sind. Die Nonne singt schön, der Jakobus ist golden, der Weihraucheimer wird 65 Meter durchs Querschiff geschleudert. Amen und dann alle Mann (und Frau) raus.*

*Wir gehen noch einkaufen, legen uns wieder ins Bett und reden lange über den gestrigen Tag und was er mit unserer Beziehung gemacht hat. Eva sagt, dass der Camino unsere Ehe widerspiegelt: Ich setze meinen Willen durch auf Kosten ihrer Lebenskraft. Ständige Überforderung ist das Ergebnis. Sie liebt mich. Aber so will sie nicht mehr mit mir leben.*

*Um halb fünf bummeln wir noch ein bisschen durch die Stadt und treffen die A-Mädels und Moni und sogar Pierre aus Kanada. Gemeinsam kehren wir in ein Restaurant ein. Es wird ein schöner Abend mit gutem Essen, leichten Gesprächen und liebevollem Abschied. Doris, Uli und Petra fahren morgen mit dem Bus nach Finisterre, und das bedeutet, »Pfüet euch« zu sagen.*

Aus Evas Tagebuch:
*Was ist bloß in mich gefahren? Warum habe ich wieder einmal nicht auf mich gehört, obwohl es genau das war, was ich lernen wollte? Soll Pit sich doch stark oder schwach fühlen wie und wo und warum er will. Warum lasse ich mich davon treffen? Wie oft ist es mir auf diesem Weg schlecht gegangen und trotzdem habe ich mich durchgerungen … mitgemacht … erholt und mich bemüht, das Schöne und Gute zu sehen, genauso, wie Pit es vorgegeben hat, ein zermürbendes Rauf und Runter, Euphorie und am Ende sein, manchmal innerhalb weniger Stunden, was für ein emotionaler Kraftakt. Trotzdem bin ich immer hübsch brav Pits Vorgaben und nicht meinen eigenen Möglichkeiten gefolgt. Warum lasse ich das mit mir machen? Warum stelle ich mich sogar noch zur Verfügung, wie zum Beispiel mit diesem blöden Geburtstagsgeschenk? Was habe ich davon? Vielleicht, dass ich »siehst du« sagen kann? Aber zu welchem Preis? Als ob es darum geht, recht zu behalten. Worum geht es aber dann? Um zwölf besuchen wir den Pilgergottesdienst – erhabene Kathedrale, ergriffene Menschen, eine Menge Glanz und Glitter, ein überlebensgroßer, vergoldeter Jakobus im Altarraum, der sich von den Pilgern umarmen und sich ihre geheimsten Wünsche ins Ohr raunen lässt. Alles sehr pompös. Bloß Jesus suche ich vergeblich. Aber es berührt mich sehr, als am Anfang der Messe »Großer Gott, wir loben dich« in Deutsch*

*gesungen wird, auch wenn mir nicht nach Loben zumute ist. Ich sehne mich nach Trost, Verständnis und Erholung. Doch inmitten der vielen Menschen stehe ich ganz allein da. Keiner, der seinen Arm um mich legt, nicht einmal Gott. Was ist schon eine Kirche, wenn Gott nicht darin wohnt? Was ein Gottesdienst, wenn er nicht dazu dient, dass Gott und Menschen einander berühren? Was soll ein Loblied, wenn mir der Grund für das Lob abhanden gekommen ist? Oder erwartet Gott mein Lob für das Leiden oder für den Schmerz? Wo ist Er, um mich zu trösten und seine Verheißungen zu erfüllen, seine Verheißungen von Frieden und Freude und einem reichen, gesegneten Leben? Ich weiß sehr genau, dass Gott nicht wie ein Automat für die Erfüllung meiner Wünsche parat steht, dass ich ihn zu nichts zwingen, dass ich ihn nicht einmal auf seine Versprechen festnageln kann. Der einzige Ort, an dem Jesus sich festnageln ließ, war das Kreuz — was auch für ihn nichts als unvorstellbares Leiden und tiefe Gottverlassenheit gewesen ist. Und doch lag genau in seiner Qual und Einsamkeit die Rettung — eine Erkenntnis, die ich theologisch schon tausendmal durchdacht und diskutiert habe, die aber plötzlich im Moment der eigenen tiefen Verzweiflung eine völlig neue, unbegreifliche Dimension gewinnt. Ich kann nicht anders, schon wieder kommen mir die Tränen.*

*Ich habe die ganze Zeit geweint aus Erschöpfung, aus Verzweiflung, aus Trauer um die vertane Chance und aus Angst, dass sich diese Überforderungssituation immer und immer wieder wiederholen wird und all mein Bemühen niemals ausreicht, um daran etwas zu ändern.*

*Unseren ersten Tag in Santiago beschließen wir mit einem Abendessen mit unseren Caminofreundinnen und Pierre. Das Zusammensein mit ihnen tut gut und lenkt ein bisschen von den eigenen Befindlichkeiten ab. Pit wirkt irgendwie entfernt. Habe ich ihn verloren? Und ist es das, was ich wollte?*

## 41. TAG   SANTIAGO

Pit besorgt zum Frühstück Joghurt und Erdbeeren. Wir liegen im Bett und füttern uns gegenseitig. Anschließend gehen wir unseren geliebten *café con leche* trinken. Dann schlendern wir durch

Santiago, das wir jetzt erst richtig wahrnehmen, die verwinkelten Gässchen der Altstadt, die Häuser aus grauem und schwarzem Stein, Boutiquen mit ausgefallenen Waren, Schmuck, Leder, Schaufenster voller Meeresreichtum – Tintenfische und Kraken und Langusten, Schnecken und Muscheln – quirlige Menschen, die sich davor drängeln oder die Straßencafés bevölkern, der Dom, der anmaßend mit seinen zwei Türmen in den Himmel greift, der ausladende Platz davor mit seiner Lebendigkeit, viele Pilger, Sonnenschein.

Pit und ich setzen uns dem Dom gegenüber auf den gepflasterten Boden, die Hosenbeine hochgekrempelt, den Rücken an eine Säule gelehnt, und beobachten das Treiben. Wir haben Sehnsucht nach einem bekannten Gesicht, nach jemandem, mit dem wir die eigenen Erlebnisse teilen können, damit sie greifbar bleiben. Plötzlich ist der Weg weit weg, wie eine ferne Fantasie, unwirklich und verschwommen. Ich habe Angst, etwas Wesentliches zu verlieren, ohne zu wissen, was das sein könnte.

Einige Säulen weiter kauern zwei Pilger, ein Mann und eine Frau, offensichtlich Weggefährten. Die Frau wirkt erschöpft und bewegt. Plötzlich springt sie auf. »Da«, ruft sie, »der Mann dort ... dem bin ich unterwegs schon einmal begegnet!« Jetzt hat der andere auch sie entdeckt. Sie laufen aufeinander zu und Sekunden später liegen sie sich in den Armen. Die Frau weint und verschwindet dabei ganz an der Brust des Mannes, der sie fest an sich drückt und mit seinen Händen immer wieder über ihren Rücken streicht. Als die Frau sich schließlich von ihm löst und zu ihrem Begleiter, der ruhig an der Säule auf sie gewartet hat, zurückkehrt, sagt sie, dass sie nicht einmal den Namen dieses fremden Pilgers kennt.

Für mich ist diese kleine Beobachtung ein Sinnbild: Offensichtlich kommt es nicht darauf an, was und wie viel man voneinander weiß, sondern welches Erleben man miteinander geteilt hat. Ich habe mit so vielen Menschen mein Leben verbracht, aber so wenig wirklich mit ihnen geteilt. Mit Pit allerdings habe ich diesen Weg geteilt, diese Wochen voll Freude und Frust, voll Schönheit und Schmerz, und jetzt sitzen wir hier in der Sonne, zusammen in Santiago. Ob das ausreicht: Zusammen zu sein und auch zu bleiben – trotz allem?

Mit Moni und Pierre treffen wir uns zum Mittagessen. Es gibt Langusten, Fisch und Muscheln, zum Nachtisch Schokotorte und einen großen, traurigen Abschied. Pit und ich schlendern satt, müde und auch ein bisschen verloren zurück durch die Stadt. Leider hat die Touri-Info geschlossen, sodass wir den morgigen Tag nicht planen können. Wir haben festgestellt, dass vorausschauende Planung viel mehr Gelegenheiten schafft, sofern man bereit ist, flexibel auf die unterschiedlichen Möglichkeiten zu reagieren. Ohne Planung dagegen ist man den Gegebenheiten ausgeliefert: Plötzlich steckt man in einer Situation, die man nicht selbst herbeigeführt oder gestaltet hat und deshalb irgendwie überstehen muss. Und im Muss ist eine freie Entscheidung nicht möglich. Ich wünsche mir, vom »ich muss« zum »ich will«, vom »ich brauche« zum »ich hätte gerne« zu gelangen, für mich selbst und auch für meine Beziehung. Und was bedeutet das für meine Ehe? Vielleicht, dass ich sie nicht aufrechterhalten muss, es aber will? Nicht, weil wir einander brauchen, sondern weil wir es einander wert sind, aus Liebe? »Ich will« würde dann heißen, »Ja« zu sagen, auch wenn es schwierig wird, auch wenn mich manches ärgert oder schmerzt und ich mich durch Situationen beißen muss, die ich lieber vermieden hätte. Vielleicht heißt es, sich gerade diesen Situationen verantwortlich zu stellen und nicht darauf zu warten, dass der andere für die eigenen guten Gefühle sorgt. Vielleicht heißt es auch, sich und den anderen anzunehmen, wie man selbst und wie der andere ist, und einen Schatz darin zu entdecken. Wäre es möglich, selbst zu wachsen, ohne den anderen verändern zu wollen? Eine vielleicht unüberwindliche Herausforderung, aber immerhin eine ganz und gar neue Motivation. Wenn es mir gelingt, aus diesem Antrieb heraus zu handeln, besser noch: wenn uns beiden das miteinander gelingt, ob dann endlich etwas gut werden kann?

# 2. TEIL

## Am Ende ein Anfang:

## Finisterre, Muxía, La Coruña, Ferrol

*Das Glück besteht nicht darin, dass du tun kannst,*
*was du willst, sondern darin, dass du immer willst,*
*was du tust.*

LEO TOLSTOI

**42. TAG**  SANTIAGO – FINISTERRE

Wird es noch jemals gut für uns werden?

Wir sitzen im Bus nach Finisterre, links von uns der Atlantik, rechts Berge, die mit Felsbrocken übersät sind wie von riesiger Hand hingewürfelt, dazwischen winzige Orte mit Sandstränden.

Ich lehne meine Stirn an die kühle Fensterscheibe. Draußen geht trüber Regen nieder. Wie gerne wäre ich diesen Weg gelaufen! Dass ich es nicht tue, erlebe ich wie eine Niederlage. Die wanderfreie Zeit in Santiago hat längst nicht ausgereicht, um Kraft zu gewinnen, weder um zu laufen noch um eine eigene Entscheidung zu treffen. Was für ein schrecklicher Gedanke, dazu vielleicht gar nicht fähig zu sein. Vor Hilflosigkeit, Enttäuschung und Trauer schießen mir schon wieder Tränen in die Augen. Ich kann nicht aufhören zu weinen. Und Pit schweigt bedrückt.

Gegen ein Uhr erreichen wir das Ende der Welt. Wie immer machen wir uns zuerst auf die Suche nach der Touristen-Information. Sie ist in der Pilgerherberge untergebracht. Doch die öffnet erst um fünf. Wir irren durch den Ort, trinken – um die

Zeit totzuschlagen – *café con leche* und treffen schließlich auf einen deutschen Pilger, der uns als Übernachtungsmöglichkeit das Hostal Lopez empfiehlt und uns auch den Weg dorthin zeigt, sodass wir nicht länger auf irgendwelche Öffnungszeiten warten müssen.

Das *hostal* ist ein mehrstöckiges Gebäude dicht am Hafen. An der meerzugewandten Hausseite ziehen sich verglaste Balkone bis zum obersten Stockwerk hinauf. Das Erdgeschoss beherbergt einen einzigen garagenähnlichen Raum, in dem Fischernetze über Stangen hängen, daneben Hocker und Eimer. An den Wänden sind fremdartige Geräte aufgereiht, vor dem Fenster steht ein Tisch mit abblätternder Farbe, darauf eine Kaffeemaschine und mehrere benutzte Tassen, zwischendrin ein aufgeklappter Wäscheständer. Es riecht nach Salzwasser, Kaffee und Seife.

Eine freundliche Frau in Kittelschürze nimmt uns in Empfang. Wir steigen hinter ihr her durch ein dunkel getäfeltes Treppenhaus in den vierten Stock. Pit muss den Kopf einziehen, um nicht an die Decke zu stoßen. Aber das Zimmer ist genau das, was wir jetzt brauchen: Hell und luftig und ausgestattet mit einem großen Bett mit bauschigen Kissen und weichen Decken. Vor dem Fenster steht ein Ohrensessel und auf dem Balkon Gartenstühle und ein kleiner Tisch. Pit öffnet sofort die Fenster. Klare Luft strömt ins Zimmer. Es hat aufgehört zu regnen, und über dem Meer wabert ein dunstiger Schimmer. Der Horizont liegt unendlich weit entfernt. In der Nähe schaukeln bunte Fischerboote auf den Wellen. Ich bin geneigt, mich sofort versöhnen zu lassen. Wir checken für vier Nächte ein.

## 43. TAG   FINISTERRE

Schlafen … am liebsten nur noch schlafen. Es ist längst heller Tag, aber ich komme nicht aus dem Bett. Ich döse vor mich hin, tauche in neue Träume ein oder hänge im Halbwachen meinen Gedanken nach. Vor genau sechs Wochen sind wir aufgebrochen, und nun sind wir am Ende der Welt – und auch am Ende unserer

Kraft! Was kann jetzt noch kommen? Die hoffnungsvolle Erwartung der ersten Tage ist längst vorbei, aber auch der allertiefste Schmerz und die bodenloseste Niedergeschlagenheit. Eingewickelt in meine Decke spüre ich nicht einmal mehr Erschöpfung. Das alles ist einer Art Gleichgültigkeit gewichen: So, wie es kommt, so kommt es eben – eine Haltung ohne Wünsche … Mir ist klar, dass das Leben dadurch an Intensität und Esprit verliert, aber eben auch an Frustration und Enttäuschung. Alles wird belanglos. Ist das nicht vielleicht sogar besser so? Zumindest aber leichter zu ertragen … Doch Pit scheucht mich trotzdem aus dem Bett.

Draußen spannt sich ein selten blauer Himmel über das Meer, das aussieht wie gestriegelt. Wir haben Hunger. Doch gerade, als wir zum *desayuno* aufbrechen, fängt es wieder an zu regnen. Ohne Schirm geht hier nichts. Wir drängen uns in Hauseingänge, quetschen uns an Mauern vorbei und drücken uns unter Überstände und Balkone. Trotzdem klatschen uns, noch bevor wir eine Bar erreichen, die Haare feucht am Kopf, und unsere Kleider fühlen sich klamm an. Aber das ist egal … Alles ist gleichgültig, ob es Kaffee gibt oder etwas anderes, der Toast, die Marmelade, sogar, dass die Sonne sich wieder zeigt, kaum sind wir mit dem Frühstück fertig. Willenlos schlappe ich hinter Pit her durch den Ort und über den Wochenmarkt, der laut und farbig ist und voller intensiver Gerüche: Fisch und Backwaren und Öl und Wäschestärke, Männerschweiß und süßes Parfum, das aus den bunten Kleidern der Frauen dünstet, Zitrusfrüchte und dazu das Meer, modrig, wo es sich beleidigt zurückgezogen hat, frisch, wo es lebendig und voller Kraft gegen die Hafenmole klatscht. Wir kaufen ein fürs Abendbrot. Ich sehne mich schon wieder nach meinem Bett.

Doch zurück im Hostal Lopez bleiben wir gleich im untersten Stockwerk hängen. In dem riesigen Raum sitzt der Ehemann unserer *hospitalera* auf einem Plastikhocker und knüpft Fischernetze. Bereitwillig zeigt er uns sein Handwerk, und wir sind erstaunt, wie viel wir von seinen Erklärungen verstehen und was wir alles mit ein paar Brocken Spanisch erfragen können. Der

Kontakt mit diesem Mann tut uns so gut, dass wir uns motiviert genug fühlen, um heute noch etwas zu unternehmen. Man kann nur schlecht in Finisterre sein, ohne wenigstens einmal zum Leuchtturm zu wandern. Wir rüsten uns also aus mit ein paar Nüssen und Mandarinen, unseren Thermositzkissen und den unvermeidlichen Regenschirmen. Doch aus dem ca. zweieinhalb Kilometer langen Weg wird eine kleine Wald- und Wiesenwanderung in 240 Metern Höhe. So war das nicht geplant. Aber warum mussten wir auch unbedingt von der vorgegebenen Straße abweichen und anstatt hübsch brav auf dem leichten Weg weiterzuspazieren, den Fußpfad zwischen knorrigen Bäumen und blumenüberwuchertem Geröll einschlagen? Wir scheinen beide nicht viel vom Bravsein zu halten, so, als könnten wir mit dem, was und wie es ist, nicht zufrieden sein. Vielleicht ist es aber auch bloß die Freude daran, Neues auszuprobieren und zu entdecken. Und könnte das nicht ein Zeichen dafür sein, dass wir uns allmählich erholen und ein bisschen Mut und Zuversicht zurückgewinnen? Ich will es jedenfalls mal so auslegen, zumal wir mit einem herrlichen Ausblick belohnt werden.

Wir wandern über eine baumlose Hochebene, die den Blick nach allen Seiten frei lässt: Vor uns ein Teppich von Glockenblumen, Schafgarbe und wilder Kamille, über uns Himmel, so weit das Auge reicht, sodass man sich fühlt wie der letzte Mensch auf der Welt, oder wie der erste. Zur Linken erstreckt sich in unabsehbarer Länge die Küste, zur Rechten nichts als die Weite des Atlantiks. Es ist atemberaubend schön, obwohl die Erde dampft und die Luft schwer und feucht ist. Am Horizont bauschen sich dunkle Wolken, aber im Augenblick regnet es nicht. Wir beeilen uns trotzdem.

Der steile Aufstieg ist uns nicht gut bekommen. Pits Knöchel ist angeschwollen wie ein Ballon, und auch in mein Knie schneidet es wie mit tausend Säbeln. Aber es nützt nichts, wir müssen wieder hinunter. Die Landschaft ist so schön, dass wir für den Augenblick unsere Schmerzen vergessen. Steil fallen mit wilden Blumen übersäte Felsen zum Meer hinab, das so tiefblau ist, dass wir es kaum fassen können. An manchen Stellen wechselt die

Farbe von türkis in smaragdgrün. Da, wo der Meeresboden sandig ist, bilden sich helle, fast weiße Ränder, ein Farbenspiel, das so unglaublich ist, dass es auf jedem Gemälde kitschig wirken würde. Davor hebt sich an der Spitze der Halbinsel weiß der Leuchtturm ab. Er steht tiefer, als ich es von einem Leuchtturm erwartet habe, und ist umgeben von mannshohem Geröll, durch das wir hindurchklettern, um uns schließlich an einem windgeschützten Plätzchen niederzulassen.

Schweigend essen wir unsere Mandarinen und knabbern unsere letzten Nüsse. Mir kommt das vor wie eine symbolische Handlung: Bei unserer ersten Rast kurz hinter Irun in Guadalupe – ist das nicht schon Ewigkeiten her? – gab es gesalzene Nüsse und nun, bei unserer vielleicht letzten Rast, wieder. Pit wartet auf andere symbolische Handlungen. In sein Tagebuch schreibt er:

*Kleine Feuerstellen, Steine, zwischen denen Holzkohle liegt und kalte Asche, Kreuze und einige Pilger sind zu sehen. Aber niemand schert sich den Kopf, verbrennt seine Sachen oder springt nackt in den Atlantik. Ich bin enttäuscht …*

*Wir rauchen unsere letzten Zigarillos und versuchen, die Packung zu verbrennen, was nicht funktioniert. Macht nichts. Wir versuchen es auch nicht mit unseren Schuhen, so wie man es vielen anderen Pilgern nachsagt, die das Ende der Welt zu Fuß erreicht haben. Aber schließlich haben wir diese letzte Strecke nicht zu Fuß zurückgelegt und wer weiß, vielleicht brauchen wir unsere Wanderstiefel noch?*

Gegen drei Uhr erreichen wir wieder den Ort, kehren in eine Bar ein und bestellen *menú del día*. Es fängt wieder an zu regnen. Zurück im *hostal* legen wir uns sofort ins Bett. Nur zum Abendessen auf dem Balkon stehen wir noch einmal auf. Wir genießen den Blick auf Meer, Hafen und Küste und überlegen, wie es weitergehen kann. Wir haben noch zwei Wochen Zeit bis zu unserem Rückflug. Am liebsten würden wir noch wandern, unterwegs sein … Keiner von uns beiden hat den Eindruck, schon da angekommen zu sein, wo er hinwollte. Wir spinnen Pläne: Wir könnten von Finisterre nach Muxía laufen, von dort den Bus nach La Coruña nehmen und dann den Camino Ingles bis Santiago wandern. Vielleicht wäre das eine neue Chance? Aber wir haben keinen Wanderführer für diese Strecke und auch sonst keine Informationen. Wir wissen nicht, was auf uns zukommt. Das Risiko ist groß. Zudem fühlen wir uns immer noch angeschlagen, und das Wetter ist auch nicht sehr vielversprechend.

Wir drehen die Argumente hin und her, ohne zu einem Ergebnis zu kommen. Im Hafen werden die ersten Lampen angezündet. Gelb leuchtet der Widerschein auf dem Wasser. Mal sehen, was morgen wird.

## 44. TAG    FINISTERRE

Aus Pits Tagebuch:

*In der Apotheke habe ich gestern keine Tabletten gegen die Schmerzen in meinem Fuß bekommen. Ich brauche ein Rezept. Also bin ich um acht Uhr in der Frühe in die Klinik hier um die Ecke gegangen, habe dort aber nur einen Arzttermin für ein Uhr ergattern können. Ich locke Eva aus dem Bett und zusammen gehen wir frühstücken, diesmal in einer Bar, in der wir noch nicht waren. Der Wirt und die Bedienung begrüßen uns in deutscher Sprache, was wir sehr befremdlich finden. Das Frühstück selbst ist aber ganz spanisch und das beruhigt mich wieder. Außer uns sitzen noch sechs weitere Deutsche in der Bar. Viele Pilger fahren oder laufen von Santiago aus noch nach Finisterre, weil dieser Ort in ihren Augen das wahre Ende der Pilgerreise ist. Ist er das auch für uns?*

*Wir überlegen, unseren Flug umzubuchen und nach Hause zu fliegen. Eine Straße weiter finden wir ein Internetcafé und loggen uns auf der Seite unserer Fluggesellschaft ein. Dort erfahren wir, dass eine Umbuchung pro Person 280 Euro kostet, ein Haufen Geld ... Aber in Deutschland soll es heiß und trocken sein, während es hier kalt und regnerisch ist. Der Wirt aus unserer Frühstücksbar meinte heute Morgen, dies sei der nasseste und regenreichste Mai seit Jahrzehnten. Und das muss uns passieren. Aber jetzt müsste es doch allmählich mal reichen. Es kann doch nicht ewig regnen. Was, wenn wir heimfliegen, sich aber alles umkehrt: Regen in Deutschland und Sonne in Spanien? Wir sind total unentschlossen.*

*Es wird Zeit für meinen Arzttermin. Ohne den »Tatort« zu begutachten, verschreibt mir der Arzt nach meiner Problembeschreibung in englischer Sprache Tabletten und ein Gel zum Einreiben. Hoffentlich ist es kein Haarwuchsmittel … Wir testen Gel und Tabletten gleich bei einem 15-minütigen Spaziergang auf die andere Seite der Halbinsel, wo wir einen einsamen Strand finden mit schneeweißem Sand, Wildblumen in den Dünen und bizarren Felsen, die das Wasser umspült. Wir lassen uns im Windschatten eines Felsens nieder, essen Brot und Käse und freuen uns am Anblick der Wellen. An dieser Stelle liegt zwischen uns und New York nur noch der Atlantik, eine berauschende Vorstellung.*

*Die Sonne kommt für eine Stunde zum Vorschein. Wir ziehen Schuhe und Strümpfe aus und patschen im Wasser herum. Zum Baden ist es zu kalt und auch zu windig und stürmisch. Wir schlendern am Strand entlang und reden noch einmal über unsere verbleibende Zeit. Ein Ziel war es, zwei Monate von zu Hause weg zu sein. Dieses Ziel wollen wir beide nicht aufgeben. Heute und morgen könnten wir uns noch erholen und dann vielleicht – egal, was das Wetter dazu meint – doch wieder laufen?*

*Wir gehen zurück in den Ort und klettern am Ortsende hinunter zu einer flachen Lagune, die wir gestern von oben gesehen haben. Wir bleiben eine Stunde und beobachten einen Deutschen, der sich ins sehr kalte Wasser wagt. Brrr …*

*Dann gibt es noch einen café con leche und einen Minieinkauf. Heute Abend werden wir gemütlich essen gehen. Wir haben ein Lokal mit offenem Kamin entdeckt.*

*Es schüttet mal wieder wie aus Eimern, mit kräftigen Böen dazwischen. Aber im Lokal ist es gemütlich und warm. Hier dudeln keine Fernseher, wie es sonst in spanischen Bars und Restaurants üblich ist. Diese TV-Sucht ist wirklich eine Seuche. Aber die Spanier lieben es offensichtlich laut und abwechslungsreich. Heute Abend gibt es nur sanfte Musik und ein Essen, das zwar ziemlich teuer, dafür aber lecker ist. Magen, Haut und Herz fühlen sich fast ein bisschen »aufgewärmt«, was kein schlechtes Zeichen ist.*

Aus Pits Tagebuch:

*Lange geschlafen, weil sich das Aufstehen sowieso nicht lohnt. Draußen ist bis auf Wolken nichts zu sehen, so heftig regnet es schon wieder. Erst gegen halb elf machen wir uns auf den Weg zum Hafen, um zu frühstücken. Wir sitzen lange und reden über den Camino: Was war der schönste Moment, die beste Herberge, die lustigste Begegnung, das leckerste Essen, der schlimmste Schmerz, die größte Enttäuschung …? Eva sagt »Gijón« und ich »Santiago«. Das Wetter frustriert uns total, und wir denken wieder über einen vorzeitigen Rückflug nach. Im Internetcafé informieren wir uns über die Wetteraussichten. Zu Hause sind es jetzt bis zu 30 Grad – Hochsommerwetter –, während wir uns hier den Hintern abfrieren. Und es sieht nicht so aus, als ob sich daran in nächster Zeit etwas ändern würde. Trotzdem sprechen auch einige Gründe dafür, das hier durchzuziehen:*

1. *Wir haben nur uns und sind trotz der schwierigen Situationen immer noch zusammen;*
2. *wir sind ungestört und können über Stunden reden, ohne dass Menschen oder Dinge uns ablenken;*
3. *wir hatten uns vorgenommen, zwei Monate wegzubleiben, und wären uns und unserem Vorsatz gerne treu;*
4. *wir haben Lust auf Mobilität und möchten noch was erleben. Irgendwie haben wir beide das Gefühl, noch nicht erreicht zu haben, was wir erreichen wollten.*

*Das Frühstück liegt noch nicht lange zurück. Trotzdem suchen wir uns ein Restaurant und essen leckere Gemüsesuppe, frischen Fisch mit Kartoffeln und zum Nachtisch Eis. Mehr gibt es nicht zu tun. Im hostal legt Eva sich hin und döst den restlichen Nachmittag. Ich fette unsere Schuhe ein. Am Abend spazieren wir noch einmal an unsere kleine blaue Lagune, setzen uns auf regenkühle Steine und hängen – jeder für sich – unseren Gedanken nach. Auf unserem andalusischen Balkon gibt es heute nur noch einen kleinen Imbiss. Früh liegen wir im Bett, aber wir reden noch lange. Im Zimmer nebenan liegt ein junges Pärchen. Ihr Bett quietscht so, dass wir lachen müssen.*

Aus Evas Tagebuch:

*Wir treffen die Entscheidung, auf jeden Fall die zwei Monate durch-*
*zuhalten.*

## 46. TAG   FINISTERRE – LIERES

Wir sind wieder »on the road« – was für ein gutes, befreiendes
Gefühl! Der Himmel ist zwar noch bewölkt, aber wir sind zuversichtlich. Und unsere Zuversicht wird belohnt, wir fragen uns
warum. »Sich selbst erfüllende Prophezeiung«, schlägt Pit vor,
»das, was wir glauben, trifft ein, oder das, was wir hoffen … oder
beides.«

»Haben wir also vorher nicht genügend gehofft?«, gebe ich zu
bedenken. Wir haben Finisterre hinter uns gelassen und wandern
durch kleine, stille Orte, so, wie gelbe Muscheln und Pfeile es
ausweisen. Die Sonne setzt sich immer mehr durch. Der Wind
vom Meer pustet die letzten Wolken weg. Wir entschließen uns,
den vorgegebenen Jakobsweg zu verlassen und stattdessen direkt
an der Küste weiterzumarschieren. Wir wollen in Meeresnähe
bleiben.

»Ich denke, dass wir sehr wohl geglaubt haben, dass wir das
hier schaffen und dass es gut wird – sonst hätten wir uns ja gar
nicht erst auf den Weg gemacht. Aber vielleicht hat es auch was
mit unseren Entscheidungen zu tun«, überlegt Pit. Was für ein
blödes Argument, denke ich. Dass es seit drei Wochen ständig
regnet, haben wir weder entschieden noch gewollt oder gehofft.
Aber ich sage nichts. Der Tag hat so schön begonnen, und ich
will ihn nicht verderben. »Ich meine, das miese Wetter, das können wir nicht verhindern«, sagt Pit, so, als hätte er meine Gedanken gelesen, »aber wie wir uns dazu verhalten …«

Gestern Abend haben wir lange über Entscheidungen nachgedacht, darüber, wie wenig uns der Camino davon abverlangt
hat: Der Weg ist vorgegeben und das Tagesziel. Es ist klar, was
man anzieht und was man isst, nämlich das, was vorhanden ist.
Der Tag gestaltet sich von allein und man muss nicht überlegen,

mit wem man ihn verbringt. Man verabredet sich nicht, sondern lebt die Beziehungen, die einem gerade entgegenkommen. Auf dem Camino gibt es keine Telefonanrufe, keine Schränke oder Läden oder Freizeitangebote, aus deren Überfülle man wählen muss, keine Fristen, die einzuhalten sind, keine Stechuhr und keinen Termindruck. Es gibt keinen leeren Autotank, den man auffüllen muss, und keine Benzinpreise, über die man sich ärgern kann, keine unbezahlten Rechnungen, keine kaputten Glühbirnen, die ausgewechselt werden müssen, keinen abgestürzten Computer, keinen leeren Kühlschrank, keine Bügelwäsche, niemanden, der etwas von einem will oder erwartet. Hier müssen wir nicht einmal über unsere Außenwirkung nachdenken oder uns entscheiden, was das angemessene Verhalten wäre. Über alles, was sonst unseren normalen Alltag bestimmt, brauchen wir nicht eine Sekunde nachzudenken. Es reicht aus, einfach zu sein, der man ist, und zu tun, was der Moment verlangt.

Wochenlang haben wir zusammengenommen kaum mehr Entscheidungen getroffen als zu Hause in wenigen Stunden. Aber dann wurde es schwierig. Mein Knie und Pits Fuß machten Probleme, wir waren erschöpft und dann immer wieder das trübe und nasse Wetter … Und plötzlich standen wir vor der Herausforderung, irgendwie mit diesen ganzen Widrigkeiten fertig werden zu müssen.

Sollen wir zurückweichen, aufgeben, kneifen? Oder schaffen wir es, unsere persönlichen Grenzen zu erweitern? Was können wir dabei verlieren und was gewinnen? Vielleicht gibt es gar kein Entweder − oder. Vielleicht ist es längst nicht so wichtig, welche Entscheidungen wir treffen, weil es weder richtige noch falsche gibt. Vielleicht genügt es, zwischen dem zu wählen, was unser Wohlbefinden entweder begünstigt oder verschlechtert. Was dient dem Leben und der Lebensfreude und was nicht? Blöd ist nur, dass man das nicht vorher weiß, dass man sich immer auf ein Wagnis einlassen muss. Aber was heißt schon »muss«? Etwas, das man muss, kann niemals eine freie Entscheidung sein. Dann aber ist Freiheit wohl, sich zu einem »Ich will« zu bekennen. Und genau das haben wir getan. Wir wissen nicht, was uns erwartet, aber wir haben uns trotzdem noch einmal auf den Weg gemacht, nicht, weil einer von uns den anderen dazu gedrängt oder gezwungen hätte – alles wäre möglich gewesen, sogar, Geld hin oder her, der Rückflug. Aber letztendlich wollte keiner von uns beiden jetzt schon nach Hause. Wir wollten weiter, weil das Ende sonst nichts als eine Niederlage gewesen wäre, weil sich unsere Sehnsucht noch nicht erfüllt hatte, weil wir noch nicht erreicht hatten, weswegen wir aufgebrochen waren. Doch jetzt, wo wir unseren freien Entschluss in die Tat umsetzen, ist es plötzlich, als hätte sich das Blatt gewendet: der Rucksack auf dem Rücken fühlt sich vertraut an und längst nicht so schwer wie befürchtet; wir fühlen uns frisch und voller Energie und erleben die Landschaft wie eine Überraschung. Ob frei gefällte Entscheidungen tatsächlich einen Einfluss haben auf die Sicht der Dinge? Jedenfalls scheint es auf einmal völlig abwegig, dass wir ernsthaft überlegt haben, nach Hause zu fliegen.

»Dass es uns besser geht, hat bestimmt damit zu tun, dass wir uns ein paar Tage ausgeruht haben«, fasse ich zusammen, »aber wahrscheinlich auch damit, dass wir beide das hier durchziehen wollen und deshalb bereit sind, noch was in Kauf zu nehmen, was immer das auch sein wird.«

Pit grinst. »Also doch alles eine Frage der Einstellung und Sichtweise?«

»Vielleicht …«, gebe ich zu. Ob ich mich immer entscheiden kann, das, was passiert, gut zu finden, will ich lieber nicht beschwören. Für den Moment scheint es uns zu gelingen. Aber die ausgeruhten Muskeln, der blaue Himmel und die abwechslungsreiche, herb-schöne Landschaft machen es uns leicht.

Nach eineinhalbstündigem Marsch biegen wir in einen Waldweg ein, der direkt an die Atlantikküste führt. Vorher jedoch geht es an einem alten Gemäuer vorüber, das so verlassen wirkt wie ein Friedhof. Aus dem Hof dahinter stürzen plötzlich wie aus dem Nichts vier oder fünf riesige, zerrupfte Köter auf uns zu. Beherzt greifen wir zu unseren Wanderstöcken. Aber eine Frau pfeift die Hunde auf den Hof, der wohl doch nicht so unbewohnt ist, wie es auf den ersten Blick schien.

Wir lassen Häuser und Höfe hinter uns und schlagen uns durch niedrige Kiefernpflanzungen. Ein Rebhuhn flattert erschrocken auf. Wilde Blumen leuchten in allen Farben, Gräser fangen die Sonnenstrahlen auf. Zehn Minuten später stoßen wir auf eine mächtige, mit flachem Ginster bewachsene Düne. Pit jauchzt vor Freude, und ich lasse mich gerne anstecken von seiner Hochstimmung. Wir sind ganz alleine hier oben und ohne Deckung und ohne Hemmungen, aber voller Übermut pinkeln wir synchron ins blühende Gebüsch. »Na, haben wir nicht eine das Wohlbefinden begünstigende Entscheidung getroffen?«, lache ich und breite die Arme aus. Gerade könnte ich die Welt umarmen.

Im sandigen Boden verlaufen kreuz und quer schmale Trampelpfade. Manche führen zu hohen Steilklippen, an die die Flut das Meer klatscht wie nasse Wäsche. Andere schlängeln sich zum Strand hinunter, an dem sich turmhohe Wellen austoben. Ihre Wucht und Gewalt hat tiefe Rinnen in den Sand gegraben, sodass das Wasser weit ins Land hineinschwappt. Pit und ich ziehen unsere Schuhe aus und patschen durch die wadentiefen Lachen. In jeder Hand einen Schuh schwenkend renne ich auf das wild donnernde Meer zu und brülle ihm mit aller Kraft entgegen. Vogelschwärme fliegen auf. Zurück bleiben hundert winzige Vogelfußabdrücke im Sand. Spuren von Menschen finden wir keine. Und unsere verweht der Wind, kaum, dass wir sie hinterlassen haben.

Unsere Schuhe wieder anzuziehen, ohne Sand an den Füßen zu behalten, artet zu einem witzigen Strandtanz aus. Es muss aussehen, als hüpften wir auf heißen Kochplatten. Wir amüsieren uns himmlisch über unsere Verrenkungen und müssen zu guter Letzt doch ein paar Körnchen in den Socken in Kauf nehmen. Hoffentlich gibt das keine Blasen.

Am Ende des Strandes halten wir vergeblich nach gelben Pfeilen oder der Jakobsmuschel Ausschau. Auf der Straße nach Padres halten wir ein Schweizer Pärchen an, um sie nach dem Weg zu fragen. Die beiden sind mit einer Art selbst zusammengeschustertem Wohnmobil unterwegs, ein Gefährt, so kurios, wie

190

wir es noch nie gesehen haben. Ich hätte Lust, ein Stück mitzu-
fahren. Gut, dass wir es nicht machen, denn vor uns liegt ein ver-
wunschener Wald aus Kiefern und Eukalyptusbäumen. Von Sonnenlicht übergossener Farn wuchert zwischen himmelhohen,
dunklen Baumstämmen, die auf der meerzugewandten Seite
hellgrün bemoost sind, ein perfekter Kontrast und eine vollkom-
mene Farbabstimmung. Die von niedrigen Natursteinmauern
eingefassten Wege sind aufgeweicht, aber wir finden immer wieder »Untiefen« und Grassoden, sodass das Trittfinden sogar Spaß
macht. An einer Weggabelung erhebt sich ein wuchtiger Find-
ling, auf den zwei gelbe Pfeile aufgemalt sind. Leider zeigen sie
in zwei unterschiedliche Richtungen. Welchem sollen wir folgen? Mit der neuen Erkenntnis, nichts wirklich verkehrt machen
zu können, wählen wir den Weg, der wieder an die Küste führt.
Hinter uns türmen sich dunkle Wetterwolken auf, doch vor uns
weitet sich silbern glänzend der Atlantik unter einem tiefen,
wölkchenbetupften Himmel. Wir sind begeistert!

Kurz vor Lieres führt uns eine schmale Asphaltstraße vom
Meer weg ins Landesinnere. Ein Fluss voller Forellen fließt neben uns her. Wir müssen nur noch eine mittelalterlich anmutende Brücke überqueren, um den Ort zu erreichen.

Wir haben zwar einen Meer-Mehrweg von einigen Kilometern hinter uns, aber sehr viel weiter als 15 Kilometer sind wir
heute wohl nicht gewandert, was uns beiden offensichtlich nicht
geschadet hat. Jedenfalls ist Pits Fuß nicht wieder angeschwollen,
und auch meine Beschwerden halten sich in erfreulichen Grenzen. Wir bereuen nicht einen Schritt.

Auf einer Anhöhe in Lieres finden wir eine Bar und essen
dort zu Mittag. Dann suchen wir uns eine Unterkunft. Eine Pilgerherberge gibt es hier nicht. Aber wir entdecken ein urgemüt-
liches Quartier in einer *Casa Rual* – einer privat geführten Pension – in einem Haus aus grob gehauenem Naturstein, das auch
von innen unverputzt ist. Die schönen alten Steine in den Zimmern sorgen für ein besonders romantisches Flair. Auf dem breiten Bett ist eine dunkelblaue Tagesdecke ausgebreitet. Das Holz
der wenigen Möbel schimmert rotbraun. Das Badezimmer ist

hell gefliest und sauber. Im Hinterhof gibt es einen liebevoll gestalteten Garten voller Blumen und kitschig verspielter Gipsfiguren auf der Rasenfläche, Zwerge und Rehe und Frösche. Wir sitzen auf einer Bank im strahlenden Sonnenschein, ich schreibe in mein Tagebuch, Pit skizziert die *Casa Rual* in sein schwarzes Büchlein. Wir faulenzen, spielen 10 000 und sind einfach nur froh, hier zu sein.

Am späten Nachmittag strecken wir uns nach einer herrlich heißen Dusche auf unserer blauen Tagesdecke aus und machen, was wir lange nicht gemacht haben: Wir schauen uns eine Liebesschnulze im Fernsehen an. Hier empfangen wir nämlich, welch eine Überraschung, das Erste Deutsche Fernsehen. Wer wen am Ende kriegt, erfahren wir aber nicht, denn wir entschließen uns, den Tag lieber am Meer ausklingen zu lassen. Wir besorgen uns Bier und Limonade in Dosen und wandern die Asphaltstraße am Forellenfluss zurück zum Atlantik. Wir kommen gerade zur rechten Zeit: Das Meer ist jetzt ganz ruhig, und die Berge im Hintergrund sind vom Abendlicht wie verzaubert. Am Horizont haben sich Wolken niedergelassen wie Spaziergänger auf einer Bank. Dahinter taucht golden die Sonne unter, wobei sie rosarotes Licht wie Himbeersirup über Himmel und Wasser gießt. Wir sind so berauscht, dass wir uns kaum trennen können. Erst im Dunkeln treten wir den Rückweg an.

## 47. TAG  LIERES – MUXÍA

Zum Frühstück gibt es frisch gepressten Orangensaft, mehrere Sorten Marmelade, Toast, so viel wir wollen, und Kaffee ohne Ende. Dieses Quartier ist wirklich eine Wucht.

Die Uhr zeigt bereits Viertel vor zehn. Ein deutsches Ehepaar, das auch hier übernachtet und mit uns zusammen gefrühstückt hat, macht sich schon auf den Weg, während wir in aller Ruhe unsere Sachen packen. Bis nach Muxía, dem heutigen Etappenziel, sind es höchstens 17 Kilometer, nichts, was uns nach dem gestrigen Tag erschrecken würde. Und genauso wie gestern können wir auch heute unsere Regencapes im Rucksack lassen. Wir tragen bloß T-Shirt und kurzgezippte Hosen.

Der Weg selbst erweist sich als pures Genusswandern. Es gibt nur wenige Steigungen, und weicher Sandboden schont unsere Gelenke. Vor uns breiten sich Kiefern- und Eukalyptuswälder und eine von Felsen durchsetzte Heidelandschaft aus. Ständig weht ein milder Wind. Auf einer Anhöhe mit herrlichem Panoramablick über sanfte, dicht bewaldete Hügel finden wir den idealen Rastplatz: ein in eine Mauer eingelassener Brunnen, aus dem klar und kühl Trinkwasser sprudelt. Daneben ragt ein steinernes Kreuz auf einem Sockel in den Himmel. Auf dem Sockel hat es sich bereits das Ehepaar von heute Morgen gemütlich gemacht. Bereitwillig rücken sie zusammen und machen uns Platz unter dem Kreuz. Was für ein Symbol!

Ich fühle mich geborgen wie selten. Hier gibt es Wasser aus der Quelle und Schutz unter dem Kreuz, dazu freundliche Menschen, Ruhe und die Schönheit der Natur. Der Wind streichelt mein Gesicht, mein Bauch verdaut genüsslich Äpfel und Brot, meine Beine entspannen sich, alles Zeichen von Lebendigkeit. Ich spüre mich – aber diesmal nicht durch Anstrengung und Schmerz, sondern durch Wohlbehagen und Genuss. Am liebsten würde ich dieses Gefühl für immer bewahren. Pit und ich bleiben schließlich auch länger als nötig. Die beiden anderen sind längst verschwunden, während wir noch schweigend den Moment genießen. Wir reden nicht, aber das Schweigen ist erfüllt von etwas Neuem, so, als sei alles gesagt. Ich weiß, dass das vielleicht niemals der Fall sein wird. Es wird immer neu Gedachtes, neu Erlebtes und Erfahrenes geben, über das es sich auszutauschen lohnt. Aber für den Moment liegt eine Ruhe zwischen uns, die keine Worte braucht. Für mich fühlt sich das fremd, aber schön und unbeschwert an und so, als sei endlich etwas gut.

Wie viel haben wir in den vergangenen Tagen miteinander geredet … Wie viel haben wir uns gegenseitig voneinander gezeigt … von dem, was wir wollen, und von dem, was wir befürchten. Und mit welcher Offenheit und Bereitschaft haben wir aufeinander gehört, so, dass wir schließlich eine gemeinsame

Entscheidung treffen konnten, in der niemand sich als Verlierer fühlen muss, weil jeder in seinen Bedürfnissen ernst genommen wird und beide bestrebt sind, dass jeder bekommt, was er braucht und sich wünscht. Es genügt, Pit bloß anzusehen, um zu merken, dass es ihm gerade genauso geht wie mir. Er lächelt mich an, und das ist so schön, dass ich ihn auf der Stelle umarmen könnte. Und warum auch nicht? Wir sind allein hier. Wir stören niemanden und niemand stört uns. Ungestörtheit: Auch das ist ein besonderes Geschenk des Jakobsweges, das hilft, die Dinge neu zu bedenken und sich dann auch neu zu verhalten. War es nicht das, wonach ich mich gesehnt und wonach ich gesucht hatte? War nicht das der Grund, weshalb ich überhaupt aufgebrochen bin?

Kurz vor Muxía kommen wir durch dichter besiedeltes Gebiet, vorbei an Höfen, Scheunen und Stallungen. Bauern winken uns zu, Hunde kläffen hinter uns her, überall blüht es üppig. An den Obstbäumen reifen mediterrane Früchte. Pit hangelt mit langem Arm über eine Gartenmauer und pflückt eine frische Zitrone, die wir uns teilen und im Gehen auslutschen. Sie schmeckt herrlich spritzig und frisch und längst nicht so sauer, wie die, die wir zu Hause kaufen. Dann geht der Endspurt über eine lang gezogene Düne, hinter der Strände mit kristallklarem Wasser liegen, und wieder diese berauschende Weite des Atlantiks. Ich hätte Lust, hierzubleiben und ins Meer zu tauchen. Diesmal bin ich mir sicher, dass Pit meiner Bitte entsprechen würde, und wenn nicht, dass ich in der Lage wäre, meinen Wunsch durchzusetzen. Aber diesmal hindern mich nicht seine, sondern meine eigenen Vorbehalte: das eisige Wasser, die nassen Haare, vor allem der nasse Badeanzug, dann auch die Zeitverzögerung, Muxía, das nur noch einen Katzensprung entfernt liegt und das wir endlich erreichen wollen … Diesmal treffe ich meine eigene Entscheidung, auch wenn sie mir im ersten Moment nicht gefällt. Aber was heißt das schon? Haben wir nicht festgestellt, dass es weder richtige noch falsche Entscheidungen gibt? Wer will schon sagen, was besser ist, hierbleiben oder weitergehen?

Muxía liegt mit seinen strahlend weißen Häusern und winkligen Gassen wie ein Kleinod auf der Spitze einer vorgelagerten Halbinsel, um die sich das Meer bauscht wie ein blausamtener Königsmantel. Wir steigen zuerst hinauf zur Herberge, die modern und großzügig und hell und sehr gepflegt ist und einen sonnenbeschienenen Innenhof hat, ausgestattet mit großen Stahlwaschbecken und Wäscheständern. Wir waschen sofort unsere T-Shirts und richten uns ein. Es ist mittlerweile drei Uhr – Zeit fürs Mittagessen, das wir recht schnörkellos in einer Bar im Ort einnehmen.

Danach spazieren wir an die äußerste Spitze der Halbinsel, ein Ort, der mir im Augenblick als der schönste der Welt erscheint und an dem ich mich gerade vollkommen und ganz und gar richtig fühle. Schwarze, wasserglänzende Felsen türmen sich übereinander, und die Gischt schäumt weiß und ungestüm meterhoch an ihnen empor. Die Sonne wirft Lichtpunkte aufs Wasser, und der Wind zerrt an meinen Haaren. Pit klettert über die Steine bis dicht ans Wasser, während ich mich im Windschatten eines Felsens niederlasse. Ich schaue ihm hinterher, wie seine Gestalt immer kleiner wird vor der überwältigend schönen Kulisse, und ich denke, dass ich ihn nicht verlieren will. Aber warum sollte ich auch? Da ist einer, der zu mir gehört und ich zu ihm.

Freunde und Bekannte haben Pit und mich oft so erlebt, als stünden wir zusammen wie unter einer gläsernen Glocke, nah beieinander und geschützt vor der Außenwelt, aber trotzdem sichtbar und transparent. Warum haben andere das schon immer so empfunden, ich selbst aber nicht? Pit ist mindestens 200 Meter von mir entfernt. Ich weiß nicht, wie es ihm gerade geht oder was er denkt. Aber ich fühle mich nicht einsam. Es ist schön, hier zu sitzen und Zeit und Muße zu haben, um meine Gedanken aufzuschreiben:

*Jetzt bin ich endlich angekommen. Ich sitze ca. 100 Meter von der Kirche Virgen de la Barca entfernt wind- und menschengeschützt hinter einem Felsen, vor mir liegt der Atlantik – weit und blau wie der Himmel – und hinter mir ein langer Weg, äußerlich und innerlich. Ich bin froh, hier zu sein, und muss für diesmal nicht weiterkommen. Endlich ein Gefühl von »genug«. Dies ist für mich der ergreifende Moment, den andere Pilger vielleicht in Santiago erleben. Mein Ziel ist hier!*

Pit ist zurückgekehrt, außer Atem und mit von Wind und Freude geröteter Haut. »Kommst du mit?«, ruft er und hat mich schon an der Hand hochgezogen. Ich stopfe rasch Tagebuch und Kugelschreiber in meinen Ministoffbeutel, den ich jetzt schon so viele Wochen mit mir herumtrage und der dringend eine Wäsche nötig hätte. Aber egal ... Vieles ist in den letzten Wochen unbedeutend geworden und anderes wichtig. Die Prioritäten haben sich ganz neu geordnet.

Hand in Hand steigen Pit und ich über die Felsen dorthin, wo das Kirchlein Virgen de la Barca mit seinen dicken Mauern und zwei Türmen unerschütterlich Wind und Wetter trotzt. Die Legende erzählt, dass Maria, die Mutter Gottes, über das Meer gekommen und an dieser Stelle an Land gegangen sein soll, um dem Apostel Jakobus bei seiner Missionsarbeit in Spanien zu helfen. Ihr zu Ehren ist die Kirche erbaut worden. Wir besichtigen den Innenraum, der düster ist, aber voller Gold. Es gibt ein Altarbild, das die gesamte vordere Front des Raumes einnimmt. An den Wänden und von der Decke hängen Schiffsmodelle. Für Jesus ist auch hier nur eine verschwindend kleine Nische reserviert, so, als wäre er nicht sonderlich bedeutungsvoll und der Glaube an ihn längst nicht so wichtig wie der an seine Mutter. Dabei halte ich es für wesentlich realistischer, an einen Mann zu glauben, dessen Existenz wenigstens historisch nachgewiesen ist, als daran, dass eine Frau, auch wenn sie die Mutter Gottes ist, Tausende von Kilometern über das Meer spaziert ist, um einem Jünger ihres Sohnes beizustehen. Zumal mir auch die Jakobus-Legende mehr als fragwürdig erscheint. In unserem Outdoor-Handbuch ist zu lesen, dass die vermeintliche Entdeckung des Jakobusgrabes – letztlich nicht mehr als ein paar Knochen, die Bauern im Wald fanden – für Asturien gerade recht kam, um leichter vom christlichen Europa politische und wirtschaftliche Unterstützung zu bekommen, vor allem aber, um den Kampf gegen die Mauren zu legitimieren. Jakobus selbst soll sogar im Jahr 844 leibhaftig erschienen sein, um die Christen in der Schlacht von Clavijo (bei Logrono) zum Sieg zu führen.

Nach den Erfahrungen der letzten Wochen ist mir Glaube immer mehr zu etwas geworden, das einem nicht selbstverständlich zur Verfügung steht, sondern eher etwas, um das man ringt und für das man sich jeden Tag neu entscheidet. Wie viel Tiefe und Überzeugungskraft, wie viel eigene Betroffenheit und Berührung mit Gott braucht es, um sich dem Glauben zu öffnen und schließlich auch persönliche Konsequenzen zu ziehen?

Trotzdem hat diese in meinen Augen höchst unglaubwürdige Jakobus-Geschichte (Woher wusste man z.B., dass die im Wald gefundenen Knochen nicht von einem Wildtier, sondern von Jakobus stammten – in einer Zeit, wo wissenschaftliche Untersuchungen keine wirklich zuverlässigen Ergebnisse bringen konnten?) dazu beigetragen, dass die Stadt Santiago entstand und obendrein eine Pilgerbewegung, der die Gläubigen bis heute folgen.

Aber über Glaube lässt sich nicht streiten. Glaube lässt sich wohl nur erfahren und bezeugen. Und dieses Kirchlein ist eben ein echtes Zeugnis spanisch-katholischer Mariengläubigkeit, die ich in ihrer Gradlinigkeit und Treue ziemlich beeindruckend finde. Die Kirche ist denn auch sehr sehenswert. Aber für diesmal haben wir genug von Kunst, Kultur, Legenden und Geschichte.

Jetzt wollen wir zur Touristen-Information, denn dort können wir die Muxía-Urkunde bekommen, die uns als solche Pilger ausweist, die es bis ans Ende der Welt geschafft haben. Im Kopf des bunt bebilderten Dokumentes steht denn auch: »Muxía, Fin da ruta Xacobea« – »Muxía, Ende des Jakobuswegs«. Wir haben es geschafft. Und vielleicht ist es genau das, warum uns die Muxía-Urkunde so viel mehr bedeutet als die Compostela, die wir in Santiago bekommen haben. Aber was ist schon ein Papier?

Zurück in der Herberge stopfen wir die Muxía-Urkunde neben die Santiago-Compostela in unsere Rucksäcke, duschen, nehmen die Wäsche ab, die endlich einmal sauber und trocken geworden ist, und setzen uns zum Abendausklang auf die Dachterrasse. Wir genießen Brot, Käse und Wein und warten auf den Sonnenuntergang. Aber wir sind beide müde. Mittlerweile sind weitere Pilger eingetroffen, und obwohl es im Schlafraum noch sehr bewegt zugeht, legen Pit und ich uns gegen neun aufs Ohr. Morgen früh um halb acht fährt unser Bus nach La Coruña.

## 48. TAG    MUXÍA – LA CORUÑA

Aus Evas Tagebuch:

*In der albergue geht es in aller Frühe schon sehr geschäftig zu, denn alle wollen den Bus erreichen, den Bus nach Santiago. Nur Pit und ich steigen in den nach La Coruña und sind für eine gute Stunde die einzigen Fahrgäste. Die Landschaft ist sehr steinig und reich bewaldet.*

*An unserem Zielort angekommen, erklärt uns an der* Estacion Autobus *ein Angestellter in der Gepäckaufbewahrung sehr euphorisch seine Stadt: La Coruña. Wir lassen uns gerne von seiner Begeisterung mitreißen. Die Stadt ist aber auch wirklich schön: viel Grün, breite und fröhlich belebte Straßen, Häuser, an denen sich bis in die obersten Stockwerke verglaste Balkone hinaufziehen, was luftig und transparent und sehr hell wirkt. Kein Wunder, dass La Coruña die gläserne Stadt genannt wird.*

*Wir laufen am Hafen vorbei und durch einen hübschen, kleinen Park und kehren gegen elf Uhr in einem Café mit dem denkwürdigen Namen »Gasthof« ein. Wir bestellen ein verspätetes* desayuno: café con leche *und* churroz, *in Fett gebackene Teigteilchen. Es sind gerade angenehme 19 Grad. In der Touristen-Information holen wir uns einen Stadtplan, Informationen für den Camino Ingles und ein* hostal-*Verzeichnis. Alle Übernachtungsmöglichkeiten sind teuer, bis auf eines, das Hostal Palacio. Aber der Name allein hört sich schon so herrschaftlich an, dass wir lieber nach einer Alternative Ausschau halten. Leider ohne Erfolg, sodass wir uns zu guter Letzt doch fürs Palacio entscheiden. Ich zeige auf ein altehrwürdiges Patrizierhaus mit schönen Stuckarbeiten und einem runden Erker und meine nur zum Spaß: »Hier werden wir heute übernachten.« Und wer hätte das gedacht: Der vierte Stock dieses Hauses beherbergt tatsächlich unser* hostal. *Wir steigen eine imposante, sich schneckenförmig windende Treppe in einem prachtvollen Treppenhaus hinauf und fühlen uns an den Anfang des vorigen Jahrhunderts zurückversetzt. Das* hostal *selbst ist zwar sehr schlicht, aber riesig. Hier sind bestimmt zwei*

oder drei Wohnungen zu einer zusammengelegt worden. Die hospitalera führt uns denn auch durch ein Labyrinth von Fluren und Gängen
in ein Zimmer mit vier Betten. Wir breiten uns mächtig aus und buchen
für zwei Nächte.

Dann spazieren wir zum Strand, picknicken, kühlen unsere Füße im
Wasser ab und machen uns auf den Weg zum Wahrzeichen der Stadt,
dem Torre de Herkules, der ein im 2. Jahrhundert von den Römern
erbauter und sehr gut restaurierter Leuchtturm ist. Auf dem Weg dorthin stolpern wir fast über das Aquarium de Finisterre, das wir spontan
besichtigen. Wir sind ganz ergriffen von der Schönheit der Unterwasserwelt, in der Gott seine Phantasie ausgetobt zu haben scheint. Besonders
fasziniert sind wir von den Haien. Um sie beobachten zu können, müssen wir in eine Art gläsernes U-Boot hinuntersteigen, das dem aus dem
Roman »Die Reise zum Mittelpunkt der Erde« von Jules Verne nach-
empfunden ist. Die Haie gleiten um uns herum, als wären wir überhaupt
nicht da. Gut so …

Zwei Stunden halten wir uns in dieser sphärischen Unterwasserwelt
auf. Draußen scheint die Sonne und überall sind Menschen, vor allem
Touristen wie wir.

Nur wenige Schritte vom Torre de Herkules entfernt liegt der Skulp-
turenpark von La Coruña. Mächtige, keltisch anmutende Hinkelsteine
ragen in den Himmel. Durch Löcher so groß wie Fenster schimmert das
Meer. Das alles ist sehr beeindruckend … auch die Klippen oder die
winzigen, einladend sauberen Badebuchten. Wir lassen uns viel Zeit und
genießen wieder einmal nur. Um den Rückweg abzukürzen, schneiden
wir die Torre de Herkules-Halbinsel ab und kommen an einem total ver-
schandelten Küstenabschnitt voller Hochhäuser, Kräne und Baustellen
vorbei. Dazwischen gibt es aber auch immer wieder kleine Grünflächen.

In einer Bar in der Nähe unseres hostals essen wir Spaghetti mit
Bolognese, und dazu gibt es echtes deutsches Bier.

Die Füße tun weh. Wir sind heute doch mehr gelaufen als geplant,
sicher um die 13 Kilometer – und das alles auf Asphalt. Jetzt freuen wir
uns auf unser Bett und auf morgen. Es ist ein tolles Gefühl, sich auf den
neuen Tag zu freuen.

Aus Pits Tagebuch:

*Lange geschlafen und von Eva liebevoll geweckt worden. Um halb elf gehen wir zum Frühstücken (*desayuno *für 1,80 Euro pro Person) und anschließend in die Altstadt (*vieja ciudad*), vorbei am Rathaus an einem schönen, quadratisch geschlossenen Platz. Alle Häuser sind einheitlich gestaltet: in der ersten und zweiten Etage offene, in der dritten verglaste Balkone, Restaurants unter Arkaden im Erdgeschoss. An den Platz schließen sich kleine beschauliche Gassen an mit vielen alten Kirchen, einem Kloster (St. Barbara) und romantischen Plätzen mit alten Bäumen und vielen Bänken. Das Wetter ist prima, sodass wir von den Bänken reichlich Gebrauch machen.*

*Zu Mittag essen wir im Hinterzimmer eines sehr einfachen Restaurants. In Deutschland würde sich wohl niemand in einen so lieblos gestalteten, fensterlosen Raum verfrachten lassen. Entsprechend abgefertigt fühlen wir uns auch. Hier scheint es bloß darum zu gehen, satt zu werden. Und das werden wir schließlich auch!*

*Wir laufen zum Strand auf der Westseite der Halbinsel und bleiben dort drei Stunden. Wir haben unsere Badesachen dabei und Eva kommt endlich in den Atlantik. Mir ist das Wasser zu kalt. Aber Eva scheint es zu genießen. Das Meer ist klar wie Kristall und fast algenfrei und Eva sagt, dass die Wellen ganz toll tragen. Sie versucht, mich zum Baden zu überreden, und als ihr das nicht gelingt, will sie mich davon überzeugen, wie gut die »unabgelenkte Ruhe« und das »Auf-mich-selber-zurück-geworfen-Sein« tut. Aber jeder braucht wohl zum Genießen etwas anderes. Doch ich halte aus, weil es Eva so gut gefällt. Außerdem gibt es auch keine echte Alternative.*

*Nachdem wir genug Sonne getankt haben, kaufen wir noch fürs Abendessen ein und picknicken auf unserem Zimmer im* hostal. *Neben Brot und Joghurt und Obst breiten wir alle Informationen aus, die wir über den englischen Weg ergattern konnten, was nicht viel ist, und studieren die Karte. Der Camino Ingles wird ein kleines Abenteuer. Wir haben den Eindruck, dass wir dort nicht vielen Leuten begegnen werden. Ich freue mich riesig!*

Das Motto des heutigen Tages könnte lauten: warten und rumsitzen. Nach einem Frühstück in der Bar, in der wir schon gestern gegessen haben, machen wir uns auf den Weg zum Bahnhof, wo wir erfahren, dass unser Zug nicht wie erwartet um Viertel vor elf, sondern erst um zwanzig vor drei fährt. Da wir keine Lust haben, mit unserem Gepäck durch die Straßen von La Coruña zu schlendern, richten wir uns in einer kleinen Grünanlage vor dem Bahnhof auf einer Bank unter einem Trompetenbaum ein, tanken ordentlich Sonne, beobachten die Leute – vornehmlich alte Männer, die laut und überschwänglich miteinander palavern – und spielen unser stupides Würfelspiel 10 000. Gegen ein Uhr finden wir bei einem Italiener gleich um die Ecke *menú del día* für nur 6,30 Euro. Wir schlagen zu, denn wer weiß, ob und wann es wieder etwas gibt!

Und dann endlich startet unser Zug. Es ist die berühmte FEVE-Linie, die Ferrocarriles Espanoles de Via Estrecha, was übersetzt so viel heißt wie: spanische Schmalspurbahn. Und schmalbrüstig sind die Waggons tatsächlich. Es gibt nur zwei Sitzplätze auf der einen und einen auf der anderen Seite, dazwischen einen engen Gang. Vor unserer Reise habe ich in einem Merian-Heft gelesen, dass dieser Zug eine Strecke von über 1200 Kilometern an der Atlantikküste zurücklegt und dabei allein von Ferrol bis Bilbao 176 Stationen anfährt, was bedeutet, dass er alle sechseinhalb Kilometer hält, um Fahrgäste ein- oder aussteigen zu lassen. Das Ganze ist nicht teurer als 33 Euro pro Person. Entsprechend günstig fällt denn auch der Fahrpreis für unsere vergleichsweise kurze Strecke bis nach Ferrol aus.

In Meeresnähe durchqueren wir eine dicht besiedelte und wild bewaldete Gegend. Nach einer Stunde erreichen wir unser Ziel. Während der Zug ohne uns weiterrumpelt, denke ich laut: »Ab Ribadeo fährt die FEVE-Bahn genau die Strecke, die wir zu Fuß zurückgelegt haben. Wir haben so lange dafür gebraucht, aber der Zug schafft den Weg in nur knapp drei Tagen …«

»Ich würde trotzdem wieder laufen«, entgegnet Pit.

»Ich auch«, stimme ich zu.

Um nichts auf der Welt wollen wir die Erfahrungen der letzten Wochen, weder die schönen noch die schlimmen, missen. Auch wenn ich immer noch nicht sagen kann, ob sie mich letztendlich dahin gebracht haben, wo ich hinwollte. Auf jeden Fall haben sie mich verändert. Und deshalb wird nie wieder etwas so sein, wie es einmal gewesen ist. Ich weiß nicht, ob das gut oder schlecht ist. Ich weiß aber, dass mein Leben von nun an anders werden wird. Und anders ist in jedem Fall besser als das, was einmal war. So, wie es einmal war, will ich es nicht mehr haben. Doch jetzt ist etwas entstanden, etwas, das ich neu gestalten und füllen kann. Und vielleicht tun Pit und ich das sogar gemeinsam.

Wie zur Bestätigung nimmt Pit meine Hand. Und Seite an Seite marschieren wir durch die Altstadt bis zum Hafen, wo in einem kioskgroßen Häuschen die Touristeninformation untergebracht ist. Aber das Häuschen ist – wie könnte es anders sein – mal wieder geschlossen bis um fünf. Wir setzen uns auf eine Bank, bestaunen die beeindruckend riesigen Pötte im Frachthafen und warten. Aber schließlich geht auch diese Zeit vorüber, und wir bekommen einen Stadtplan und einen neuen Pilgerausweis, der aber nicht mehr als ein fotokopiertes Blatt Papier ist, mit Feldern für die Herbergsstempel. Na ja, es wird schon gehen.

Auf der Suche nach einer Übernachtungsmöglichkeit entdecken wir an einer Hauswand die Jakobsmuschel, Zeichen für den Beginn des Camino Ingles. Wir sehen uns an und grinsen. »Jetzt kann uns nichts mehr passieren«, feixt Pit. Wir haben in den letzten Wochen so viel durchgemacht. Trotzdem würden wir alles noch einmal in Kauf nehmen, um miteinander unterwegs zu sein. Wir freuen uns wie irre, wieder losziehen zu können, egal, was auf uns zukommt. Sind wir bis hierher gekommen, dann kommen wir auch noch weiter. Wir sind voller Zuversicht und Tatendrang.

Das *hostal*, das wir finden, ist für seine schlichte Ausstattung viel zu teuer. Wir bleiben trotzdem, weil es in der Innenstadt liegt, sodass wir nicht weit laufen müssen, wenn wir am Abend noch bummeln und ein Gläschen Wein trinken wollen. Was wir bis jetzt von Ferrol gesehen haben, gefällt uns gut: an den Häuserfronten ziehen sich wieder überall verglaste Balkone hinauf, zum Teil sehr schön restauriert. Es gibt hübsche kleine Boutiquen, an denen wir uns nicht sattsehen können – wir hätten beide große Lust auf ein paar schicke Klamotten, besonders auf Schuhe, aber wir geben dem Impuls natürlich nicht nach. Das alles wäre nur unnötiger Ballast.

Die Altstadtstraßen laufen parallel nebeneinander her wie der Blasebalg eines zusammengepressten Akkordeons. Wir spazieren im Zickzack jede Gasse ab und landen schließlich auf einem großzügigen quadratischen Platz. Ganze Familien sitzen auf Bänken und niedrigen Mauern. Kinder spielen auf der freien Fläche und eine alte Frau lockt Tauben mit Brot herbei. Die Vögel lassen sich in Scharen auf ihren Schultern, Armen und Händen nieder und flattern erschrocken auf, wenn Kinder vorüberlaufen.

Uns scheint es, als ob die Menschen hier niemals müde werden. Bis spät in die Nacht hinein flanieren sie auf den Straßen, reden miteinander, spielen mit ihren Kindern und lachen. Alles ist sehr fröhlich und laut. Aber wir haben für heute genug. Leider wird es in unserem Zimmer auch nicht leiser. Was anfangs als Vorteil erschien – die großen Fenster und die Nähe zur Innenstadt – erweist sich jetzt als echter Schlafkiller. Wir knipsen noch einmal das Licht an, kramen unsere Tagebücher und Kulis heraus und schreiben auf, was wir an diesem Tag erlebt haben.

Pit notiert zu guter Letzt:

*Wir haben noch 10 Tage in Spanien … Buenas noche!*

Und in mein Tagebuch schreibe ich:

*Pit hat sich aus La Coruña ein kleines Andenken mitgebracht: einen Sonnenbrand auf der Brust.*

An Schlafen ist noch nicht zu denken. Aber zu nahe können wir uns wegen Pits gerösteter Haut auch nicht kommen. Gegen ein Uhr stopfen wir uns schließlich Ohropax in die Ohren. Es ist schon merkwürdig: Das, was vernünftig, hilfreich und naheliegend ist, fällt einem meistens erst ganz zum Schluss ein.

# 3. TEIL

## Ankommen:

## Ferrol bis Santiago und nach Hause

> ... dass ich überall anfangen kann zu sagen,
> was ich sagen möchte, und alles ein neuer Anfang
> und nie ein Ende ist.
>
> EVA NAOMI WATANABE
> aus: *Gedankenspäne*

## `51. TAG`  FERROL – NEDA

Aus Pits Tagebuch:

*In der Bar um die Ecke frühstücken wir leckere Schokocroissants. Auf das Frühstück freue ich mich immer besonders, denn ein guter, kulinarischer Start in den Tag ist für mich ganz wichtig.*

*Und dann machen wir uns auf den Weg zur Stadtverwaltung, die am anderen Ende der Altstadt, aber immerhin in unserer Richtung liegt, in der Hoffnung, dort ein Verzeichnis der alberguen auf dem englischen Weg zu bekommen. Bevor wir überhaupt an irgendeinen Schalter kommen, werden wir kontrolliert wie Terroristen: Unsere Rucksäcke werden durchleuchtet, und wir selbst müssen durch eine Metalldetektorsperre wie auf einem Flughafen. Sehr merkwürdig, aber vielleicht auch nötig wegen des vielen Marinemilitärs in dieser Stadt? Keine Ahnung ... Leider bekommen wir auch nicht viele neue Informationen über den Camino Ingles. Aber wenigstens wird uns hier ein ordentlicher Pilgerausweis ausgehändigt, und ein hübscher, blauer Ferrol-Stempel wird auch gleich hineingedrückt. Und dann kann es endlich losgehen.*

Wir genießen das Laufen sehr, obwohl der Weg ziemlich unattraktiv ist. Wir kommen an Stränden vorbei, die wegen der Ebbe nicht mehr sind als stinkende Schlickgruben. Aber wenigstens ist der Weg sehr gut ausgeschildert. Er leitet uns durch Industrie- und Hafengebiet, unter Bundesstraßen und Autobahnen hindurch.

Gegen zwei kommen wir schließlich in Neda an. Am Fluss neben der Brücke liegt die Herberge. Leider ist sie noch bis um sechs geschlossen. So suchen wir uns eine Bar und essen dort menú del día für schlappe 7,50 Euro. Ganz lecker und reichlich. So bringen wir eine Stunde herum und eine weitere mit Einkaufen. Jetzt sitze ich vor der Herberge an einem Holztisch unter zwei Bäumen und warte. Eva ist noch mal in die Bar gegangen und versucht dort, irgendwie telefonisch den hospitalero zu erreichen, um ihn zum Früherkommen zu überreden, während ich den Tag Revue passieren lasse.

Auf dem Weg hierher haben Eva und ich uns über unsere unterschiedlichen Wesensarten unterhalten: Ich kann es nur schwer aushalten, ohne Programm zu sein. »Leerlauf« liegt mir nicht. Ich brauche immer etwas zu tun. Dass man Wartezeit auch als »Denkzeit« nutzen könnte, kommt mir nicht in den Sinn. Eva ist da ganz anders. Sie sagt, dass jedes Glitzern auf dem Meer für sie wie ein Gedanke ist und jeder Windhauch wie ein Eindruck. Sie wünscht sich, sich mehr mit mir darüber austauschen zu können – auch zu Hause. Das Wichtigste scheint uns beiden aber zu sein, dass jeder bekommt, was er braucht, und sich keiner als Verlierer fühlen muss. Ob wir das hinbekommen?

Gegen Viertel nach vier erscheint unser hospitalero und schließt uns die Herberge auf. Er überlässt uns den Schlüssel, da wir bis jetzt die einzigen Pilger sind. Die Herberge ist zwar erst Baujahr 2002, aber schon sehr verlottert. Ich greife entschlossen zum Besen und mache sauber. So viel zum Thema: Ich muss immer was tun.

Abends trinken wir vino tinto in einer Bar um die Ecke, schauen ein bisschen Sport im Fernsehen, das natürlich auch hier läuft, und beobachten die Männer, die wieder einmal sehr kommunikativ zusammen sind. Ich finde es richtig toll, hier zu sein.

Aus Evas Tagebuch:

*Das war heute ein Spaziergang an einer Menge Hässlichkeiten vorbei: Marinemilitär-Gelände, viel Industrie- und Gewerbegebiet, Autobahnnähe und Asphalt und schließlich die Bahntrasse, auf der wir gestern nach Ferrol gekommen sind. Dazwischen stoßen wir aber auch immer wieder auf sehr gepflegte Grünanlagen. Es fällt auf, wie aufgeräumt und sauber sich öffentliche Straßen und Plätze präsentieren, während sich in den Hinterhöfen oft der Müll türmt. Schade auch, dass viele Häuser dem Verfall preisgegeben werden. Auch der Meeresarm zeigt sich wegen der Ebbe nicht gerade von seiner attraktivsten Seite. Bei Sonnenschein und Flut würde das alles hier sicher recht hübsch wirken. Doch heute ist es bewölkt. Wir machen trotzdem eine kleine Apfelpause am Kloster San Martino de Xubia, das Ende des 8. Jahrhunderts gegründet und im 12. Jahrhundert als Priorat der Abtei von Burgund neu aufgebaut wurde. Leider können wir das Kirchlein nicht besichtigen. Stattdessen bekommen wir ein anderes, für unsere Zeit sehr außergewöhnliches Schauspiel geboten: einen Pferdewagen, der ein halsbrecherisches Manöver auf der Straße vollführt. In Zentimeterarbeit und unter ständigem gutem Zureden bugsiert der Kutscher seinen Gaul samt Wagen rückwärts auf einen unwegsamen Acker. Wir schauen fasziniert zu und lassen uns ordentlich Zeit dabei, denn heute haben wir es nicht eilig. Bis Neda sind es insgesamt höchstens 15 Kilometer. Es geht bloß noch an einer alten Gezeitenmühle vorbei, dann durch einen lang gestreckten Park und schließlich über eine blaue Brücke. Schon stehen wir vor unserer Herberge, die sehr schön direkt am Fluss Xubia liegt, leider aber geschlossen ist. Wir gehen essen und einkaufen, und als wir danach immer noch nicht in unser Quartier können, kehre ich um und frage in der Bar, in der wir auch zu Mittag gegessen haben, ob jemand für uns beim* hospitalero *anruft. Die Telefonnummer war an der Tür der* albergue *angeschlagen. Ein Gast um die 60 spricht ein bisschen Englisch und übersetzt für mich. Offensichtlich hat er seinen Spaß an mir und hätte mich gerne auf einen Kaffee eingeladen. Augenzwinkernd hebe ich meine rechte Hand und zeige ihm meinen Ehering, nehme aber schließlich zwei Tütchen Schokolade an, während die freundliche Barbesitzerin für mich telefoniert. Pit sitzt unterdessen an einer Holzgarnitur unter einem Baum hinter der Herberge und schreibt Tagebuch.*

*Wir müssen nicht lange warten, da kommt der* hospitalero *und schließt uns auf. Das Gebäude ist relativ neu, aber ziemlich dreckig. In den Toiletten läuft die Spülung mehr daneben als ins Becken, und in den Duschen schwirren lauter kleine Insekten herum, was einfach nur unappetitlich ist. Ich putze das Behindertenklo für uns, weil es das einzige ist, das einigermaßen funktioniert, und Pit fegt den gesamten Eingangsbereich und den Schlafsaal. Zu guter Letzt legen wir alle Decken auf den Matratzen ordentlich zusammen, lüften ausgiebig und fangen langsam an, uns ein bisschen heimisch zu fühlen. Es gibt hier Waschmaschinen und einen Wäschetrockner. Doch wir benutzen keines von beidem. Es ist erstaunlich, aber unsere Sachen stinken längst nicht mehr so wie zu Anfang unserer Reise. Oder macht es uns bloß nicht mehr so viel aus? Die Sorge um trockene Sachen ist ungleich größer als die um saubere. Und nicht mehr lange, dann wandert sowieso alles in den Mülleimer.*

*Unser Abendessen nehmen wir draußen unter den Bäumen ein, obwohl es recht kühl ist. Aber unser Gespräch hält uns bei der Stange. Wir reden darüber, dass Pit alles richtig* machen *und ich richtig* sein *möchte. Vielleicht kommt ja daher sein Bedürfnis, immer etwas zu tun, während ich mich im Sein ausprobieren und spüren möchte? Wir merken, wie viel leichter wir einander und uns selbst verstehen, wenn wir unsere Gedanken aussprechen und über sie reden. Leider unterbricht uns der* hospitalero, *der noch einmal auftaucht, um die obligatorischen 3 Euro Übernachtungsgebühr zu kassieren und uns seinen Stempel in unser* credencial *zu drücken. Und was nun?*

*Wir gehen in eine Bar auf ein Weinchen. Hier gibt es fast nur alte Männer, Sport im Fernsehen und irisch anmutende Musik. Ich bin gerade in melancholischer Stimmung − vielleicht wegen der Musik, vielleicht wegen des fehlenden Zugehörigkeitsgefühls (außer mir sind hier höchstens noch ein oder zwei andere Frauen), vielleicht aus Sehnsucht nach meinem Schlafsack. Doch Pit geht es richtig gut. Sein Gesicht strahlt und seine Augen leuchten. Es ist so schön, seine Freude zu sehen!*

Wir brechen gegen neun Uhr auf. Die gelben Pfeile zu finden ist nicht schwer. Vertrauensvoll folgen wir ihnen durch enge Gassen und verborgene Winkel. Und siehe da: auch in so einem Industrieort wie Neda verstecken sich schöne, romantische Ecken. Wir kommen an der Kirche der Heiligen Maria vorbei und am Heilig-Geist-Pilgerhospital. Die letzten 500 Jahre haben davon allerdings bloß noch ein paar Mauern stehen gelassen, an die das jetzige Rathaus im alten Stil angebaut wurde. Eine Freitreppe, die für die Enge der Straße viel zu breit ist, führt zum Portal hinauf. Wir aber marschieren ungerührt daran vorbei.

Bis zu unserem Etappenziel Miño sind es sicher 23 Kilometer. Der Weg klettert aus der Stadt heraus langsam aber stetig nach oben und beschert uns quer über den Ria de Ferrol eine herrliche Fernsicht. Ort schließt sich an Ort an, und wir bestaunen bunt gestrichene Häuser mit Dächern in allen möglichen Formen und Farben, mit Fenstern, die klar wie Kinderaugen in die Landschaft blicken, und mit Treppen, an denen sich verschnörkelte Geländer zur Haustür hinaufwinden. Wie es wohl wäre, in einem dieser schmucken Häuschen zu leben?

Wir selbst besitzen auch ein Haus, und viele Besucher haben uns bestätigt, dass es schön, gut durchdacht und sehr praktisch ist. Trotzdem – ich weiß nicht, wer von uns damit angefangen hat – plötzlich träumen wir vom Häuslebauen und davon, wie es wäre, es selbst noch einmal zu versuchen, wie es wäre, etwas Neues zu gestalten, etwas, das wir miteinander entwickeln, woran wir gemeinsam arbeiten und das wir uns zusammen vertraut und zu unserem Zuhause machen können. Die Häuser in dieser Gegend haben unsere Fantasie angeregt und während wir auf weichen Wiesenpfaden das Gewerbegebiet von Fene umgehen, planen wir und spinnen – miteinander und jeder für sich. In meinem Kopf entwerfe ich Grundrisse und spiele ein bisschen Architektin.

Ganz gegen unsere Erwartung durchqueren wir auch heute wieder einen Eukalyptuswald. Danach geht es ziemlich dicht unter oder über der Autobahn entlang, ein Stück auch parallel zu ihr. Aber das stört uns nicht, weil wir fast nur auf asphaltfreien Wald- oder Feldwegen laufen und außerdem so mit unseren Baufantasien beschäftigt sind, dass wir den Verkehr fast nicht wahrnehmen. Kurz vor Cabanas hangeln wir uns auf einem schmalen Weg über einen Bach an einer Mühle vorbei, umrunden auch hier ein Gewerbegebiet und erreichen schließlich den Strand von La Magdalena.

Kindergruppen – Pfadfinder oder Sportvereine – lärmen am Wasser, und am liebsten hätten wir mitten im fröhlichen Treiben einen Kaffee getrunken. Aber alle Strandbars sind geschlossen. Obwohl es sicher niemals umgesetzt werden wird, male ich für Pit meinen Hausentwurf in den Sand: einen Bungalow mit viel Fensterflächen und ineinander übergehenden, weitläufigen Räumen, die sich um einen Hof gruppieren und Innen und Außen miteinander verbinden. Pit nimmt mir den Stock, mit dem ich die Linien in den Sand gezogen habe, aus der Hand und bringt seine eigenen Ideen mit ein. Und dann suchen wir uns ein Stück abseits eine Bar, wo wir unsere *café con leche*-Pause einlegen.

Wie immer, wenn sich die Gelegenheit dazu bietet, benutze ich auch hier die Toilette. Sie ist in einem fensterlosen Raum untergebracht, der wie zum Ausgleich für das fehlende Tageslicht sehr großzügig und mit edlen Materialien ausgestattet ist: schwarze Fliesen und riesige Spiegelflächen, designte Waschbecken und Kloschüsseln. Alles ein bisschen übertrieben und so, wie ich es in unserem neuen Haus bestimmt nicht haben will. Auf jeden Fall wird es im Badezimmer ein Fenster geben …

Beim Händewaschen grinse ich mir im Spiegel selbst entgegen: Merkwürdig, wie ernst ich unser kleines Fantasiegebilde nehme. Aber es macht Spaß … Und warum auch nicht? Gedanken allein schaden niemandem, und wer weiß? Der Camino hat so viel angestoßen, Grenzen aufgezeigt, aber auch Möglichkeiten. Wer kann schon sagen, was daraus wird? Und ist das, was wird, nicht auch von unseren eigenen Entschlüssen abhängig?

In den letzten Wochen habe ich erlebt, wie schwer es ist, sich gerade in Zeiten der Schwäche und des Schmerzes zu einer eigenständigen Entscheidung durchzuringen. *Keep smiling* und ein bisschen positives Denken allein reicht da längst nicht aus. Aber ich habe auch erfahren, dass ich nicht den Umständen ausgeliefert sein muss, sondern selbst bestimmen kann. Mal klappt das besser und mal weniger gut. Manchmal sieht es sogar so aus, als gäbe es keine Alternative, und manchmal fühle ich mich zu schwach und unfähig, um die Initiative zu ergreifen. Trotzdem scheinen freiwillige Entscheidungen zumindest eine Möglichkeit zu sein, auch die Möglichkeit, noch mal neu anzufangen.

Während ich mich selbst im Spiegel betrachte, habe ich auf einmal den Eindruck, als hätte ich das alles schon immer gewusst, und plötzlich weiß ich auch woher, nämlich aus der Bibel. Keine Ahnung, warum ich gerade jetzt darauf komme, aber auf einmal fallen mir lauter biblische Geschichten ein, besonders die Heilungsgeschichten. Jesus fragt darin beinahe immer: Was willst du? Und er selbst sagt auch: Ich will, dass du − oder dein Kind oder dein Knecht oder wer auch immer − gesund wird. Klar, gesund zu werden hat ganz viel mit guten Ärzten und Medikamenten, mit guten Behandlungsmethoden und natürlich mit Zeit zu tun. Und manch einer wird nie gesund, letztendlich sterben wir alle an irgendetwas. Selbst die Leute, denen Jesus geholfen hat, sind irgendwann gestorben. Aber vielleicht bewirkt Jesu Berührung viel mehr als nur Gesundheit und vielleicht auch sein und unser lebensbejahendes »Ich will«. Auch wenn eine Willensentscheidung nicht immer dazu führt, dass alles unproblematisch und gut wird, hilft sie vielleicht doch dazu, dass etwas in der Seele heil werden kann.

Ich trockne mir die Hände an Papiertüchern ab, die in ihrer Schlichtheit kaum zu diesem Ambiente passen, und kehre zu unserem Tisch und zu Pit zurück.

»Was ist los? Warum lachst du so?«, will er wissen.

»Geh mal aufs Klo«, fordere ich ihn auf, »und sag mir, was du darüber denkst.« Und beim Weiterwandern tauschen wir uns über Armaturen, Fliesen und Keramiken aus. Ist schon komisch, welche Gespräche sich auf dem Camino ergeben …

Cabanas ist mit dem Nachbarstädtchen Pontedeume durch eine 600 Meter lange Brücke über den Fluss Eume verbunden.

Die Brücke stammt aus dem 14. Jahrhundert und steht auf 79 Bögen aus soliden Natursteinen. Sie ist so breit und groß, dass sie früher sogar über eine Kapelle und ein Pilgerhospital mit 12 Betten verfügte. Heute rauscht nur noch Verkehr darüber.

Im Ort selbst gönnen wir uns erst ein Eis auf die Hand, und dann geht es sehr steil bergauf auf schönen Altstadtstraßen. Oben am Ortsausgang bietet sich uns ein wunderbarer Rundumblick auf die Bucht von Betanzos und auf Ares. In der Ferne erkennen wir im blaugrauen Dunst sogar die Industrieschornsteine von Ferrol. Und dann wird es anstrengend: Ständig müssen wir rauf und runter, und wir erinnern uns an unsere ersten Etappen im Baskenland.

Unterwegs begegnen wir einem holländischen Ehepaar, das den Camino Ingles zurückläuft. Mit ihnen können wir unsere Begeisterung über diese schöne Gegend und das Wandern teilen. Es ist immer toll, mit jemandem zu reden, der die gleichen oder ähnliche Erfahrungen macht wie man selbst. Man erkennt sich schnell als Pilger und freut sich immer an Gemeinsamkeiten. Auf dem Camino Ingles sind Wanderer selten und jeder Austausch kostbar.

Der weitere Weg führt durch Wälder und fette Wiesen und vorbei an reinlichen Dörfern. Wir kommen an einem weitläufigen, neu angelegten Golfplatz vorüber und an steril wirkenden Neubaugebieten voller senfgelber und orangerot verputzter Reihenhäuser. In der Ferne rauscht wieder die Autobahn, und dann erreichen wir nach einem steilen Abstieg unseren Zielort Miño, der sich uns mit sehr farbenfrohen und verwinkelten Häusern recht verspielt präsentiert. Die Wegführung des Camino gibt uns mal wieder reichlich Gelegenheit zu einer kleinen Ortsbesichtigung.

»Durch die Brust ins Auge«, sagt Pit. Er hat recht: Manchmal muten uns die gelben Pfeile wirklich unnötige Umwege zu. »Na ja, der Pilger soll sich ja nicht freuen, sondern büßen«, fügt er ironisch hinzu. Aber heute überwiegt die Freude. Der Weg war zwar anstrengend, aber nicht besonders weit. 23 Kilometer stellen nach der Kondition, die wir uns in den vergangenen Wochen zugelegt haben, keine allzu große Herausforderung mehr dar. Und die Strecke war abwechslungsreich, voller überraschender Ausblicke und angefüllt mit neuen Ideen.

Kurz vor der Herberge treffen wir auf einen Spanier. Er steckt in Arbeitskleidung, und obwohl er nicht mehr der Jüngste ist, werkelt er fröhlich an seinem Haus herum. Als wir ihn über den Gartenzaun hinweg nach der Pilgerherberge fragen, lässt er sofort sein Werkzeug fallen und – was für eine Überraschung – antwortet uns in deutscher Sprache. Er heißt Manuel und hat in den 60er-Jahren in Emden beim Schiffsbau gearbeitet. Wir brauchen uns also gar nicht zu wundern. Bereitwillig bietet er an, uns zur *albergue* zu begleiten und bei der Stadtverwaltung anzurufen, bei der der Herbergsschlüssel hinterlegt ist. Er könne dafür sorgen, dass jemand kommt und uns aufschließt. Alles klappt hervorragend und Manuel nutzt die Zeit, um seine Deutschkenntnisse aufzufrischen. Er spricht recht flüssig, und wir erkundigen uns, wie er sich auf dem Laufenden hält. Wahrscheinlich begegnen ihm nicht alle Tage deutsche Pilger, mit denen er üben kann. Verschmitzt lächelnd zieht Manuel aus der Gesäßtasche seines Blaumanns einen verknitterten Zettel.

»Bibelverse«, sagt er, »ich habe mir Verse aus einer deutschen Bibel abgeschrieben, und die lerne ich auswendig.«

»Und warum aus einer Bibel?«, wollen wir wissen.

»Sie ist zeitlos, und außerdem lese ich sowieso in ihr. Ich bin nämlich Adventist«, erklärt Manuel. Und dann erzählt er voll Begeisterung und ohne jede Hemmung von Jesus.

Was für eine Freude, einem Spanier zu begegnen, mit dem wir unseren Glauben teilen. Pit und ich sind zwar keine Adventisten, aber wir haben uns genauso wie Manuel entschieden, unser Leben mit Jesus zu gestalten, auf sein Wort zu hören und dem, was er uns vorgelebt hat, nachzueifern. Was macht es da schon aus, dass Manuel, so wie es bei den Adventisten üblich ist, lieber am Samstag anstatt am Sonntag frei macht?

»Hier gibt es nicht viele Christen«, erzählt uns Manuel, »bloß eine kleine Handvoll. Da ist es nicht leicht, seinem Glauben treu zu bleiben. Auch deshalb sind mir diese Bibelverse so wichtig.«

Er hält uns die Zettel unter die Nase; alle sind vollgekritzelt mit altem Lutherdeutsch.

Pit lacht: »Aber so spricht heute kein Mensch mehr.«

»Nicht?«, wundert sich unser spanischer Adventist.

»Nein«, sagt Pit und kramt schon in seinem Rucksack. Was er hervorzieht ist sein Neues Testament in moderner Übersetzung, die Gute Nachricht-Bibel.

»Für dich«, sagt er und legt sie Manuel in die Hände. Manuel ist gerührt und kriegt sich kaum ein vor Freude. Immer wieder beteuert er, wie glücklich er ist, uns begegnet zu sein. Pit und er tauschen ihre Adressen aus und versprechen sich gegenseitig, in Kontakt zu bleiben.

Der Mann von der Stadtverwaltung ist längst aufgetaucht, die Herberge ist geöffnet, und ich habe schon mein Bett im oberen Stockwerk belegt und die Duschen ausfindig gemacht. Doch die Männer palavern immer noch. Manuel mag sich einfach nicht von Pit trennen, und so erfährt Pit die Verwandtschaftsverhältnisse sämtlicher Einwohner von Miño. Es ist weit nach sechs, als wir uns schließlich von Manuel verabschieden und uns unserer Körperpflege widmen.

Die Duschen sind großzügig und sauber, und Pit und ich benutzen gemeinsam den Frauenbereich. Wir sind die einzigen Gäste und fühlen uns herrlich frei. In Miño scheinen kaum Pilger durchzukommen. Jedenfalls schauen uns die Einheimischen neugierig hinterher, als wir auf der Suche nach einer Bar, in der wir zu Abend essen können, durch den Ort schlendern. Hier sind wir eindeutig Exoten. Auch in der Bar bekommen wir eine Menge Aufmerksamkeit. Wieder einmal scheinen wir bei der Bedienung für Erheiterung zu sorgen. Warum grinst das junge Ding dauernd so komisch und scharwenzelt ständig um unseren Tisch herum? Lacht sie uns etwa aus? Pit findet das Ganze nur lustig und schäkert fröhlich mit Bedienung und Gästen. »Die mögen uns«, erklärt er, »und meinen es einfach nur gut mit uns zwei müden Wanderern.«

Na, dann will ich es ihm mal glauben. Ich bin aber trotzdem froh, als wir endlich gehen. Der Weg zurück zur *albergue* führt uns am Strand und am Hafen vorbei, wo wir uns noch eine Weile auf eine Bank setzen und den Abend genießen. Der Himmel leuchtet wie poliertes Silber über dem offenen Meer. Die Wolken darüber sind zwar dunkel, aber an den Rändern kupferfarben und durchscheinend wie Glas. Vielleicht ein Zeichen dafür, dass es morgen schönes Wetter gibt.

In der Herberge ist inzwischen ein weiterer Wanderer eingetroffen: Christoph aus der Schweiz, der aber in Madrid lebt und arbeitet. Zurzeit hat er Urlaub, den er auf dem Camino Ingles verbringt. Leider hat er nicht viel Zeit und muss sich sputen. Heute ist er in einem Rutsch von Ferrol bis hierher gewandert. Sonntag will er in Santiago sein. Dabei haben wir schon Donnerstag. Aber Pit und ich können uns Zeit lassen. Unser Rückflug nach Deutschland geht erst morgen in einer Woche ...

## 53. TAG   MIÑO – BRUMA

## 54. TAG   BRUMA

Gestern blieb keine Zeit, um unsere Erlebnisse festzuhalten. Und das kam so:

Wir sind erst gegen halb zehn aufgebrochen. Und warum hätten wir uns auch hetzen sollen? Bis zu unserem Etappenziel Leiro waren es nur 22 Kilometer, keine Strecke, für die wir den ganzen Tag brauchen würden. Aber es kam wieder einmal alles anders als geplant.

Zuerst liefen wir anstelle des markierten Jakobsweges am Strand entlang, was nur wegen der Ebbe möglich war. Bei Flut reicht das Wasser bis an die meterhohen Felsen, die die Gegend hier vom Meer abschirmen. Der Sand war herrlich kühl und feucht und übersät von lauter glänzenden »Kunstwerken«: bunten Muscheln und fein gemaserten Steinen und Perlmuttstückchen, die in der Sonne funkelten wie Edelsteine. Ich wäre am liebsten den ganzen Tag hiergeblieben – zumal dies voraussichtlich die letzte Möglichkeit war, am Meer zu sein, bevor der Camino ins Landesinnere führt. Wie gerne hätte ich noch die vielen Strandkostbarkeiten bestaunt, gesammelt und wieder dem Meer zurückgegeben! Aber die hereinbrechende Flut hätte uns sicher bald vertrieben, und außerdem war ich leider wieder einmal nicht in der Lage, meinen Wunsch klar und deutlich zu äußern. Warum habe ich immer noch Angst vor einem »Nein«? Habe ich so wenig gelernt in den vergangenen Wochen? Dabei ist doch so vieles neu geworden. Wir haben Neues erkannt und entdeckt, an uns selbst und am anderen, und neue Einsichten gewonnen, die jetzt umgesetzt werden wollen. Ich merke, wie sehr mir noch die Übung fehlt.

Außerdem hat schon wieder meine Menstruation eingesetzt. Meine Hormone spielen verrückt und bringen mich völlig durcheinander. Ich hätte heulen können vor Enttäuschung und Kraftlosigkeit. Nichts, was bei der Umsetzung noch so guter Erkenntnisse hilfreich gewesen wäre. Letztlich habe ich es mit meinem Wunsch, noch in Miño zu bleiben, nur bis zu ein paar vagen Andeutungen gebracht, die Pit aber leider nicht verstanden, geschweige denn aufgegriffen hat. Stattdessen fand er für mich eine echte Jakobsmuschel. Was für eine Überraschung – denn diese Muscheln sind in Landnähe selten – und was für eine Ermutigung und Freude! Kilometerweit hielt ich die Muschel in meiner Hand, bevor ich sie im Rucksack verstaute.

Am Ende der Bucht, kurz vor der Wildschweinbrücke, der Ponte de Porco, die sich in Spitzbögen über die Mündung des Flusses Lambre spannt, stießen wir auf ein Traumgrundstück mit Meerblick und wunderschönem alten Baumbestand. Die Wiese wurde von einer Mauer eingefasst, in die zwei schmiedeeiserne Tore eingelassen waren. Genau in der Mitte zwischen den Toren erhob sich ein Eukalyptusbaum mit einem Stammumfang von mindestens drei Metern. Platanen bildeten von diesem Mittelpunkt aus Alleen, die sich zu den Grenzen des Grundstückes hin immer mehr verjüngten, sodass die Baumreihen wirkten, als führten sie in die Unendlichkeit, so, als würde man in zwei sich gegenüberstehende Spiegel blicken.

»Das kaufen wir«, flüsterte Pit ergriffen. Ich wusste, dass wir das nicht tun würden. Aber die Vorstellung war verlockend, und sofort stellte ich mir das Häuschen vor, das sich zwischen diese Bäume schmiegen würde, mitten in Zeit und Unendlichkeit hinein, in einem Garten, in dem alles möglich zu sein schien, vielleicht sogar die Umsetzung unserer neu gewonnenen Einsichten.

Kurz hinter der Brücke holte uns Christoph ein, der Madrider Schweizer, der mit uns in der Herberge in Miño übernachtet hatte. Sofort entspann sich zwischen uns ein sehr intensives Gespräch, das uns wohltuend von dem anstrengenden Auf und Ab des Weges und mich von meinen Unterleibsbeschwerden ablenkte. Und plötzlich waren die irgendwie verschwunden, ich weiß nicht, wohin. Auch Pit tat nichts weh, weder Fuß noch Gelenke oder Sehnen. Und so schritten wir zu dritt munter und in flottem Tempo aus, obwohl der Weg noch steiler als am Tag zuvor war und ich ganz schön außer Puste geriet. Also legte ich eine Gesprächspause ein und hörte den Männern zu, die sich bestens verstanden. Schade, dass wir uns schon nach zwei Stunden wieder trennten.

Pit und ich machten auf der Höhe auf einer von alten Kastanien beschatteten Wiese eine Apfelpause. Aber Christoph wollte weiter. Sein Ziel war Bruma, immerhin ein Weg von mindestens 36 Kilometern, von dem er noch nicht mal ein Drittel hinter sich hatte, obwohl es schon Mittag war. Pit und ich allerdings glaubten, Zeit zum Trödeln zu haben, und genossen Sonne und Schatten und das duftig frische Brot, das ich an einem vorüberkommenden Bäckerauto erstand und das wir zusammen mit Schokolade wegmümmelten.

In den Ort Betanzos hinein ging es wieder sehr steil bergab. Aber das Städtchen fanden wir bezaubernd mit seinen mittelalterlich anmutenden Häusern und weiträumigen, fröhlich belebten Plätzen. In einer Bar direkt am Fluss Mandeo, den wir über die alte Brücke Ponte Vella überquerten, genehmigten wir uns mal wieder unseren geliebten *café con leche* und benutzten die bisher witzigste Toilette auf dem ganzen Camino: ein winziges, holzgetäfeltes Kämmerchen, kaum höher als ich selbst und obendrein mit einer Deckenschräge ausgestattet, unter die eine wackelige Kloschüssel montiert war. Die Schiebetür konnte man nur notdürftig mit einem Haken verschließen, wobei aber trotzdem ein fingerdicker Spalt offen blieb. Das Gefühl intimer Sicherheit kam so natürlich nicht auf. Aber was soll's? Wir hatten schon schlechter gepinkelt, zum Beispiel in Brennnesseln oder mitten in Gestrüpp und Dickicht, das sich pieksend gegen unsere Übergriffe wehrte.

Hinter der Stadtmauer führte uns die Rua Pratairos (Silberschmiedestraße) steil bergauf mitten auf den Platz der Gebrüder Garcia und hinein in die schöne Altstadt. Betanzos war ehemals Hauptstadt einer der sieben Provinzen des Königreiches Galizien und kann noch heute mit herrschaftlichen, spätmittelalterlichen Straßen und Plätzen aufwarten, ebenso wie mit beeindruckenden barocken und gotischen Kirchen, Klöstern und Kapellen. Wir besichtigten aber nur die Kirche Santo Domingo, die besonders durch ihren Glockenturm aus grauen Natursteinquadern neben der strahlend weiß getünchten Kirchenfassade auffällt, und kauften anschließend Wasser und Bonbons ein. Auch aus der Stadt heraus mussten wir steil bergauf steigen, wurden aber wieder einmal mit einem tollen Panoramablick belohnt.

Das schmale Heftchen, das wir in der Stadtverwaltung von Ferrol als einziges Informationsmaterial über den Camino Ingles erhalten hatten, klärte uns über den weiteren Weg auf: »Man verlässt den Stadtkern und setzt die Wanderung in Richtung von Coto, Campoeiro und Xan Rozo fort, um schließlich zur Gemeinde Abegondo zu gelangen …«, und so weiter und so weiter. Nichts als unzählige Ortsnamen bis hin zu dem Satz, der endlich das Ziel aufzeigte: »Nach der Überquerung einer Brücke erreicht man die Kirche von Presedo, setzt die Wanderung durch ein Unterholzgebiet fort und passiert den Ort Leiro.«

Mir waren die Bezeichnungen der Ortschaften so was von egal. Für mich gingen Wald und Felder und Siedlungen namenlos ineinander über, Asphalt rollte unter meinen Füßen hinweg. Der Nachmittag neigte sich seinem Ende zu, und meine Kraft schwand mit jedem Schritt. Schon Kilometer vor Leiro war ich einfach nur kaputt. Kein Wunder, der erste Menstruationstag ist immer der schlimmste. Dafür hatte ich schon ganz gut ausgehalten. Und wer sagt auch, dass wir es bis zu einer Pilgerherberge schaffen mussten? Seit drei Uhr hielten wir Ausschau nach einem *hostal*. Aber die Einheimischen zuckten auf unsere Frage: »*Donde esta una habitacion?*« bloß mit den Schultern. Drückten wir uns so unverständlich aus, oder gab es hier tatsächlich nichts? Nein, in diesen Käffern fand sich nicht mal eine Scheune, in der wir unsere Schlafsäcke hätten ausrollen können. Ich malte mir schon aus, wie es wäre, sich ein Plätzchen im Unterholz am Wegesrand zu suchen, wie es wäre, kein Dach über dem Kopf zu haben, keine Behausung. In Deutschland, weit, weit entfernt von hier, haben wir ein hübsches Haus. Jetzt war es so, als hätten wir es nicht. Und was, wenn das tatsächlich so wäre? Zurück in Deutschland könnten wir es verkaufen und sehen, was dann passiert.

Pit unterbrach meine Gedanken.

»Bis Leiro kann es nicht mehr weit sein«, tröstete er mich. »Laut Ferroler Touri-Info soll es dort ein *hostal* geben und Geschäfte und eine Bar. Na, freust du dich schon auf die Dusche und auf ein leckeres Fresschen?« Sofort ließ ich mich von seiner Zuversicht anstecken. Die Luft war warm, die Landschaft lieblich und das Ziel absehbar. In einem jungen Eukalyptuswald, in dem die Bäume so weit auseinanderstanden, dass man durch die Stämme hindurch Wiesen und verstreute Gehöfte sehen konnte, ließen wir uns im Moos nieder und verdrückten unseren letzten Proviant, Nüsse und Trockenobst und einen Rest harten Käse.

Gegen sechs Uhr erreichten wir schließlich Leiro. Aber was für eine Enttäuschung: Hier gab es nichts, keinen Laden, keine Einkehrmöglichkeit und erst recht keine Unterkunft. Bloß eine kleine Ansammlung von Häusern, zu wenig, um eine ordentliche Ortschaft darzustellen, nicht mal eine richtige Siedlung. Hier war absolut tote Hose und weit und breit keine Menschenseele in Sicht. Und was nun?

Schließlich ließ sich doch ein Männlein in einem Hemd, das sicher einmal weiß gewesen war, mit heruntergerutschten Hosenträgern und ungekämmtem schütteren Haar blicken und siehe da, er brachte sogar ein paar Brocken Englisch heraus. Mit Händen und Füßen und einer Menge gutem Willen machte er uns verständlich, dass es hier einmal eine Herberge gegeben hatte, drüben, wo jetzt der Kindergarten und die Schule waren. In einem der Räume müssten noch ein paar Matratzen herumliegen. Aber Duschen? Nein, die gab es nicht, und auch keine Möglichkeit, etwas einzukaufen. Aber immerhin, wir hätten ein Dach über dem Kopf, auch ohne Schlüssel. Wir bräuchten nur eines der Fenster hochschieben und reinklettern. Freundlicherweise wackelte er vor uns her über die Straße und zur Schule und demonstrierte uns direkt am Objekt, wie er es meinte. Aber wir können doch nicht ... Doch, nickte er, wir können ... Aber wir müssen etwas zwischen die Zähne bekommen. Wie sieht es also mit Essen aus? Das Männchen versicherte uns, dass es nur einen Kilometer weiter direkt an der Straße eine Bar gebe. Dort könnten wir einkehren und − falls wir Skrupel hätten, durchs Fenster einzusteigen − auch einen Schlüssel für die Schule bekommen.

Pit und ich schauten uns unentschlossen an, während unser einsamer Dorfbewohner davontrippelte und uns mit unserer Entscheidung allein ließ. Wir hatten uns so auf eine Dusche und auf ein hübsches Zimmerchen gefreut − und nun das. »Es nützt nichts, wir müssen uns wenigstens um Wasser kümmern«, meinte Pit, womit er absolut Recht hatte. Also stapften wir mutig an den paar wenigen, abweisenden Häusern vorbei die Straße entlang und fanden auch bald die versprochene Bar. Doch hier erwartete uns die nächste Enttäuschung. »No pan«, sagte die Frau hinter dem Tresen − kein Brot − und damit auch kein Essen. Den Schlüssel allerdings könne sie gerne herausgeben, worauf wir aber dankend verzichteten. »Mal sehen, vielleicht auf dem Rückweg«, versuchten wir ihr verständlich zu machen. Aber ob es einen Rückweg geben würde?

Bis zur nächsten Bar mussten wir mindestens noch einmal zwei Kilometer laufen. Aber immerhin bekamen wir hier eiskalte Cola und riesige *bocadillos*, deren Reste ich vorsorglich einpackte. Man weiß ja nie … Und unsere Wassersäcke ließen wir uns auch noch auffüllen. Und wie weiter?

Mittlerweile war es sieben Uhr. Zurück zur Schule waren es gut drei Kilometer. Um weiterzukommen, hätten wir auch ein Taxi rufen können. Aber nach Auskunft der Barbesitzerin sollte die Fahrt bis nach Bruma um die 18 Euro kosten. Auf keine der beiden Möglichkeiten hatten wir gesteigerte Lust, aber bis Bruma, wo es hoffentlich eine Pilgerherberge gab, waren es noch neun oder zehn Kilometer – vorausgesetzt, diese Information stimmte.

Bei aller Unsicherheit und trotz der vorgerückten Stunde: Zurücklaufen geht nicht. Pit und ich brauchten uns nur anzuschauen, und die Entscheidung stand fest: Sind wir bis hierher gekommen, dann kommen wir auch weiter. Unser Vertrauen war in den letzten Wochen so oft belohnt worden, warum sollte es jetzt anders sein? Es würde erst gegen halb elf dunkel werden. Es blieb uns also noch eine Menge Zeit.

Das Wetter meinte es nach wie vor gut mit uns. Allmählich kühlte die Luft ab, ein lauer Abendwind erfrischte uns angenehm, und Pit wies mich ständig auf die sanfte Landschaft hin, die Abendlieder der Vögel und die Klarheit des wolkenlosen Himmels. Pit ist wirklich ein Ästhet mit einem außergewöhnlichen Blick für die Schönheiten der Welt. An diesem Abend konnte ich diese Eigenschaft von ihm aus vollem Herzen würdigen und seinen Ermunterungen ganz ohne Widerstand folgen, obwohl es mir mittlerweile gar nicht mehr gut ging. Meine Leisten schmerzten, und ich hatte wieder einmal das Gefühl, mein Körper hätte nichts Besseres zu tun, als gegen mich zu arbeiten. Wie sehr sehnte ich mich nach einer Dusche. Aber das Gespräch mit Pit tat gut – sein Verständnis, sein Zugewandtsein und vor allem, dass er meine Beschwerden ernst nahm und sie mir nicht auszureden versuchte.

Und so konnten wir, obwohl wir einen langen und mindestens 400 Meter hohen Aufstieg zu bewältigen hatten, miteinander die friedliche Stimmung genießen. Ohne dieses Missgeschick in Leiro hätten wir niemals einen so schönen und beziehungsnahen Wanderabend erlebt. Wie Unvorhergesehenes doch zu besonderen Erlebnissen führen kann, vorausgesetzt man lässt sich – ungeachtet der momentanen Gegebenheiten – darauf ein und gestaltet die Situation für sich so, dass man sich trotz allem aufgehoben fühlen kann. Diesmal gelang uns das miteinander.

Fröhlich und stolz trafen wir schließlich gegen halb zehn in Bruma ein. 36 Kilometer – geschafft! Und was für ein Willkommen: Ein englisches Paar empfing uns wie gute alte Freunde. Und Christoph kullerten fast die Augen aus dem Kopf, als er vom Duschen kam und uns am holzgetäfelten Tisch sitzen sah. Das gab ein freudiges Hallo. Selbst das Ehepaar, das sich um diese Herberge kümmerte, kam noch zu später Stunde und bot uns *menú del día* an. Dankend lehnten wir ab, freuten uns aber über reichlich frische Milch, die uns die *hospitalera* servierte. Und dann duschen, Ohrstöpsel rein und ab in die Falle. Wegen meiner schmerzenden Beine und Leisten gönnte ich mir ausnahmsweise mal ein Aspirin und konnte tatsächlich überraschend gut und tief schlafen.

Und heute?

Heute haben wir den Tag verbummelt. Wir stehen erst nach neun Uhr auf. Ausnahmsweise können wir noch eine Nacht bleiben, was in den Pilgerherbergen normalerweise nur in Krankheitsfällen möglich ist. Aber unsere netten Herbergseltern drücken alle Augen zu. Gelegenheit, einfach mal bloß zu faulenzen. Schließlich müssen wir noch längst nicht in Santiago sein. Und die Herberge ist schön: ein altes trutziges Gemäuer mit gemütlichem Innenleben. Wände und Decke sind aus honiggelbem Holz, im Gemeinschaftsraum stehen ein stabiler Tisch und bunte Klappstühle, und im Schlafsaal, der sich direkt an den Wohnraum anschließt, gibt es Stockbetten mit weichen Decken auf den Matratzen. Die sanitären Anlagen sind sauber und sehr gepflegt. Und billig ist die Herberge obendrein.

Allerdings liegt in diesem Nest der Hund begraben. Carlos, der *hospitalero*, fährt uns denn auch über staubige Landstraßen zwischen Feldern, die sich wie ausgewalzt bis zum Horizont hinziehen, in den zwei Kilometer entfernt liegen Ort Meson de Vento, wo wir einkaufen und *café con leche* trinken. Mehr gibt es dort nicht zu sehen oder zu tun, weshalb wir gemütlich zurückwandern. Der Himmel ist blau, die Sonne scheint. Vor unserer Herberge breiten wir unsere Bibabutzemänner im Gras aus im Schatten einer knorrigen Weide, die ihre Äste wie grünes Elfenhaar in einen munter murmelnden Bach hängen lässt. Wir rollen unsere Schlafsäcke auf unseren Capes aus und lassen uns auf diesem Lager im Freien nieder, nur, um die Zeit zu verträumen. In Gedanken richten wir unser Fantasiehaus ein, gehen Teilstücke des Caminos ab, lauschen dem Summen der Bienen und dösen vor uns hin.

Am Abend spazieren wir noch einmal ins Nachbardorf zum Abendessen. Carlos kutschiert zwei weitere Gäste, Briten aus Jersey, hinter uns her. Wir verbringen einen lustigen Abend miteinander. Es macht Spaß, wieder ein bisschen Kontakt zu haben, und Pit genießt es, Englisch zu sprechen. Er bekommt ein dickes Kompliment für seine Sprachkenntnisse. Auch ich komme ganz gut zurecht. Zu viert machen wir uns unter leuchtendem Abendrot auf den Weg zurück zur Herberge. Was für ein entspannter und erholsamer Tag!

## 55. TAG   BRUMA – ORDES

Aus Evas Tagebuch:

*Ich habe einen kleinen* vino de la casa-*Schwips. Es ist drei Uhr nachmittags, und wir kommen gerade vom* menú del día *aus der Bar, die auch gleichzeitig ein* hostal *ist, in dem wir für 20 Euro die Nacht eingecheckt haben. Meine Socken sind während des Essens aus dem Fenster gefallen – ich hatte sie zum Lüften über die Fensterbank gehängt. Aber alles null Problemo: Die Wirtin wird sich darum kümmern.* Tranquilidad!

*Heute Morgen lag dichter Nebel über den Feldern, Sichtweite höchstens hundert Meter. Und die ersten vier bis fünf Kilometer unserer Wan-*

derung liefen wir im Regen. Wir waren trotzdem gut gelaunt, aber auch erleichtert, als sich schließlich die Sonne zeigte. Immerhin sind meine Schuhe kaputt. Die Nähte sind aufgerissen seit der Strecke Arzúa–Santiago, was mich bis jetzt wegen der trockenen Witterung nicht weiter gestört hat. Der Weg wechselte von Asphalt zu weichem Lehm- und Waldboden. Bis auf die Eukalyptuswälder sah alles ganz heimatlich aus. Gegen zwölf Uhr genehmigten wir uns unseren café con leche und kamen schon kurz vor ein Uhr an unserem Etappenziel in Ordes an. Ein altes Ehepaar geleitete uns freundlich zu unserem hostal, das uns Carlos aus Bruma empfohlen hatte. Wir brauchten den beiden Leutchen bloß den Zettel unter die Nase zu halten, auf den Carlos die Adresse gekritzelt hatte.

Das Hotel ist für spanische Verhältnisse ganz nett, bloß dass sofort, kaum dass Pit das Fenster öffnete, lauter Fliegen Mitbewohner sein wollten. Pit versuchte, sie mit meinem Regencape aus dem Zimmer zu scheuchen – sehr lustig, aber nicht sehr erfolgreich. Aber jetzt wird trotzdem Siesta gehalten …

Aus Pits Tagebuch:
Wir haben lange geschlafen und sind erst Viertel vor zehn aufgebrochen. Wir haben aber auch bloß schlappe 15 Kilometer vor uns. Es ist diesig und es regnet. Eva schaltet ihren »Regenturbo« ein – was heißt, dass sie einen ordentlichen Zacken zulegt – und so schaffen wir gut und gerne fast sechs Kilometer in der Stunde.

Die Wolken und der Regen verziehen sich nach einer Weile, und die Sonne schaut hervor. Regencape und Schirm werden schnell trocken und können wieder verstaut werden. Jetzt, ohne den Wasservorhang von oben, zeigt sich die Landschaft leicht hügelig. Es gibt nur wenige Bäume. Wir gehen die meiste Zeit leicht bergab, was sehr unangestrengt ist, man läuft fast wie von selbst. Eva hat neue Ideen für einen Neubau und wir reden darüber.

Meine Gedanken gehen immer öfter nach Hause. Nur noch fünf Tage … Ich bin neugierig auf das, was uns erwartet, und gespannt, was wir umsetzen werden. Eva und ich reden über eine neue Zeiteinteilung und darüber, wie wir Familie, Freundeskreis, Arbeit, Ehrenamt und vor allem unsere Zweisamkeit vernünftig unter einen Hut bringen können.

*Auf jeden Fall wollen wir so oft wie möglich miteinander wandern. Das Miteinanderlaufen hat uns gut getan ...*

*Gegen ein Uhr erreichen wir Ordes. Wir checken in einer sehr einfachen und günstigen Pension mit Bar und Restaurant ein – 20 Euro für uns beide –, duschen und essen anschließend im überraschend luftigen Hinterzimmer, das sich an die düstere und enge Bar anschließt, ausführlich und lange an einem weiß gedeckten Tisch. Danach lungern wir auf unserem Zimmer herum. Wir sind ein bisschen albern und überdreht. Gut, dass es einen Fernseher gibt. Eva döst ihrem* vino tinto-*Geist hinterher, und ich schaue mir die Fußballeuropameisterschaft an: Deutschland gegen Polen. Deutschland gewinnt 2:0, beide Tore von Podolski ...*

## 56. TAG   ORDES – SIGÜEIRO

Wir verabschieden uns mit Küsschen, Küsschen von unserer Wirtin, heben ein paar Straßen weiter an einem Bankautomaten Geld ab und kaufen in einer Backstube ein ofenfrisches, rundes Brot. Es wird kurz vor zehn, bis wir wieder »on the road« sind.

Vor der Stadt treffen wir auf unsere alte Bekannte, die Nationalstraße 634. Wir lassen sie links liegen und wandern noch drei Kilometer zurück zum Camino und den ersten Jakobswegweisern. Die gelben Pfeile führen uns über schmale Straßen und Wege durch Hügellandschaft, Felder und kleine Mischwälder. Es gibt nur wenig Häuser, aber bei jedem bellen sich wieder einmal Kettenhunde die Seele aus dem Leib, was uns allmählich ziemlich auf die Nerven geht. Das Gekläffe zerschneidet die Ruhe und den Frieden wie mit einem Messer, und wir sind froh, als wir die Häuser hinter uns lassen.

Menschen sehen wir so gut wie keine. Daher erscheint es uns wie ein Wunder, als wir mitten im Wald nach links abbiegen, aber plötzlich zwei Leute, die merkwürdigerweise auf einer Lichtung mit Feldarbeit beschäftigt sind, hinter uns her rufen. »Falsche Richtung«, winken sie mit Armen und Händen und lotsen uns rechts in einen schmalen Waldweg. Und tatsächlich entdecken wir bloß eine Biegung weiter hinter Brombeergestrüpp und hüfthohen Disteln ein Jakobszeichen. Unsere beiden Engel haben uns in einen lichten Kiefernwald geführt mit Unterholz aus hellgrünen Farnen, duftigen Gräsern und wilden Blumen. Pit und ich lagern uns auf einem sonnenbesprenkelten Plätzchen auf Moos und Kiefernnadeln und teilen uns das Brot, das wir in Ordes gekauft haben. Die Kruste ist goldbraun gebacken und das Innere weiß und luftig und warm. Außer Wasser aus unseren Wassersäcken brauchen wir nichts anderes dazu und genießen mal wieder das Hier und Jetzt. Welch ein Reichtum liegt doch in der Einfachheit des Augenblicks! Wir haben alles, was wir brauchen und was uns guttut – und wir haben uns.

»Vielleicht ist dies hier unser letztes Päuschen im Freien«, träumt Pit. Bei dem Gedanken überfällt uns beide Wehmut. Aber noch sind wir ja nicht am Ziel. Noch liegt ein ganzer Wandertag voller Überraschungen und Wunder vor uns …

Doch jetzt wird es leider eintönig: Ein Schotterweg zieht sich breit und schnurgerade zwischen Wald und Feld dahin. Die Sonne brennt, und Schatten ist rar. Die Luft ist staubig und trocken und es gibt nichts, was das Auge oder die Gedanken fesselt. Aber eigentlich ist das auch nicht mehr nötig. Fast ist es sogar wohltuend, nicht zu denken, nicht zu reden, die Füße von allein die Schritte setzen zu lassen und sich aufzulösen in Sonne und Sein. So geht es kilometerweit bis kurz vor Sigüeiro.

Von der Straße führt links ein Trampelpfad zu einer gepflegten Grünanlage mit Bänken unter schattenspendenden Bäumen und geharkten Kieswegen. Über eine Brücke geht es über ein Bächlein bis dicht vor ein Freibad. Keine Menschenseele ist zu sehen. Das Wasser im Pool ist blank wie Seidenpapier. Wir gehen am Maschendrahtzaun entlang bis zum Eingang und siehe da: Es ist geöffnet. »Eine kleine Abkühlung gefällig?«, schlägt Pit vor. Eigentlich ist er kein begeisterter Schwimmer. Außer in der Badewanne oder unter der Dusche ist ihm Wasser einfach zu kalt. Aber wahrscheinlich will er mir eine Freude machen, denn Wasser wirkt auf mich – im Gegensatz zu ihm – wie ein Magnet, und ich brauche es nur zu sehen, um gleich euphorisch zu werden. Wie oft habe ich mich auf dem Weg am Meer entlang zurückgehalten. Wie oft musste ich mich mit dem Anblick allein begnügen. Aber jetzt muss ich nicht kämpfen, ja, nicht einmal bitten. Pit weiß ganz von allein, was ich mag, und macht die Erfüllung möglich. Ein Hindernis gibt es allerdings noch: Wir haben zwar Badesachen, aber keine Kappen dabei. Das Mädchen an der Kasse macht uns deutlich, dass es ohne nicht geht. Schade. Enttäuscht wollen wir uns abwenden, da kramt das junge Ding in ihrer Tasche und zieht ihre eigene Badekappe hervor. Sie hat zwar bloß die eine, aber wenn wir uns abwechseln wollen … also, dann könnten wir schon schwimmen gehen.

Wir kaufen noch zwei Dosen Bier und bezahlen den Eintritt. Und dann haben wir das ganze Becken für uns. Wir verbringen angenehm erfrischende eineinhalb Stunden. Wir sind ganz allein und genießen die warme Sonne, das kühle Wasser und unser Zusammensein. Belebt, ausgeruht und sauber marschieren wir in Sigüeiro ein. Im Hostal Miraz buchen wir ein Zimmer.

Sigüeiro wirkt nicht besonders spektakulär. Doch nachdem wir uns eingerichtet und gepflegt haben, ziehen wir trotzdem noch einmal los. Das Städtchen ist ganz und gar nicht touristisch. Es gibt mehrgeschossige, kastenförmige Wohnhäuser mit abblätterndem Putz, eine magere Geschäftsstraße, Grünanlagen und Spielplätze am Fluss. Überall toben Kinder. Und alte Männer sitzen in den Bars, schlürfen Kaffee und Cognac und spielen Karten. Ihr Palaver und das Geplärre der Fernseher tönen durch die weit geöffneten Türen auf die Straßen hinaus. Wir kaufen Wasser und Eis und machen einen kleinen Schaufensterbummel. Wir hätten beide Lust auf neue T-Shirts. Aber es springt uns nichts ins Auge, und auf einmal ist uns der Einkauf auch gar nicht mehr so wichtig. Also setzen wir uns an den Fluss, schauen Großeltern mit ihren Enkeln und Eltern mit ihren Kindern zu und ein paar Halbwüchsigen, die Bälle gegen Hauswände schmettern. Wir gehen eine Kleinigkeit essen und lassen den Tag bei einem Glas Wein sehr entspannt ausklingen.

Hinaus aus Sigüeiro geht es über den Fluss Tambre und dann im Zickzack an der N 550 entlang. Leider verpassen wir auch heute die richtige Abzweigung. Aber wieder weist uns ein hilfreicher und aufmerksamer Engel den richtigen Weg an einem verwitterten, einsamen Kirchlein vorbei. Der Engel hat die Gestalt einer alten, verschrumpelten Frau mit dünnem Haar und dunkler Kittelschürze, nicht gerade das, was man sich unter einem Himmelswesen vorstellt. Aber was wissen wir schon mit unserer beschränkten Wahrnehmung? Dass wir auf dem Camino immer dann, wenn es notwendig war, zur rechten Zeit und am rechten Ort, Hilfe erfahren haben, erleben Pit und ich wie ein Wunder. Wie oft hat sich für uns in den letzten Wochen der Himmel geöffnet! Dabei hat er uns nicht immer das gezeigt, was man im Allgemeinen vom Himmel erwartet. Manchmal kam uns nur Bitteres entgegen und eine große Desillusionierung, aber auch Überwinderkraft und neue Möglichkeiten. Vor allem aber haben wir erlebt, dass immer für uns gesorgt war. Das Versprechen Gottes: »Ich bin bei euch alle Tage« hat sich auf überwältigende Weise erfüllt: durch die Zuwendung und Hilfe anderer Menschen, durch aufmunternde Worte und tiefe, wesentliche Gespräche, durch die kraftspendende Schönheit der Landschaft, die Ruhe, die Zeit und die Ungestörtheit, ganz bei sich selbst und beim anderen zu sein, durch manche durchlittene Erfahrung, die zur lebens- und beziehungsbejahenden Erkenntnis gereift ist … Nicht immer, wie zum Beispiel in Santiago, habe ich hinter meinem Erleben Gott erkennen können. Aber an keiner Leiderfahrung bin ich letzten Endes zugrunde gegangen. Immer zeigte sich – im wahrsten Sinne des Wortes – ein neuer Weg und ein neuer Wegweiser, dem ich vertrauensvoll folgen konnte und der mich dahin geführt hat, wo ich jetzt bin.

Ob wir also Gott erfahren haben, vielleicht mehr als zu Hause? Wahrscheinlich schon, aber nicht, weil Gott, sondern weil wir selbst auf dem Weg präsenter gewesen sind als sonst in unserem Alltag. Grenzerfahrungen wie die der vergangenen

Wochen machen es schwer, sich vor sich selbst oder anderen zu verstecken. In Verzweiflung und Leid zeigt sich der Mensch, wie er ist. »Die Wahrheit wird euch frei machen« verheißt Jesus im 8. Kapitel des Johannesevangeliums. Und genau so erleben wir es auch: Wir fühlen uns frei, uns zu zeigen, wie wir sind, auch wenn wir damit das Risiko eingehen, verletzt zu werden und einander zu verletzen. Doch ebenso wie die Freiheit bietet Jesus auch die Vergebung an und den neuen Anfang: Was für eine Erleichterung und was für eine Chance!

Wir hatten auf dem Camino Gelegenheit, den Neuanfang zu proben, und wir werden sicher noch lange üben müssen. Aber im Augenblick überwiegt die Freude über jeden Schritt, den wir zurückgelegt haben. Entsprechend gelassen nehmen wir denn heute auch unseren Weg unter die Füße.

Streckenweise geht es wieder auf breiten Schotter- und weichen Wiesen- und Feldwegen steil bergauf und bergab, und manchmal müssen wir ein paar Asphaltmeter auf der N 550 wandern. Aber auf den Höhen öffnen sich wunderschöne weite Ausblicke über die wie vor uns hingegossene Landschaft. Es gibt wenig Bäume, dafür aber blühende Heide in Rosa- und Lilatönen und schulterhohe, gelb leuchtende Ginsterbüsche. Als wir uns Santiago nähern, meinen wir sogar, in dunstig blauer Ferne die Autobahn und den markanten Kreisel wiederzuerkennen, an dem wir in einer Raststätte vor gut zweieinhalb Wochen auf unserem ersten »Einzug« nach Santiago zu Mittag gegessen haben.

Komisch, plötzlich auf der anderen Seite zu stehen, nicht nur räumlich – das erste Mal kamen wir von Osten, jetzt von Norden –, sondern auch emotional. Damals hatten sich, als sollte die Welt untergehen, Donner und Blitz über uns ausgetobt, nirgendwo schien es Schutz und Frieden und Sicherheit zu geben. Jetzt hüllt uns der Sommer warm und weich ein wie mit einer Decke. Alle Frustration hat sich in Glück verwandelt, und ich könnte schreien vor lauter Hochgefühl. Noch vor zweieinhalb Wochen wäre ich am liebsten gestorben, heute feiern wir das Leben. Wie viel hat sich verändert, nicht, als hätte jemand einen Schalter umgelegt und plötzlich wäre aus Finsternis Licht geworden, sondern eher so, als wäre Helligkeit in einem langsamen und mühevollen Prozess durch Ritzen und Spalten in ein dunkles Zimmer gesickert. Ich hätte Lust, Fenster und Türen dieses Zimmers aufzureißen, obwohl ich ahne, dass es draußen wieder Nacht werden wird. Trotzdem: Die Erfahrungen der letzten Wochen wecken Zuversicht, dass auch wieder ein neuer Tag anbricht. Ich muss nur damit rechnen und die Dunkelheit bis dahin vertrauensvoll aushalten.

Ungefähr sieben Kilometer vor Santiago gönnen wir uns eine *café con leche*-Pause in einem vornehmen Hotel-Restaurant. Die Bar hängt voller blinkender Spiegel, die Bodenfliesen glänzen vor Sauberkeit; auf der ausladenden Treppe, die von den oberen Stockwerken wie eine Verheißung in die Bar herunterführt, stolzieren fein gekleidete junge Leute herunter, die Frauen in gestärkten Blusen und engen, knielangen Röcken, die Männer in weißen Hemden und Hosen mit Bügelfalten. In meinem verschwitzten T-Shirt, den plumpen Wanderschuhen und dem Rucksack, an dem an Sicherheitsnadeln Mikrofaserputztücher und Socken baumeln, fühle ich mich einigermaßen deplatziert, aber was macht das schon? Was spielen solche Äußerlichkeiten für eine Rolle? Der Kaffee ist lecker und belebend wie immer, und hier drinnen ist es angenehm kühl.

Auch draußen geht es schattig weiter. Wir wandern durch einen Hohlweg, essen im Laufen jeder eine Birne und verschwinden nacheinander mit Klopapier ausgerüstet im Gebüsch, während der andere auf das Gepäck aufpasst. Aber egal wie sehr wir auch versuchen, den Weg – unsere letzte Wanderung – in die Länge zu ziehen, Santiago rückt unerbittlich näher. Wir durchqueren wieder einmal ein Gewerbegebiet, dann eine Wohngegend mit einer Menge Reihenhaus-Neubauten, von denen eines wie das andere aussieht. Und plötzlich tauchen in der Ferne die Türme der Santiago-Kathedrale auf. Welch ein erhebendes Gefühl! Ich habe sie zuerst gesehen und darf deshalb Pilgerkönigin sein, ein Titel, der dem zusteht, der in einer Wandergruppe zuerst die Kathedralentürme entdeckt. Und das bin heute ich! Aber königlich fühlen wir uns beide. Wie im Triumph marschieren wir die letzten eineinhalb Kilometer auf schmalen Gassen durch den Vorort Meixonfrío. Den Berg hinunter Richtung Stadtzentrum durchqueren wir einen Grünstreifen, auf dem es zwischen Wohnhäusern und den Mauerresten einer alten vorrömischen Siedlung eine Pilgergedenkstätte geben soll. Dem Brauch nach können Pilger hier auf einem Steinhaufen einen eigenen Stein niederlegen. Wir haben aber weder den Steinhaufen gesehen noch einen eigenen Stein mitgeschleppt. Unsere Symbole tragen wir in der Erinnerung und in unseren Herzen mit uns. Außerdem scheint es uns wichtiger zu sein, etwas mitzunehmen als etwas zurückzulassen, weshalb wir nach der Gedenkstätte auch nicht besonders Ausschau halten. Unser Blick ist nach vorne gerichtet, auf das Ziel: die Kathedrale von Santiago.

Gleich, gleich haben wir es geschafft, beinahe 1000 Kilometer, die wir nur zu Fuß zurückgelegt haben. Wir versuchen jeden Schritt hinauszuzögern. Trotzdem haben wir für diese letzte 18 Kilometer-Etappe inklusiv unserer Kaffee-Pause kaum mehr als dreieinhalb Stunden gebraucht. Jetzt geht uns alles viel zu schnell. Dass das Wandern nun vorbei sein soll, können wir fast nicht begreifen. Dabei ist dieses Mal das Ankommen wirklich ein Ankommen. Wir sind euphorisch und ziehen auf dem Platz vor der Kathedrale ein wie Sieger, nehmen uns Zeit, setzen uns auf eine Steinbank, knuspern Schokolade und freuen uns einfach nur, dass es genau so ist, wie es gerade ist.

Doch schließlich machen wir uns auf den uns mittlerweile bekannten Weg ins Pilgerbüro. Ganz anders als beim ersten Mal quillt es über vor Pilgern, die alle ihre Compostela abholen wollen, weshalb Pit und ich uns erst mal nach einer Unterkunft umsehen. Wir checken ein in dem *hostal*, in dem vor zweieinhalb Wochen unsere A-Mädels und Moni und Pierre übernachtet haben und deren Inhaber, Antonio und Elena, wir schon von einem gemeinsamen Abendessen her kennen. Die beiden begrüßen uns auch gleich wie alte Freunde. Elena drückt mich an ihren dicken weichen Bauch, und Antonios kleine schwarze Äuglein strahlen unter buschigen schwarzen Brauen, als er vor uns her die Treppe hinaufstapft und uns zu einem schnuckeligen

Zimmerchen mit eigenem Bad und frisch bezogenen Betten führt. Elena kocht unten in der Küche ein fürstliches Mahl für uns. Es gibt Linsensuppe und Makkaroni, Fisch mit Salat und Pommes und zum Nachtisch Erdbeertörtchen und Kaffee solo. Und dann duschen wir ausgiebig und turnen auf unseren zusammengeschobenen Betten herum wie Flitterwöchner. Sich noch mal aufzuraffen fällt schwer. Aber wir wollen noch heute unsere Compostela haben. Und diesmal müssen wir nicht lange warten.

Ob wir die ganze Strecke von Ferrol zu Fuß gekommen seien, fragt uns die junge Spanierin hinter dem Tresen in tadellosem Englisch.

»Yes, we are«, nicken wir.

Und was unsere Motive gewesen seien? Kultur, Sport, Religion oder anderes?

»Anderes«, spricht Pit für uns beide.

Das Mädel wiegt den Kopf hin und her.

»Gebt lieber Religion an, dann bekommt ihr eine viel eindrucksvollere Compostela«, schlägt sie vor, ist dann aber ziemlich sprachlos, als dieser Rat bei Pit und mir nur breites Grinsen auslöst.

»Die haben wir schon«, erklären wir und kommen uns dabei einfach großartig vor.

Ach, was ist schon eine Urkunde im Vergleich zu all unseren Erfahrungen und Erinnerungen. Trotzdem nehmen wir stolz das DIN A 4-Dokument entgegen. Es zeigt das Bild einer goldenen Jakobusstatue in der Mitte, einen Pilgerstab mit Muschel und Wasserkalebasse auf der rechten Seite und ein Kleeblattkreuz mit nach unten spitz zulaufendem Balken auf der linken Seite. Und über allem wird uns in lateinischer Sprache und verschnörkelter Schrift bestätigt, dass wir tatsächlich den Weg nach Santiago de Compostela nicht nur auf uns genommen, sondern sogar geschafft haben. Ganz unten trägt die junge Pilgerbüro-Mitarbeiterin das Datum ein: 10. Juni 2008, und darunter auf rotem Balken unsere Namen. Wir sind glücklich wie kleine Kinder zu Weihnachten. Und als wir aus dem Pilgerbüro auf die Straße treten, legt Pit seinen Arm um meine Schulter und strahlt: »Sag selber, der Weg hat sich gelohnt, was?«

Klar hat er das!

Hätte uns vor Beginn des Abenteuers jemand gesagt, was auf uns zukommt, wir hätten uns vielleicht niemals auf den Weg gemacht. Aber jetzt sind wir einfach nur froh und dankbar, dass wir es zusammen gewagt haben.

Mit unserer respektlos zusammengefalteten Compostela im Ministoffbeutel, den ich immer für die wesentlichen Dinge des Lebens wie Geldbörse, Tagebuch, Kuli, Sonnencreme und Wörterbuch bei mir habe, flanieren wir noch ein bisschen durch Santiagos Geschäftsmeile und erstehen für jeden von uns ein nagelneues und schickes T-Shirt. Die alten stopfen wir bei Antonio und Elena in den Papierkorb. Und dann setzen wir uns auf hohe Barhocker zu unseren Gastgebern und einigen anderen Gästen an die Theke, lassen uns von Antonio Whiskey und Sherry servieren und von Elena kleine Snacks aus scharfem Paprika in Meersalzkruste, mildem *jamón* (Schinken) und würzigem Käse auf knusprigem Weißbrot, hören uns spanische Lebensgeschichten an und haben es miteinander so gut wie im Kreis alter Freunde. Es wird spät, bis wir schließlich die Treppe hinauf in unser Zimmer steigen. Aber Schluss ist noch lange nicht. Es ist einfach zu schön, zusammen zu sein …

## 58. – 59. TAG  SANTIAGO DE COMPOSTELA

Aus Evas Tagebuch:

*Wir freuen uns auf zu Hause. Wir haben das Gefühl, uns ausgelaufen zu haben. Das Wesentliche ist gesagt, das Entscheidende erlebt. Wir haben neue Nähe gefunden. Jetzt sehnen wir uns nach unseren Kindern.*

*Wir sitzen in einem Park in der Nähe unseres* hostals *mit Blick auf die Kathedrale, deren ockerfarbene Sandsteinfassade golden im Sonnenschein leuchtet. Um zwölf Uhr haben wir noch einmal die Pilgermesse besucht. Leider wurde nicht wie beim letzten Mal »Großer Gott, wir* loben dich« gesungen. Aber das Lob klingt in meinem Herzen so laut, dass ich denke, es könnte jeder hören.

Wir bummeln um die Kirche herum, setzen uns in Straßencafés, beobachten die Leute und lauschen dem virtuosen Gitarrenspiel eines jungen Straßenmusikers. In unserem *hostal* kocht Elena ein leckeres Essen für uns. In unserem Zimmer halten wir eng umschlungen unter kühlen Laken ganz nach spanischer Sitte eine ausgedehnte Siesta.

Danach, beim Bummel durch die Stadt, kaufe ich mir ein weißes Leinenkleid mit schwarzen aufgestickten Perlen an Saum und Taille und behalte es gleich an. Es fühlt sich fremd, aber auch unglaublich schick an. Wir essen Eis und trinken im blauweißen Hinterhof unseres *hostals* Bier und Wein. Wir reden über die vergangenen zwei Monate und über das, was anders geworden ist für uns und unsere Beziehung und über das, was noch anders werden könnte. Wer weiß, vielleicht haben wir den Mut für einen weiteren großen Schritt. Es wird Zeit, die äußeren Bedingungen den inneren Entwicklungen anzupassen. Wir haben viel mehr, als wir brauchen, aber noch längst nicht das, was uns guttut. Ich möchte Wasser – keinen kleinen Gartentümpel, sondern vielleicht einen Badeteich, der mich einhüllt und in dem ich mich getragen und mich selbst ohne Schmerzen fühlen kann. Pit möchte Zeit haben und sie nicht an die Wartung eines zu großen Hauses und das Mähen einer unnötigen Rasenfläche vergeuden. Wir brauchen keine Kinderschaukel mehr und keinen Sandkasten, und es wäre für ihn spannend, auszuprobieren, wie es ist, nicht immer etwas machen zu müssen. Wir möchten aus unseren Fenstern nicht mehr auf andere Hauswände, sondern lieber auf Wald und Wiesen schauen und uns dabei an jeden morgendlichen Aufbruch auf dem Camino erinnern. Wir möchten nicht vergessen, dass wir immer unterwegs bleiben wollen. Und wir möchten beide Abstand zum alten Umfeld gewinnen, uns einen neuen Rahmen geben und Freiräume schaffen, uns aufeinander besinnen, um uns nicht wieder zu verlieren.

Ich bin so froh, dass Pit mit mir gekommen ist. Zusammen sind wir zurückgekehrt an den Punkt unserer ersten Liebe. 1000 Kilometer hat es gebraucht, über eine Million Schritte, bis wir uns wiedergefunden haben. Es ist wie eine Heimkehr, die wir mit jedem Blick in die Augen des anderen, mit jedem lieben Wort, mit jeder zärtlichen Berührung feiern. Hand in Hand wandern wir durch Santiagos Altstadt, verbringen eine romantische Stunde geschützt hinter dicken Mauern unter üppigem Weinlaub in einem Gartencafé und verträumen danach noch einmal die Zeit bei unserem Straßenmusikanten. Pit kauft eine CD, während ich mir einen Platz auf der Mauer suche, die die Plaza de Praterias auf der Rückseite der Jakobus-Kathedrale umschließt. Ich strecke die Beine von mir, schließe die Augen, zerfließe in Sonne und Wind und Musik und fühle mich aufgehoben in der Nähe meines Mannes, der sich so dicht neben mich setzt, dass ich seine Lebendigkeit und die Wärme seiner Haut spüren kann.

Als ich die Augen öffne, sehe ich den Blick einer fremden Frau auf mir ruhen. Und als ich ihn erwidere, lächelt sie: »You look so comfortable.« Was für ein Kompliment! Pit strahlt und drückt meine Hand. Er kauft mir Ohrringe, die wunderbar zu meinem neuen Kleid passen.

Am Abend setzt er sich in eine Bar ab, um zusammen mit den Einheimischen Fußball zu schauen. Ich lümmle auf dem Bett in unserem Zimmerchen und sehe mir im Fernsehen Highlander auf Spanisch an, was kein besonders prickelndes Programm für einen letzten Camino-Abend ist. Aber wenn ich mich selbst ernst nehmen und mir treu bleiben will, muss ich es wohl aushalten, dass trotz aller Nähe unsere Bedürfnisse gelegentlich auseinandergehen.

Es ist spät, als Pit zurückkehrt. Trotzdem lasse ich mich von ihm zu einem Spaziergang durch den nahe gelegenen Park überreden und anschließend zu einem Absacker in der Bar bei Antonio und Elena. Und Überraschung: Er zaubert noch zwei lecker duftende Zigarren aus der Tasche. Es wird doch noch ein perfekter Abschied!

Aus Pits Tagebuch:
Wir schlafen lange und lassen unsere beiden letzten Tage gelassen auf uns zukommen. Noch einmal besuchen wir die Pilgermesse, die diesmal kürzer ausfällt, leider auch ohne die Nonne mit der himmlischen Stimme. Der Kult um den Apostel Jakobus ist mir immer noch sehr befremdlich.

Nach der Messe setzen wir uns auf einen kleinen schattigen Platz hinter der Kathedrale und hören uns einen sehr guten jungen Gitarristen an, das Highlight des Tages: schöne Musik, tolles Ambiente, Zeit ohne »Muss« …

Nach einer ausgiebigen Siesta bummeln wir durch die Stadt. Eva kauft sich ein weißes Sommerkleid und behält es gleich an. Sie sieht sehr schön aus: braungebrannt und gesund, und ihre Haut schimmert glatt und seidig.

Viel zu reden gibt es nicht. Irgendwie sind wir abgefüllt, kein Platz mehr auf der Festplatte … Aber dafür haben wir Raum und Zeit, um die Gedanken wandern zu lassen. Morgen fliegen wir nach Hause. Ich habe sehr gemischte Gefühle: Was werden wir vorfinden? Einerseits freue ich mich auf unsere Familie und auf unsere Freunde, andererseits habe ich Bammel davor, zu Hause wieder in den alten Trott zu verfallen. Wir haben uns so viel erobert. Das will ich nicht wieder verlieren.

Es ist sonnig und die Luft ist warm. Wir schauen uns drei kleine, schattige Parks an und flanieren auf der überdachten Straße, die die Altstadt mit dem modernen Santiago verbindet. Im Weinlaubengang eines Hinterhofcafés trinken wir café con leche und essen Schoko-Croissants. Elena kocht uns in unserem hostal unser letztes menú del día: Kohlsuppe und Schnitzel mit Pommes und Salat, danach gibt es eine echte Tarte de Santiago und zu allem reichlich Weißwein. Und dann gehe ich in eine Bar ein paar Straßen weiter und schaue mir die Fußballeuropameisterschaft an: Deutschland gegen Kroatien. Auf dem Rückweg zum hostal erstehe ich als kleine Abschiedsüberraschung noch zwei dicke Zigarren. Die werden wir bei Whiskey und Sherry in der Bar rauchen.

Eva sitzt auf einem der Barhocker und tuschelt über den Tresen hinweg mit Elena wie mit einer alten Freundin, obwohl keine der beiden die Sprache der anderen beherrscht. Eva trägt ihr neues Kleid, und ich kann kaum den Blick von ihr wenden. Sie ist so lebendig, so glücklich und so besonders: meine Frau!


## 60. TAG  SANTIAGO – ZUHAUSE

Aus Pits Tagebuch:

Die letzten drei Stunden in Santiago haben wir auf dem Platz vor der Kathedrale gesessen, ohne dass uns die Zeit lang geworden wäre, Momente der Gelassenheit und des Friedens. Vielleicht werden wir nie wieder hierher zurückkommen. Aber die Bilder dieser Stadt und die Erinnerungen vom Camino werden wir hoffentlich niemals vergessen.

Der Weg hat sich gelohnt. Zwei Monate losgelöst vom Alltag und in einer anderen Welt ... weg von allen Verpflichtungen ... sich nur um das Elementarste kümmern: essen, trinken, schlafen, Körperpflege. Die gelben Pfeile führten uns wie festgelegte Gleise die Wege, auf denen wir uns so selbstverständlich bewegt haben. Es gab kaum Entscheidungen zu treffen, sodass Freiraum blieb für die Seele. Was hat sich nicht alles in uns selbst und in unserer Beziehung bewegt? Ich hoffe, dass die Erfahrungen der zurückliegenden Monate bleibende Wirkung haben werden.

Ich bin froh und dankbar, dass Eva mich mitgenommen hat. Danke dafür, mein liebes Wölkchen!

Wir besuchen noch einmal die Pilgermesse um zwölf Uhr, um die Nonne mit der schönen Stimme zu hören. Mit ihr zusammen singen wir »Laudate omnes gentes«, ein erhebender Moment! Und dann wird noch der »Weihraucheimer« durch das Kirchenschiff geschleudert, perfekt!

Im Wandertempo geht es ein letztes Mal durch die Stadt zum Busbahnhof. Auf der Fahrt zum Flughafen sehen wir rechts das Denkmal auf dem Monte de Gozo liegen, ein denkwürdiger Moment. Und auf dem Flughafen von Santiago trinken wir unseren letzten café con leche, ein trauriger Moment.

Aber alle Momente zusammen genommen ergeben Dankbarkeit: Danke, du liebender Gott, dass du Eva und mir diese gemeinsame Zeit geschenkt hast!

Aus Evas Tagebuch:

Heute Morgen gab es einen herzlichen, fast familiären Abschied von Antonio und Elena. Pit und ich haben noch lange auf dem Platz vor der Kathedrale gesessen und dann noch ein letztes Mal die Messe besucht. Diesmal sang wieder die Nonne mit der Engelstimme: »Laudate omnes gentes«. Es ist wie eine Verheißung und wie Frieden, so wie der vorweggenommene Frieden, den wir an meinem Geburtstag in der kleinen Kirche auf dem Weg nach Güemes empfunden haben, ohne zu wissen, was noch auf uns zukommt, was noch zu ertragen und zu überwinden war. Dass gerade dieses Lied angestimmt wird, erscheint mir wie ein Fingerzeig von oben. Ich bin sehr berührt und ergriffen und dankbar.

In voller Pilgermontur geht es in altvertrautem Wanderschritt ein letztes Mal durch die Altstadt Richtung Estacion Autobus. Jetzt sitzen *wir auf dem Flughafen in der Abflughalle, haben unseren letzten* café con leche *getrunken – den ersten gab es in Pasaia –, spielen: Was fällt dir zum Stichwort … ein?, knuspern gesalzene Erdnüsse und schwanken in Gedanken zwischen 1000 Bildern vom Camino und der Erwartung auf zu Hause: Freude, Wehmut und Anspannung gleichzeitig. Auch jetzt noch liegen die Emotionen dicht beieinander, und vielleicht wird sich daran auch nichts ändern, sofern wir offen bleiben und bereit, sie wahrzunehmen und zuzulassen.*

*Unsere Erinnerungen steigen mit uns über die Wolken. Es dauert nur eine Stunde bis nach Mallorca, wo wir in das Flugzeug nach Paderborn umsteigen. Im Dunkeln erreichen wir in Deutschland den Flughafen. Wir warten auf unser Gepäck, bloß zwei verstaubte und an den Ecken abgestoßene Rucksäcke. Ich trete am Förderband von einem Fuß auf den anderen. Mir geht es fast nicht schnell genug, denn plötzlich entdecke ich hinter einer Trennscheibe unsere Kinder, unseren Sohn, den wir gebeten haben, uns vom Flughafen abzuholen, und unsere Tochter, die er als Überraschung mitgebracht hat. Sie presst ihre Handflächen gegen das Glas, und ich laufe zu ihr und lege meine Hände von meiner Seite gegen ihre.*

*Was werde ich sagen, wenn mich jemand nach den vergangenen zwei Monaten fragt? Wie lässt sich erklären, was passiert ist und was sich geändert hat? Wir haben keine Bilder, keine Fotos, die wir wie Beweise herumreichen könnten. Es gibt keine Momentaufnahmen, sondern bloß Entwicklungen. Wir sind aufgebrochen und wir sind angekommen. Im Weg dazwischen liegt die Wahrheit und im neuen Verhalten der Beweis. Trotzdem kann ich dieses sagen:*

*Wir haben den Camino erlebt als einen Weg voller Gegensätze und Kontraste – ergreifende Schönheit direkt neben den Hässlichkeiten unserer Zivilisation, tiefe Nähe zu wildfremden Menschen, Müdigkeit und übersprudelnde Energie, der Luxus einer warmen Dusche und die Entbehrung eines sauberen und vor allem trockenen T-Shirts, sengende Hitze und Abendkühle … Wir waren ausgelassen und haben so viel gelacht wie selten in unserem Leben, aber wir haben auch mindestens ebenso viel gelitten. Begeisterung und Verzweiflung lagen oft nur wenige Schritte voneinander entfernt, neue Erkenntnisse neben dem Festhalten an Altvertrautem. Die ganze Intensität unseres Lebens, unsere Beziehungs-*

muster, unsere Sehnsüchte und unsere Ängste, sogar unsere Gotteserkenntnisse und Glaubenszweifel, haben sich komprimiert auf die Länge von zwei Monaten, sind zusammengeschnurrt wie ein zu straff gespanntes Gummiband, dem endlich die Spannung genommen worden ist. Wer unsere Veränderungen verstehen will, wird uns folgen und sich zumindest in Gedanken mit uns auf den Weg machen müssen, einen Weg, den ich jederzeit wiederholen würde. Ja, wenn mir jemand sagt, dass schon morgen mein Flug startet, ruckzuck hätte ich meinen Rucksack gepackt und wäre wieder unterwegs auf dem spanischen Küstenweg.

# EPILOG

*Wenn Sie mich fragen: Bleiben Sie neugierig,
realisieren Sie Ihre guten Ideen und füllen Sie Ihre
Tage mit Leben und nicht Ihr Leben mit Tagen.*

RICHARD DAVID PRECHT
aus: *Wer bin ich und wenn ja, wie viele?*

In der Küche riecht es nach Spülmittel und Wein. Mit ihren Gläsern in der Hand sind sie auf die Terrasse hinausgetreten. Jetzt stehen sie am Gartenteich, in dem sich der Sternenhimmel spiegelt. Es ist spät geworden. So spät waren sie nur selten zusammen draußen. Aber es gab so viel zu bereden, und die Luft ist noch immer mild. Sie tragen nicht einmal Jacken. Mit der einen Hand führt er sein Weinglas zum Mund, mit der anderen berührt er ihren bloßen Arm. Ihr Herz wird ganz weit dabei. Solche Augenblicke hat es in den letzten Monaten oft gegeben.

In der letzten Woche ist in Immowelt ihr Inserat erschienen: Attraktives Einfamilienhaus mit Garten zu verkaufen. Heute hat es der erste Interessent besichtigt. Sie fangen an, Abschied zu nehmen. Etwas Neues liegt vor ihnen. Gemeinsam machen sie sich wieder auf den Weg.

# Mit Martin Luther unterwegs

Norbert Roth

**Martin Luther neu begegnen**
Auf Entdeckungsreise durch
Mitteldeutschland

Fotos von Martin Gommel
Klappenbroschur, 128 Seiten
Durchgehend vierfarbig
ISBN 978-3-86506-270-3

Eine kulturelle und geistliche Pilgerreise
auf den Spuren Martin Luthers als
persönlicher Weg des Glaubens.
Ein reich bebilderter Reise-Begleiter zu
den Wirkungsstätten des Reformators.
In Luthers eigenen Worten und durch die
spannende Darstellung seines Lebens und
Wirkens werden die Stätten der Reforma-
tion lebendig.

**Brendow.**
VERLAG + MEDIEN